Marcell Heinrich | Mitch Senf
Gerald Hüther

#EducationForFuture

MARCELL HEINRICH | MITCH SENF
GERALD HÜTHER

#EDUCATION FOR

Bildung für ein
gelingendes Leben

GOLDMANN

Sollte diese Publikation Links auf Webseiten Dritter enthalten, so übernehmen wir für deren Inhalte keine Haftung, da wir uns diese nicht zu eigen machen, sondern lediglich auf deren Stand zum Zeitpunkt der Erstveröffentlichung hinweisen.

Dieses Buch ist auch als E-Book erhältlich.

Verlagsgruppe Random House FSC® N001967

1. Auflage
Originalausgabe Februar 2020
Copyright © 2020 by Wilhelm Goldmann Verlag, München,
in der Verlagsgruppe Random House GmbH,
Neumarkter Str. 28, 81673 München.
Umschlaggestaltung: UNO Werbeagentur München,
unter Verwendung von Motiven von:
© Artur Debat/Moment/Getty Images
Redaktion: Regina Carstensen
DF | Herstellung: kw
Satz: Uhl + Massopust, Aalen
Druck und Bindung: GGP Media GmbH, Pößneck
Printed in Germany
ISBN 978-3-442-31550-5
www.goldmann-verlag.de

Besuchen Sie den Goldmann Verlag im Netz

*Dieses Buch ist unser Geschenk
für alle Kinder und Jugendlichen –
als Dank für all das, was sie uns Erwachsenen
in dieser Welt immer wieder schenken.*

Gerald Hüther, Marcell Heinrich und Mitch Senf

Inhalt

Einleitung – Worum es geht 11

Teil I
Das Ende von Schulen, wie wir sie kannten
Bildung ist der einzige Weg in die Freiheit 27

1. Wahrnehmen: Die Welt, für die unsere Schulen gemacht worden sind, existiert nicht mehr 31

Die Veränderung unserer Lebenswelt 36
Genau hinschauen:
   Der Aufbruch in die Freiheit 36
Die Veränderung unserer Arbeitswelt 44
Ohne Panik betrachten:
   Das bevorstehende Ende der Lohnarbeit 44
Die Veränderung unserer Vorstellungswelt 53
Mit wachem Verstand verfolgen:
   Der sich abzeichnende Bewusstseinswandel 53

2. Erkennen: An einmal gefundenen Lösungen wird auch dann noch festgehalten, wenn sie längst nicht mehr funktionieren 61

Inhalt

3. Verstehen: Jede tief greifende und nachhaltige Veränderung beginnt mit einer inneren Berührung 70

4. Gestalten: Um das Alte zu ersetzen, muss das Neue für alle Beteiligten attraktiver, leichter und beglückender sein 84

**Teil II
Der Anfang von Bildung fürs Leben**

Wie wir unseren Kindern den Weg bereiten können 105

1. Tänzer des Jahres 115

2. Aufwachsen mit Umhang: Günstige Erfahrungen für ein gelingendes Leben 116

Begegnung als Subjekt: Weil Kinder Menschlichkeit brauchen 123
Begegnung mit Mentoren: Wenn jemand kommt und an mich glaubt 135
Selbst gewählte Herausforderungen: Wie unsere Kinder über sich hinauswachsen 143
Momente der Selbstgewissheit: Wenn jungen Menschen ein Licht aufgeht 157
Befreiung vom Leistungsdruck: Wie wir uns von der Zukunftsangst lösen 187

Ausgestattet mit Umhang: Wie die Reise
   gelingen kann 229

3. Wahre Geschichten: Bildung mitten im Leben ... 230

Konstantin 232
Sophia 259
Axel und Falk 279

4. Unsere Verantwortung: Der Aufruf zum Bilden 301

Der Mensch als Autor seiner selbst:
   Was Bildung wirklich ist 304
Nicht Bildung, sondern Ausbildung:
   Was in Schule und Co. wirklich stattfindet 306
Vom Kultus zum Volk:
   Warum wir alle Lehrer sind 308
Sorgen wir für Bildung:
   Es liegt in unseren Händen 313
Die Chance 316

Literatur 318

Einleitung
Worum es geht

Es liegt in der Luft. Sogar die Bildungspolitiker, auch die in den Bildungseinrichtungen tätigen Personen und vor allem die um die Zukunft ihrer Kinder besorgten Eltern spüren es seit einigen Jahren immer deutlicher: So rasch hat sich die Welt noch nie verändert. Allen ist klar, dass sich dieser mit der Globalisierung und Digitalisierung einhergehende Veränderungsprozess künftig noch weiter beschleunigen wird. Wer jetzt nicht aufwacht und sich lernend auf den Weg macht, wird schnell den Anschluss verlieren. Deshalb sind sich auch alle einig, wie wichtig eine möglichst gute Bildung für die in diese Welt hineinwachsenden Kinder und Jugendlichen ist.

Aber schon bei der Frage, wie diese optimale Bildung aussehen soll, scheiden sich die Geister. Manche fordern intensivere und verbesserte Wissensvermittlung, andere meinen, auf die Aneignung von Kompetenzen komme es vor allem an. Manche finden die Förderung der sogenannten leistungsschwachen Kinder besonders wichtig, andere weisen darauf hin, dass den besonders Begabten dringend bessere Entfaltungsmöglichkeiten geboten werden müs-

Einleitung

sen. Und so geht die Debatte dann auch munter weiter: Inklusion oder ab in die Sonderschulen, Frontalunterricht oder Projektarbeit, Lernen in Teams oder einzeln. Gesamtschule oder Gymnasium, Notengebung und Sitzenbleiben oder keinen Schüler zurücklassen… Zu jeder Frage gibt es ebenso hitzige wie zermürbende Diskussionen darüber, was denn nun das geeignetere Vorgehen sei.

Aber Uneinigkeit herrscht nicht nur hinsichtlich der Frage, wie ein optimaler Unterricht auszusehen hat. Noch viel breiter wird das Spektrum an Vorschlägen und Ideen, wenn es darum geht, welche Inhalte in der Schule unterrichtet, welcher Stoff dort also in welchen Fächern vermittelt werden soll. Lehrpläne abspecken sagen die einen, mehr Mathe und Naturwissenschaft oder auch intensiveren Deutsch- und Fremdsprachenunterricht die anderen. Kunst und musische Fächer dürften nicht vernachlässigt werden, aber Sport und Politik und Handarbeit ebenso nicht. Und gleichzeitig wächst die Liste mit Vorschlägen, was noch alles in der Schule unterrichtet werden sollte: vom Verhalten im Straßenverkehr über gendergerechte Sexualkunde bis hin zu Körperhygiene, Wirtschaftskunde und selbstverständlich auch dem Umgang mit digitalen Medien.

Die Aufzählung all der vielen Vorschläge und Forderungen, die alle entweder darauf abzielen, wie künftig besser unterrichtet und gelernt oder was in den Bildungseinrichtungen unterrichtet und gelernt werden sollte, ließe sich noch beliebig erweitern. Und natürlich kann man dann auch trefflich darüber debattieren, was davon tatsäch-

Worum es geht

lich geeignet ist, um eine möglichst gute Bildung für möglichst viele Heranwachsende zu erreichen. Wer dieses ganze Hin und Her und das ständige Für und Wider der heute üblichen Bildungsdebatten als unbefangener Beobachter von außen betrachtet, kann sich des Eindrucks kaum erwehren, dass da etwas nicht stimmt. Nicht irgendetwas, sondern etwas ganz Grundsätzliches.

Sichtbar wird das ja nicht nur im Bildungsbereich, sondern auch in allen anderen Bereichen unserer gegenwärtigen Gesellschaft. Überall kommt es zu einer stetig wachsenden Anzahl unterschiedlicher, oft genug einander widersprechender Vorschläge und Forderungen, die darauf ausgerichtet sind, was alles auf welche Weise umzusetzen ist. Dieses Durcheinander ordnet sich erst dann, wenn die Mitglieder einer solchen Gemeinschaft sich über den Sinn und Zweck ihres Tuns einig geworden sind. Weshalb das so ist und auch gar nicht anders sein kann, wird uns später noch etwas eingehender beschäftigen. Es wird Sie dann vielleicht überraschen, dass dafür nicht die Kultusbürokratie, sondern der zweite Hauptsatz der Thermodynamik verantwortlich ist.

Für das Bemühen um eine möglichst gute Bildung heißt das: Solange es nicht gelingt, uns miteinander darauf zu verständigen, wofür Bildung gebraucht wird und wozu sie Kinder und Jugendliche befähigen soll, werden wir uns auch weiterhin in einer ständig wachsenden Fülle an gut gemeinten Vorschlägen und wohlbegründeten Forderungen zur Verbesserung der Bildung verheddern.

Einleitung

Wofür und wozu also braucht ein Mensch, brauchen vor allem Heranwachsende eine möglichst gute Bildung? Gibt es da etwas, worauf wir alle uns einigen könnten?

Es müsste ja etwas sein, das nicht nur hier, in unserem Land, sondern überall auf der Welt gültig ist. Und genau genommen dürfte das, was durch diese Bildung erreicht werden soll, auch nicht erst jetzt, in der heutigen Zeit, von entscheidender Bedeutung sein, sondern schon immer, solange es Menschen gibt, die sich in ihrer jeweiligen Lebenswelt zurechtzufinden versuchten. Bereits unsere frühen Vorfahren, die noch als Jäger und Sammler umherzogen, brauchten eine Art von Bildung, die ihnen das Überleben in ihren Gemeinschaften ermöglichte. Ihr erworbenes Wissen und Können oder irgendwelche besonderen Kompetenzen müssen auch sie schon an ihre Nachkommen weitergegeben haben. Vor allem dann, wenn es schwierig wurde und sie nicht mehr weiterwussten, suchten sie bei ihren ältesten und erfahrensten Mitgliedern Rat. Das waren keine Spezialisten, die dieses oder jenes besonders gut erklären und umsetzen konnten, sondern besonders Gebildete. Und diese Ratgeber waren deshalb so gebildet, weil sie im Lauf ihres Lebens vielfältige Gelegenheiten hatten, um nachhaltig zu lernen, was Menschsein bedeutet und wie ein fruchtbares Zusammenleben in menschlichen Gemeinschaften möglich wird. Geht es nicht auch noch heute und in Zukunft genau um diese Art von Bildung, die Menschen immer und überall brauchen? Wer gelernt hat, mit sich selbst klarzukommen, sich im Leben zurechtzufinden und es gemeinsam mit anderen zu

Worum es geht

gestalten, wird sich mit Freude und Leichtigkeit dann auch all das spezifische Wissen und Können sowie die dazugehörigen Kompetenzen aneignen, um die in seiner Lebenswelt und zu seiner Lebenszeit anfallenden spezifischen Aufgaben zu meistern oder einfach nur mühelos zu erledigen.

Klar, wir leben heute und nicht mehr in der Steinzeit. Aber wie unsere damaligen Verwandten müssen auch wir heute geeignete Orte und Gelegenheiten schaffen, wo unsere Kinder all das lernen können, was sie für ein gelingendes Leben brauchen. Wer könnte uns sagen, worauf es dabei ankommt und wie sich das dann auch praktisch umsetzen lässt? Unternehmensführer? Politiker? Hochschullehrer? Oder unsere Kultusbeamten und Bildungsexperten? Deren Vorstellungen, Konzepte und Maßnahmen haben unser Bildungssystem ja genau dorthin geführt, wo wir heute angelangt sind: in die Orientierungslosigkeit.

Sollten wir deshalb nicht lieber bei denjenigen Rat suchen, denen weniger ihr Ansehen und ihre Karriere am Herzen liegt, sondern – so sehr es nur geht – die Zukunft der in unsere Welt hineinwachsenden Kinder und Jugendlichen? Das können auch Pädagogen, Politiker oder Hochschullehrer sein, aber das sind immer und zuallererst diejenigen, die diesen Kindern ihr Leben geschenkt, die sie begleitet und, so gut sie das vermochten, großgezogen haben.

Und was antworten die meisten Eltern, wenn sie gefragt werden, was sie sich für ihre Kinder wünschen? »Glücklich sollen sie sein, jetzt schon, aber auch noch später, als Erwachsene.« Und wenn man die Eltern dann weiter befragt,

Einleitung

was ihrer Meinung nach jedes Kind überall auf der Welt wirklich braucht, um sein Leben so gestalten zu können, dass es glücklich wird, kommen die Antworten hervorgesprudelt wie das Wasser aus einer Quelle: eine Tätigkeit, die Freude macht, verlässliche Freunde, die zu ihm halten, und natürlich auch Geborgenheit, Vertrauen, Zuversicht, viel Fantasie und gute Ideen, auch Herausforderungen und immer wieder ganz viel Freude am eigenen Entdecken und am gemeinsamen Gestalten.

Nicht ganz so schnell wird deutlich, was diejenigen Eltern meinen, die auf diese Frage antworten: »Mein Kind soll später im Leben erfolgreich sein, Karriere machen, Anerkennung finden und genug Geld verdienen. Es soll ihm besser gehen als uns.« Auch das ist ein verständlicher Wunsch. Und es werden ja heutzutage in den Medien sehr gern und oft genug Personen vorgestellt, die besonders erfolgreich in Spitzenpositionen aufgestiegen sind, die viel Geld und wertvolle Besitztümer erworben haben, berühmt geworden sind und von anderen bewundert werden. »Aber«, so sollte man diese Eltern weiter fragen, »sind die auch wirklich glücklich?« Solange der Erfolg anhält vielleicht, aber sonderbarerweise wird die Mehrzahl dieser so überaus erfolgreichen Überflieger irgendwann vom wirklichen Leben eingeholt. Und dort finden sie sich dann gar nicht so gut zurecht, werden depressiv, alkohol- oder drogensüchtig, leben in kaputten Familien und sind alles andere als glücklich. Ist es wirklich das, was diese Eltern ihren Kindern wünschen?

Worum es geht

Möglicherweise kommt es gar nicht darauf an, erfolgreich zu sein. Möglicherweise ist es, um wirklich glücklich zu sein, viel wichtiger, dass einem möglichst vieles im Leben gelingt. Möglicherweise geht es gar nicht um den Erfolg, sondern um das Gelingen. Wie schön, dass wir in unserer Sprache diesen kleinen, aber entscheidenden Unterschied zum Ausdruck bringen und uns das deshalb auch bewusst machen können. Wenn wir sagen, etwas sei gelungen, dann meinen wir damit, dass nicht wir es so gemacht haben, wie es geworden ist, sondern dass wir nur ermöglicht haben, dass es so werden konnte. Einfache Aufgaben wie ein Forschungsprojekt oder ein Fahrradrennen kann man erfolgreich abschließen. Aber alles, was im tagtäglichen Zusammenleben stattfindet und deshalb sehr komplex ist und sich in vielfältigen Wechselwirkungen entfaltet, kann nur gelingen. Eine Partnerschaft beispielsweise oder eine Hochzeitsfeier oder das Zusammenleben in einer Wohngemeinschaft. All das, ja alles, was das Leben an schwierigen Herausforderungen für uns bereithält und was wir irgendwie meistern müssen, kann nur gelingen, aber nicht erfolgreich zu Ende geführt werden.

Nun sind wir endlich dort angekommen, wo die Frage nach dem Sinn der Bildung spannend wird: Auch ein Leben, ein glückliches Leben kann unseren Kindern nur gelingen. Wir können es nicht für sie machen, selbst wenn wir uns noch so sehr darum bemühen. Aber wir können ihnen ermöglichen, sich all das anzueignen, was sie brauchen, damit sie ihr Leben so gestalten können, dass es gelingt. Dann werden sie auch glücklich sein. Und das, was sie dazu benötigen und was wir ihnen dafür mit auf den Weg geben können, ist Bildung. Bildung für ein gelingendes Leben.

Alles andere ist Ausbildung. Und die dient dazu, später im Leben bestimmte Aufgaben übernehmen und bestimmte Leistungen erbringen zu können. Das dabei erworbene Wissen oder Können brauchen die in unsere Lebenswelt hineinwachsenden Kinder und Jugendlichen auch. Wer sich hinreichend viel spezifisches Wissen und Können angeeignet hat, kann das dann möglicherweise sehr gut umsetzen und besonders erfolgreich werden. Aber das, was Heranwachsende in den von uns geschaffenen »Bildungseinrichtungen« lernen können, reicht dazu nicht aus. Eine Ausbildung, also der Erwerb von Wissen und Können, auch von Kompetenzen, ist zu wenig, um sein Leben so gestalten zu können, dass es wirklich gelingt. Allein damit kann aus einem Heranwachsenden kein glücklicher Mensch werden, bestenfalls ein gut ausgebildeter und vorübergehend erfolgreicher.

Um es gleich von Anfang an deutlich zu machen: Wir sind alle drei keine Lehrer und nicht verbeamtet. Wir sind ausgebildet als Hirnforscher (Gerald Hüther), als Sportmanager (Mitch Senf) und als Schulsozialarbeiter (Marcell Heinrich). Aber wir sind vor allem lebendige Menschen, auch Väter, und wir sind auf der Suche nach dem, was uns und unsere Kinder glücklich macht. Dabei ist jeder von uns auf seine besondere Weise aus der Enge seiner jeweiligen Berufsbilder hinausgewachsen. Zu dritt können wir uns das gegenwärtige Geschehen in unseren Schulen deshalb aus unterschiedlichen Blickwinkeln und mit dem nötigen Abstand anschauen. Klar, dass wir so auch etwas anderes sehen und dass wir das, was dabei für uns sichtbar wird, anders bewerten, als das all jene tun, die selbst Teil dieses Systems sind.

Die Welt, in der wir heute schon leben und in der unsere Kinder künftig leben werden, befindet sich schon seit einigen Jahrzehnten in einem dramatischen Wandel. Kaum etwas ist heute noch so, wie es noch zur Jahrtausendwende war. Und wenn unsere Kinder »ausgeschult« sind, wird sich die Welt, in der sie sich dann zurechtfinden müssen, so sehr verändert haben, wie wir Erwachsenen, ob als Eltern oder als Lehrer, uns das kaum vorzustellen wagen. Aber der große Wandel ist längst im Gang. Jeder spürt das, aber fast alle, die nun langsam wach werden müssten, versuchen genauso weiterzumachen wie bisher.

Das kann nicht gut gehen.

Die Voraussetzung, um irgendetwas an unserem gegenwärtigen Bildungssystem verändern zu können, ist eine zumindest einigermaßen klare Vorstellung davon, weshalb es so geworden ist und wie es künftig werden sollte. Mit diesen Fragen beschäftigt sich Gerald Hüther im ersten Teil dieses Buchs. Sein Titel, »Das Ende von Schulen, wie wir sie kannten«, macht schon deutlich, worum es hier geht: Jedes Bildungssystem und damit auch all das, was in Schu-

Einleitung

len geschieht, dient der Stabilisierung und der Weiterentwicklung der jeweiligen Gesellschaft. Diese Aufgabe – also die nachwachsende Generation dafür so gut wie möglich zu befähigen – erfüllen alle in dieses Bildungssystem eingebundenen und in seinen Einrichtungen beschäftigten Akteure.

Es gibt aber auch Zeiten, sogenannte Umbruchszeiten, in denen sich die Gesellschaft und das, was in ihr geschieht, sehr rasch und sehr tief greifend verändert. Ausgelöst werden solche Umbrüche unter anderem durch technische Innovationen, aber ebenso durch politische oder wirtschaftliche Verwerfungen und Verschiebungen. Damit ändert sich in relativ kurzer Zeit sehr vieles von dem, was bisher gültig war und Orientierung bot. Die Bildungsverantwortlichen und die Schulen sind dafür nicht verantwortlich. Das Herbeiführen solcher Umbrüche war noch nie ihre Aufgabe. Wenn sie sich ereignen, sind weder die Bildungsverantwortlichen noch die Schulen darauf vorbereitet. Beide können dann nur noch auf die großen Veränderungen reagieren, die sich draußen, vor den Schultüren vollziehen. Statt Erhalter und Gestalter der jeweiligen gesellschaftlichen Verhältnisse zu sein, werden sie nun selbst immer stärker von den in der Gesellschaft ablaufenden Veränderungen gestaltet und in Frage gestellt. Diesem von außen auf sie wirkenden Veränderungsdruck folgen sie so lange, bis sie dann selbst auch wieder in diese neue Welt passen. Aber dann sind Schulen nicht mehr das, was sie einmal waren, nicht mehr die Bildungseinrichtungen, wie wir sie kannten.

Worum es geht

Deshalb geht es in diesem ersten Teil noch nicht so sehr um die anstehende Verwandlung der Schulen, sondern um das Verständnis der gegenwärtig in unserer Gesellschaft stattfindenden Veränderungen und Umbrüche. Es geht um die Folgen der Digitalisierung und all dessen, was die Wirtschaftsleute als Industrie 4.0 bezeichnen. Es geht um die Globalisierung und die vielen Menschen, die ihre Heimatländer verlassen und ein neues Zuhause irgendwo in der Welt suchen müssen. Und es geht um die Auswirkungen der rücksichtslosen Ausbeutung unserer natürlichen Ressourcen, um den Klimawandel, die Vermüllung unserer Landschaften und Meere, das ständig weiter um sich greifende Artensterben, und um die Frage, was eigentlich noch alles auf uns zukommen muss, bis wir endlich aufwachen?

Vor allem aber geht es darum, was all das für unsere nachwachsende Generation bedeutet. Was kommt da auf unsere Kinder zu? Wie und vor allem wo sollen sie damit umzugehen lernen? Es dürfte doch ab sofort kein einziges Kind mehr seine ihm angeborene Freude am eigenen Entdecken und am gemeinsamen Gestalten verlieren. Wem die Freude am Lernen unterwegs verloren gegangen – oder noch deutlicher: verdorben worden – ist, der wird keinen Weg in diese neue Welt finden. Ob mit oder ohne Abitur ist dabei egal.

Damit aber auch wirklich deutlich wird, wohin diese Veränderung führen wird, befasst sich Gerald Hüther in diesem ersten Teil mit der Suche nach dem, was es den Akteuren in unserem Bildungssystem und vor allem den

Einleitung

Lehrpersonen so schwer macht, sich diesen neuen Herausforderungen anzupassen. Allem voran sind das die einmal entstandenen und damals wohl noch geeigneten Verwaltungs- und Organisationsstrukturen, die darüber bestimmten, was in den Schulen zu geschehen hatte. Sie haben sich bisher kaum verändert und wirken bis heute, als seien sie in Stein gemeißelt.

Aber so, wie sich innerhalb einer Gesellschaft bestimmte Organisationsstrukturen herausbilden, die dazu neigen, sich selbst zu stabilisieren, strukturiert sich unser Gehirn. Auch dort entstehen aus den anfänglich noch vielfältig verzweigten Fortsätzen und Kontakten, je häufiger und je erfolgreicher sie benutzt werden, erst Wege, dann Straßen und schließlich Autobahnen. Auf denen kommen die betreffenden Personen dann zwar immer schneller voran, aber davon kommen sie nun auch zunehmend schlechter wieder herunter. Diese eingefahrenen Bahnen bestimmen dann allzu leicht ihr gesamtes Denken, Fühlen und Handeln. Das gilt jedoch nicht nur für die Akteure in unserem gegenwärtigen Bildungssystem, sondern für alle, die fest davon überzeugt sind, dass die Schulpflicht notwendig ist, dass Schüler unterrichtet und bewertet werden müssen, dass jemand an einer Hochschule Pädagogik studiert haben muss, um Lehrer sein zu können. Ja, und dass Schüler ohne Druck und Wettbewerb keine Höchstleistungen vollbringen. Es geht nicht darum, ob diese Vorstellungen zutreffend oder hilfreich sind. Wichtig ist nur, dass wir verstehen, dass das alles eben nur Vorstellungen sind. Und die

Worum es geht

kann man loslassen und durch andere ersetzen, wenn man das will, weil man es für notwendig und sinnvoll erachtet.

Allerdings wird niemand einen neuen Weg einschlagen, sondern lieber auf den alten, bewährten und gut beschilderten Straßen bleiben, solange er nicht weiß, was da auf ihn zukommt. Solange er keine Vorstellung davon hat, wohin dieser neue Weg führt, und er nicht davon überzeugt ist, dass es ihm dort besser geht, dass er ihn unbeschwerter, freier, glücklicher beschreiten kann. Deshalb macht Gerald Hüther am Ende dieses ersten Teils auch einen sehr einfachen Vorschlag, was in Zukunft aus dem wird, was wir heute noch Schule nennen. Wie dieser Vorschlag umgesetzt werden kann, soll hier noch nicht verraten werden. Aber das, was dabei entsteht, muss ja für alle Beteiligen leichter und beglückender sein, sonst würde sich ja niemand auf den Weg dorthin machen.

Im dem von Marcell Heinrich und Mitch Senf verfassten zweiten Teil geht es dann um die praktische Umsetzung. Und hier wollen wir nicht zu viel vorwegnehmen und Sie lieber überraschen. Denn in Wirklichkeit hat dieser Wandel in Richtung Zukunftsfähigkeit unseres Bildungssystems ja schon längst begonnen. Allerdings nicht oben, in den Köpfen und Verwaltungsstuben derjenigen, die für das zuständig sind, was in unseren Schulen passiert, sondern unten, vor Ort. Auch in Schulen, aber vor allem dort, wo jede Art von Bildung für ein gelingendes Leben stattfinden kann: mitten im Leben. Noch längst nicht überall im Land, aber

Einleitung

von der breiten Öffentlichkeit und den Medien weitgehend unbemerkt, sprießen diese innovativen Projekte und Initiativen wie Pilze aus vielen ausgetrockneten oder zubetonierten Bildungslandschaften. Leicht haben sie es nicht. Aber solange sie nicht genau überwacht und kontrolliert werden, kann dort noch in Ruhe ausprobiert werden, wie es geht. Wie es möglich ist, Kinder und Jugendliche so auf ihrem Weg in die Welt zu begleiten, dass sie später einmal in der Lage sind, mit sich selbst, mit anderen Menschen und mit der Vielfalt lebendiger Lebensformen anders umzugehen, als wir heutige Erwachsene und unsere Eltern und Großeltern dazu imstande waren: menschlicher, verantwortungsbewusster, achtsamer, weitsichtiger und vor allem liebevoller.

Diesen jungen Kreativen gehört die Zukunft. Für sie, aber auch für alle Erwachsenen, die unsere Kinder und Jugendlichen auf dem Weg dorthin – auch mit dem Kopf, aber vor allem mit dem Herzen – begleiten wollen, haben wir dieses Buch geschrieben.

**Teil I
Das Ende von Schulen,
wie wir sie kannten**

Bildung ist der einzige Weg in die Freiheit

Das Dogma vom »Survival of the Fittest« beherrscht seit mehr als einem Jahrhundert das Denken, Fühlen und Handeln der Menschen in der westlichen Welt. Wir versuchen uns gegenseitig zu überholen, auszustechen, zu überbieten und auszutricksen, und glauben damit, einem Naturgesetz zu folgen, das für alle Lebewesen gilt. Aber der Mensch unterscheidet sich von allen anderen Lebensformen sehr grundsätzlich: Kein anderes Lebewesen verändert seinen eigenen Lebensraum und seine eigenen Lebensbedingungen so grundlegend, so nachhaltig und inzwischen auch so rasch wie wir Menschen. Tiere müssen miteinander und mit der Natur klarkommen. Wir auch. Aber zusätzlich auch noch mit uns selbst und mit dem, was wir und unsere Vorgänger aus der Welt, in der wir leben, gemacht haben.

Der Zustand der Welt, in dem wir sie unseren Kindern überlassen, und was wir ihnen damit aufbürden, ist eine Schande und karikiert den Namen, den wir unserer Spezies zu Zeiten gegeben haben, als noch nicht absehbar war, wie unfähig wir sind, den von uns selbst verursachten katastrophalen Entwicklungen auf dieser Erde mit zumindest ein wenig Weisheit und Weitsicht entgegenwirken.

Aber keine Angst, all diese Miseren werden in diesem ersten Teil nicht noch einmal beschrieben. Das haben andere oft genug und eindringlich genug gemacht. Hier geht es um unsere Fähigkeit, überhaupt erst einmal zu erkennen, was da auf uns zukommt, und zu verstehen, was all das für unsere Kinder und Jugendlichen bedeutet. Welche Fähigkeiten brauchen sie dafür, und was müssten sie auf dem Weg in diese Zukunft in ihrem Rucksack haben? Ein gutes Abiturzeugnis? Einen Bachelor- oder gar Masterabschluss? Wie absurd ist das denn?

Was künftig aus unseren Schulen wird, lässt sich nur erkennen, wenn wir verstehen, was dieser ganzen Schulmisere zugrunde liegt: Wie alle hierarchischen Ordnungen hat auch unser Bildungssystem die innewohnende Tendenz, sich selbst zu erhalten und die dort irgendwann einmal herausgebildeten Macht- und Einflussbereiche ihrer jeweiligen Ressorts und Entscheidungsebenen immer wieder neu zu stabilisieren. Selbst wenn sich die Welt, in der all diese Strukturen entstanden sind, immer stärker verändert, bleiben sie doch, solange es nur irgendwie geht, genau so, wie sie sich ursprünglich einmal herausgebildet hatten.

Es ist gut zu wissen, dass es solche sich selbst verhärtenden Organisationsstrukturen gibt, aber verändern oder gar auflösen lassen sie sich ja nicht dadurch, dass sie beschrieben werden und ihre Herausbildung erklärbar wird.

Bildung ist der einzige Weg in die Freiheit

Die spannende Frage ist deshalb, was die Akteure eines Bildungssystems dazu bringen kann, ihre im Lauf des Lebens herausgebildeten und fest im Hirn verankerten Vorstellungen zu verändern, wie Schule zu funktionieren hat. Mit eindringlichen Forderungen und irgendwelchen Druckmitteln geht es nicht. Und es geht auch nicht mit Überredungskunst oder schönen Versprechungen. Es geht nur, indem durch äußere Veränderungen Bedingungen entstehen oder auf kreative Weise Gegebenheiten geschaffen werden, die mit allergrößter Wahrscheinlichkeit dazu führen, dass zunächst die betreffenden Akteure mit ihren eingefahrenen Denk- und Handlungsmustern und dann auch das betreffende System mit seinen etablierten und eingefahrenen Organisations- und Verwaltungsstrukturen in einen unauflösbaren inneren Konflikt geraten. Wie sich solch ein innerer Konflikt in den Köpfen der unser gegenwärtiges Bildungssystem stabilisierenden Personen auslösen lässt, erfahren Sie am Schluss dieses ersten Teils, wenn es darum geht, wie sich ein tief greifender und nachhaltiger Wandel unserer gegenwärtigen Bildungslandschaft herbeiführen lässt. Aber am Anfang jeder Veranderung steht zunächst immer die Bereitschaft, etwas wahrzunehmen, das diejenigen, die nicht zu einer solchen Veränderung bereit sind, lieber nicht wahrnehmen wollen.

1. Wahrnehmen:
Die Welt, für die unsere Schulen gemacht worden sind, existiert nicht mehr

Die meisten Menschen sind der Meinung, das Denken sei die wichtigste Aufgabe des Gehirns. In Wirklichkeit ist es aber viel einfacher. Unser Gehirn sorgt dafür, dass wir am Leben bleiben und gegebenenfalls auch Nachkommen hervorbringen, die ebenfalls möglichst lange leben und sich fortpflanzen. Dafür ist es optimiert. Wenn sich etwas im Körper verändert, werden entsprechende Signale zum Hirn weitergeleitet. Dort werden dann bestimmte Verknüpfungen und Netzwerke von Nervenzellen aktiviert, sodass ein charakteristisches Signalmuster entsteht. Das wird dann zum Körper weitergeleitet und löst dort Reaktionen aus, die dazu führen, die betreffende Veränderung entweder auszugleichen oder zu integrieren, sodass von ihr keine Gefahr mehr für Leib und Leben ausgeht. Auch bei Veränderungen in der äußeren Welt, die über die Sinnesorgane wahrgenommen und zum Gehirn weitergeleitet werden, kommt es zur Aktivierung von entsprechenden Antworten, um sie auszugleichen oder zu integrieren. Da diese Antworten umso wirksamer sind, je früher sie in Gang gesetzt werden können, hat sich die Fähigkeit herausgebildet, vorausschauend zu denken. Wer sich in Gedanken eine Vorstellung davon machen kann, was auf ihn zukommt, kann besser darauf reagieren als jemand, der davon nichts mitbekommt.

Umso erstaunlicher ist es, dass es Menschen gibt, die durchaus bemerken, dass etwas auf sie zukommt, das sie eigentlich zum Nachdenken und dann auch zum Handeln zwingt, die aber dennoch nichts tun. Manche schaffen es sogar, die Wahrnehmung solcher Veränderungen in ihrem Gehirn so effektiv zu unterdrücken, dass sie selbst dann, wenn es wirklich brenzlig wird, unbeeindruckt so weitermachen können wie bisher. Solche Verdrängungskünstler haben keine Lust, sich damit zu beschäftigen, was beispielsweise in unserem Bildungswesen geschieht, oder gar darüber nachzudenken, was das, was viel zu viele Schüler dort erleben, für deren Zukunft bedeutet. Einigen ist es auch deshalb lieber, nichts zu bemerken, weil sie im Lauf ihres bisherigen Lebens die Erfahrung gemacht haben, dass sie an dem, was sie als problematisch erkannt haben, ohnehin nichts ändern können. Die meisten aber sind nicht bereit, sich um etwas zu kümmern, das sie nach ihrer Einschätzung nicht selbst und unmittelbar betrifft. Statt genauer hinzuschauen und den wahrgenommenen Veränderungen nachzugehen, beruhigen sie sich selbst, indem sie sich einreden, das sei doch alles nicht so schlimm, und das würde sich schon wieder geben. Wenn nicht, solle es doch von denen korrigiert werden, die dafür zuständig sind.

1. Wahrnehmen

Diese bemerkenswerte Dickhäutigkeit und Ignoranz haben eine recht banale Ursache, die in der inneren Organisation und Arbeitsweise des Gehirns begründet ist. Auch das Gehirn muss, ebenso wie der ganze Organismus und jedes lebende System, sich selbst so organisieren und seine Aktivitäten so gestalten, dass dabei der zweite Hauptsatz der Thermodynamik nicht verletzt wird. Der fordert, dass in jedem lebenden System der zur Aufrechterhaltung seiner Struktur und Funktion erforderliche Energieaufwand so gering wie möglich gehalten wird. Wenn das nicht gelingt, zerfällt es, und die in ihm gebundene Energie verteilt sich wieder gleichmäßig im Universum.

Der Zustand, in dem die geringste Energie verbraucht wird, ist der, in dem alles optimal zusammenpasst. Die wissenschaftliche Bezeichnung dafür ist Kohärenz. Und diesen Zustand strebt alles, was lebendig ist, also einzelne Zellen und Organe und besonders offenkundig unser Gehirn, aber auch jede lebendige Gemeinschaft die ganze Zeit an. Wenn etwas geschieht, was diesen angestrebten Zustand verschlechtert, wenn also durch die Wahrnehmung einer bedrohlichen Veränderung im Gehirn ein gewisses Durcheinander in Form von Aufregung, Rat- und Hilflosigkeit entsteht, steigt der Energieverbrauch dort oben rapide an. Es ist dann inkohärent geworden und müsste nun möglichst schnell wieder etwas kohärenter werden. Zum Beispiel dadurch, dass die Störung bereinigt, das Problem gelöst wird. Dann wäre alles wieder gut, und die betreffende Person hätte gelernt, was künftig in einem derartigen Fall zu tun ist.

Teil I Das Ende von Schulen, wie wir sie kannten

Manchmal weiß man aber nicht, was angesichts einer sich abzeichnenden bedrohlichen Veränderung getan werden kann. Oder alles, was man zu tun versucht, erweist sich als wirkungslos. Manche Veränderungen sind auch so vielschichtig und komplex, dass sie nicht durch das Handeln Einzelner abgestellt werden können. Weil sich die meisten Veränderungen auf Ebenen vollziehen, die hinter den beobachtbaren Phänomenen verborgen sind, werden sie erst viel zu spät bemerkt. Die Aufmerksamkeit richtet sich dann allzu leicht nur auf die Korrektur der jeweils zutage tretenden Symptome. Die tiefer liegenden Ursachen für deren Entstehung bleiben dann oft über lange Zeit unerkannt.

Damit wir beim Nachdenken über die Frage, wie Bildung gelingen kann, nicht in diese Falle tappen, kommt es darauf an, den Blick zu öffnen, um die hinter der so vehement geführten Bildungsdebatte verborgenen Veränderungen unserer Lebens-, Arbeits- und Vorstellungswelt erkennbar und verstehbar zu machen. Denn diese gegenwärtig ablaufenden tief greifenden Transformationsprozesse, nicht aber das Schulsystem, die Kultusminister, die Schulleiter und Lehrpersonen oder gar die Eltern sind es, die unsere bisherigen Vorstellungen von Erziehung und Bildung jetzt, zu Beginn des 21. Jahrhunderts, so grundsätzlich in Frage stellen.

Weil es mehr Freude macht, etwas zu lesen, wenn man schon eine gewisse Ahnung davon hat, worauf es hinausläuft, soll an dieser Stelle schon die große Herausforderung

1. Wahrnehmen

benannt werden, mit der unsere Kinder und Jugendlichen konfrontiert sind: Damit ihnen ihr Leben gelingt, müssen sie lernen, mit der Freiheit umzugehen, für die vorangegangene Generationen so sehr gekämpft haben. Was diese mit der Befreiung von Hunger, Not und Elend, von Unterdrückung und Ausbeutung, von Krankheit und anderen Bedrohungen in unserem Kulturkreis geschaffen haben, eröffnet den hier und heute Heranwachsenden ein noch nie dagewesenes Spektrum bisher kaum vorstellbarer Möglichkeiten.

Teil I   Das Ende von Schulen, wie wir sie kannten

Die Veränderung unserer Lebenswelt

Genau hinschauen: Der Aufbruch in die Freiheit

Sogar die Hirnforscher sind darauf hereingefallen. In den sogenannten Libet'schen Experimenten waren Testpersonen gebeten worden, zu einem bestimmten Zeitpunkt auf einen Knopf zu drücken. Mithilfe elektrophysiologischer Ableitungen ließ sich nachweisen, dass es im Gehirn bereits 300 Millisekunden, bevor die Testpersonen den Entschluss fassten, diese Handlung auszuführen, zu einer Aktivierung gekommen war. Damit, so meinten die Forscher, sei nun bewiesen, dass der Mensch keinen freien Willen besitzt, dass er nur deshalb in bestimmter Weise handelt, weil die betreffende Handlung in seinem Gehirn vorher vorbereitet ist. Er führe nur noch aus, was dort bereits festgelegt worden sei.

Es entbrannte eine hitzige Debatte darüber, wie frei der Mensch in seinem Handeln sei. Bemerkenswert daran war, dass sie nur in Deutschland stattfand und dass sie allmählich im Sande verlief, als die Hirnforscher zugeben mussten, dass die Probanden in diesem Test ihre Entscheidung ja schon vor der Labortür getroffen hatten, indem sie sich bereit erklärten, an diesem Experiment (gegen eine Bezahlung) teilzunehmen. Mit dem Drücken des Knopfs befolg-

1. Wahrnehmen

ten sie also nur noch eine Anweisung des Versuchsleiters. Dazu hatten sie sich verpflichtet, weil sie offenbar das damit zu verdienende Geld brauchten.

Interessant ist dieses Experiment deshalb, weil es deutlich macht, dass Menschen keine freien Entscheidungen treffen können, solange sie von irgendetwas oder irgendjemanden abhängig sind. Wenn sie Durst oder Hunger haben, Not leiden oder Schmerz spüren, müssen sie diese körperlichen Bedürfnisse normalerweise zunächst erst einmal stillen, bevor sie etwas anderes wollen und dann auch tun können. Das gilt in gleicher Weise für seelische Bedürfnisse. Den stärksten psychoemotionalen Schmerz erfahren wir immer dann, wenn wir erleben müssen, dass wir von anderen Personen zum Objekt von deren Erwartungen, Belehrungen, Bewertungen, Maßnahmen oder gar Anordnungen und Befehlen gemacht werden. Dann werden unsere beiden seelischen Grundbedürfnisse – das nach Verbundenheit und Zugehörigkeit und das nach eigener Gestaltungsfähigkeit und Autonomie – gleichzeitig verletzt. Im Gehirn kommt es dann zur Aktivierung derselben Netzwerke, die auch immer dann aktiviert werden, wenn wir körperliche Schmerzen erleiden. Es stimmt also, wenn wir sagen, dass es wehtut, nicht gesehen, aus einer Gemeinschaft ausgeschlossen und von anderen abgelehnt zu werden. Und dass es eine schmerzhafte Erfahrung ist, nicht das tun zu können, was man will, sondern das ausführen muss, was andere von einem erwarten oder verlangen. Unter solchen Bedingungen kann niemand eine freie

Teil I   Das Ende von Schulen, wie wir sie kannten

Entscheidung treffen. Erwachsene nicht und erst recht Kinder nicht.

In den wirtschaftlich hoch entwickelten Ländern ist es in den letzten Jahrhunderten gelungen, Hunger, Not und Elend, auch viele Erkrankungen und Bedrohungen weitgehend zu überwinden. Die Freiheit der dort lebenden Menschen wird also inzwischen weitaus weniger durch die damit einhergehenden Nöte und Leiden eingeschränkt, als das noch vor ein oder zwei Jahrhunderten für die meisten der Fall war. Bei uns sind inzwischen sogar die alten hierarchischen Herrschaftsstrukturen durch demokratische Gesellschaftsordnungen abgelöst worden. Aber auch in denen gibt es noch immer hierarchische Strukturen, und die führen dazu, dass all jene, die weiter »unten« gelandet sind, von denen bevormundet und auf unterschiedliche Weise zum Objekt der jeweiligen Absichten und Ziele derer gemacht werden, die sich einen Platz weiter »oben« in der Hierarchie sichern konnten. Es gibt also weiterhin Arbeitgeber und Arbeitnehmer, Reiche und Mächtige einerseits und Arme und Machtlose andererseits, Vorgesetzte und Untergebene, Befehlshaber und Befehlsempfänger und eben auch Lehrer und deren Schüler oder Erziehungsberechtigte und deren Kinder. Die Mächtigen und Einflussreicheren müssen aufpassen, dass ihnen ihre Macht nicht verloren geht, und diejenigen, die von deren Entscheidungen abhängig sind, versuchen sich davon zu befreien und selbst in eine etwas einflussreichere Position zu gelangen. Beide stehen daher unter Druck, sind Getriebene und können sich unter diesen Bedingungen nicht frei entfalten.

1. Wahrnehmen

Aber einen Vorteil haben diese hierarchisch geordneten Macht- und Abhängigkeitsverhältnisse schon: Sie wirken wie eine unsichtbare Kraft, die alle Beteiligten zwingt, sich so sehr wie möglich anzustrengen. Sei es, um nicht abzusteigen oder – noch begehrter – um endlich aufzusteigen. Das Ergebnis dieser Bemühungen sind von ihnen erbrachte besondere Leistungen. Es geht dabei nicht nur darum, wirksamer, schneller, effektiver als andere zu sein. Die besten Aufstiegschancen haben diejenigen, die etwas Neues entdecken, erfinden, bauen und in die Welt bringen. Sie verschaffen sich damit einen Wettbewerbsvorteil, vor allem dann, wenn sich das Neue rasch ausbreitet.

Aber diese von dem Bemühen um Erfolg und Aufstieg immer schneller und immer zahlreicher in die Welt gebrachten Neuerungen führen zwangsläufig dazu, dass die ursprünglich noch recht überschaubare und durch umsichtige Machthaber bisweilen auch einigermaßen geordnete Welt ständig komplizierter, vielschichtiger und unüberschaubarer wird. Die alten, viel zu starren hierarchischen Macht- und Herrschaftsstrukturen erweisen sich dann als zunehmend ungeeignet, um einigermaßen Ordnung in diese hochkomplexe Lebenswelt zu bringen. Aufhalten lässt sich dieser Prozess nicht, wir sind gegenwärtig nicht nur seine Zeugen, sondern seine Mitgestalter. Entstanden ist dabei eine inzwischen globalisierte und digitalisierte Welt, in der alles von allem abhängig ist und die sich so rasch verändert, dass wir selbst kaum noch mitkommen.

Das Zusammenleben und Zusammenwirken der Menschen ist jetzt, erstmals in der gesamten Menschheitsgeschichte seit der Sesshaftigkeit vor etwa zehntausend Jahren, nicht mehr durch hierarchische Ordnungsstrukturen steuerbar. In allen Bereichen unserer Gesellschaft, in Politik, Wirtschaft, Verwaltung, auch in der Kirche, den Vereinen, im Zusammenleben der Menschen in Dörfern und Städten und sogar in Familien funktionieren sie nicht mehr. Sie sind zu wenig anpassungsfähig und viel zu schwerfällig für diese sich viel zu rasch verändernde Lebenswelt. Deshalb beginnen sich die alten Hierarchien allmählich aufzulösen. In der Familie bestimmt nicht mehr ein Oberhaupt, was dort zu geschehen hat. Auch die bisher Patriarchat genannte hierarchische Ordnung funktioniert nicht mehr. In den Schulen haben die Lehrer wachsende Schwierigkeiten, für Ruhe und Ordnung im Unterricht zu sorgen und ihre Lehrpläne umzusetzen. In den Verwaltungen rumort es angesichts der Vielzahl immer neuer Vorschriften und Erlasse. Die Politiker müssen sich zunehmend auf ständig neue Wünsche und Forderungen ihrer Wähler einstellen, und in vielen Unternehmen sind längst flache Hierarchien und neue, von den Mitarbeitern selbstverantwortlich gestaltete Arbeitsabläufe entstanden.

Das ist erst der Beginn dieser wohl größten Transformation unserer Lebenswelt seit der Entstehung hierarchischer Ordnungsstrukturen, damals vor etwa zehntausend Jahren. Kein Wunder also, dass es nun überall auf der Welt zu Irritationen, Spannungen, Konfrontationen und einem ziemlichen Durcheinander kommt. Das alte Denken ist in den

1. Wahrnehmen

Köpfen der meisten Menschen und in den sozialen, wirtschaftlichen und politischen Strukturen noch immer ziemlich fest verankert. Für die auf uns zukommende Welt von Morgen haben wir noch keine neue Orientierung gefunden. Niemand weiß so recht, wie und vor allem in welche Richtung es weitergehen soll.

So sieht die Welt aus, in die unsere Kinder gegenwärtig hineinwachsen. Anhalten oder zurückdrehen lässt sich diese Entwicklung nicht, auch wenn es mancherorts versucht wird. Damit unsere Kinder und Jugendlichen lernen, sich in dieser Welt zurechtzufinden, brauchen sie unsere Hilfe. Wie aber sollen wir ihnen helfen, wenn wir doch selbst mehr oder weniger ratlos mit ständig neuen Schreckensmeldungen eines sich global ausbreitenden allgemeinen Durcheinanders konfrontiert werden? Um unseren Kindern helfen zu können, sich in dieser zukünftigen Welt zurechtzufinden, müssten wir in der Lage sein, dieses Durcheinander zu verstehen, indem wir seine tieferen Ursachen, also das hinter diesen Phänomenen verborgene Prinzip erkennen.

Natürlich lassen sich dafür die Unfähigkeit einzelner Politiker, die Gier rücksichtsloser Unternehmer, das kapitalistische Wirtschafts- und Finanzsystem verantwortlich machen oder gar eine notorische Unfähigkeit der Vertreter unserer Spezies postulieren, die uns ein friedliches und konstruktives Miteinander unmöglich macht. Es könnte aber auch sein, dass dieses ganze Durcheinander die zwangsläufige Begleiterscheinung eines Entwicklungsprozesses ist, der schon seit Beginn der Menschheitsgeschichte immer im Hintergrund abgelaufen ist und der sich nun nur immens beschleunigt: die fortwährende Suche nach Möglichkeiten zur immer besseren Entfaltung der im Menschen und im menschlichen Zusammenleben angelegten Potenziale. Ein zunächst langsam beginnender, aber dann immer schneller werdender Aufbruch in die Freiheit.

Denn das ist der älteste Menschheitstraum: die Befreiung aus Not und Elend, Hunger und Armut, aus dem Ausgeliefertsein gegenüber Naturgewalten und Krankheiten, auch aus der Knechtschaft und Bevormundung durch andere, mächtigere und einflussreichere Personen. Einzelne Vertreter unserer Spezies haben es hin und wieder geschafft, sich aus all diesen Zwängen zu befreien. Manche durch Anhäufung von Macht, Geld und Einfluss. Manche durch Loslösung von allem und den völligen Verzicht auf das, was ihre Freiheit auf irgendeine Weise einschränkt. Beide Strategien sind aber ungeeignet für ein befreites und friedvolles Zusammenleben aller Menschen in einer globalisierten Welt.

Weder das individuelle Streben nach immer mehr Macht und Einfluss noch der individuelle Rückzug in meditative und kontemplative Übungen kann einen Menschen in die Freiheit führen. Denn beides ist mit der Grundlage unseres Menschseins unvereinbar. Wir sind zutiefst soziale Wesen und können ohne andere gar nicht leben, geschweige denn die in uns angelegten Potenziale zur Entfaltung bringen. Dazu, also auf dem Weg in die Freiheit, brauchen wir den Austausch mit anderen Menschen. Nicht mit lauter

1. Wahrnehmen

Gleichgesinnten, sondern mit möglichst vielen, die anders sind als wir selbst, die andere Lebenserfahrungen gemacht, andere Vorstellungen herausgebildet, sich anderes Wissen und Können angeeignet haben.

Wie aber sollen wir unsere Kinder auf ein Leben in einer solchen, sich zumindest in unserem Kulturkreis jetzt schon abzeichnenden Freiheit vorbereiten? Was brauchen sie, um sich aus den alten Mustern bisherigen Denkens, Fühlens und Handelns herauszulösen? Wie können wir ihnen helfen, sich selbst als Mitgestalter dieses Aufbruchs in die Freiheit zu erleben und nicht davon überrollt zu werden? Ja, klar, dazu brauchen sie eine qualifizierte Ausbildung. Aber die haben auch all jene, die sich auf Kosten anderer bereichern, die andere Menschen zur Verfolgung ihrer jeweiligen Machtinteressen benutzen, sie verführen und von sich abhängig machen. Jene, die die Regenwälder abholzen lassen und mit ihren Unternehmen die Umwelt verpesten. Die sind als Unternehmer, Politiker, Wissenschaftler oder Lobbyisten alle bestens ausgebildet. Sonst wären sie ja nicht so erfolgreich.

Was die jetzt heranwachsenden Kinder und Jugendlichen brauchen, ist also vor allem eine Bildung, die es ihnen ermöglicht, ihr Zusammenleben mit anderen Menschen und mit anderen Lebewesen auf unserem Planeten so zu gestalten, dass sich das Leben in seinen vielfältigen Formen hier auch in Zukunft weiter entfalten kann.

Teil I   Das Ende von Schulen, wie wir sie kannten

Die Veränderung unserer Arbeitswelt

Ohne Panik betrachten: Das bevorstehende Ende der Lohnarbeit

Das menschliche Gehirn ist nicht nur am Anfang seiner Entwicklung enorm offen, es behält diese enorme Offenheit, diese Plastizität und Lernfähigkeit prinzipiell bis ins hohe Alter. Jedenfalls dann, wenn der betreffenden Person ihre anfangs mitgebrachte, in der inneren Organisation des Gehirns angelegte Freude am eigenen Entdecken und am gemeinsamen Gestalten nicht verloren geht. Leider ist das gegenwärtig noch bei zu vielen jungen Menschen der Fall. Oft geschieht es bereits in der Schule, in der die Heranwachsenden alles lernen sollen, was sie brauchen, um eine Ausbildung oder ein Studium erfolgreich zu absolvieren und einen Beruf zu ergreifen, um damit ihren Lebensunterhalt zu sichern und sich all das leisten zu können, was sie für wichtig halten.

Schon vor etwa 150 Jahren hat Friedrich Engels einen Aufsatz mit dem Titel »Der Anteil der Arbeit an der Menschwerdung des Affen« geschrieben. Dabei verstand er unter dem Begriff »Arbeit« allerdings noch etwas anderes als das, was die Mehrzahl der Menschen in unserem Kulturkreis seit dem Beginn der Industrialisierung darunter zu verstehen sich verständigt hat: Lohnarbeit, die Lieferung

1. Wahrnehmen

physischer oder psychischer Leistungen gegen ein Entgelt, das wiederum dazu benutzt wird, den eigenen Lebensunterhalt und gegebenenfalls den der Nachkommen und damit den Erhalt und die Reproduktion der Ware »Arbeitskraft« zu sichern.

Aus heutiger neurobiologischer Sicht stellt sich nun allerdings die Frage, ob diese inzwischen überall verbreitete Art von »Arbeit« dazu beitragen kann, nicht nur den bisher erreichten Stand der kulturellen Entwicklung des Menschen zu sichern, sondern auch die Voraussetzungen für eine weitere Entfaltung der dem Menschen innewohnenden Potenziale zu bieten. Die Antwort lautet nein, denn das menschliche Gehirn ist nicht für die Durchführung bezahlter Dienstleistungen, sondern für das Lösen von Problemen optimiert, die das Leben in einer menschlichen Gemeinschaft bereithält und immer wieder neu schafft. Jede körperliche oder geistige Anstrengung, zu der ein Mensch sich aufrafft, um etwas Neues auszuprobieren, eine Bedrohung abzuwenden oder eine Herausforderung zu meistern, ist also »Arbeit« in einem nicht entfremdeten, dem Menschen gemäßen Sinn.

Erst diese »hirngerechte« oder besser »sinnstiftende« Definition dessen, was »Arbeit« ist, macht deutlich, was Friedrich Engels schon vor 150 Jahren zum Ausdruck gebracht hat: Alles, was Menschen beschäftigt, was sie nach neuen Lösungen suchen oder vielleicht auch nur erneut in alte Muster flüchten lässt, was sie im weitesten Sinn »bewegt« und »anregt«, ist Arbeit. Und das Ergebnis dieser »Arbeit«

ist nicht das Produkt, das dabei entsteht, oder die Entlohnung, die sie dafür erhalten. Das Ergebnis dieser »Arbeit« ist die weitere Vervollkommnung, die Entfaltung der in jedem Menschen angelegten Potenziale.

Im gemeinsamen Tätigsein sind wir Menschen in der Lage, unsere beiden seelischen Grundbedürfnisse – das nach Kompetenzerwerb, Autonomie und Freiheit einerseits und das nach Zugehörigkeit, Verbundenheit und Geborgenheit andererseits – gleichzeitig zu stillen. Wer etwas tut, das ihm eine eigene Weiterentwicklung ermöglicht und das ihn gleichzeitig in diesem Tun mit sich selbst und mit anderen Menschen verbindet, ist kein Bedürftiger mehr. Nur unter dieser Voraussetzung kann eine Person die in ihr angelegten Potenziale frei und aus sich selbst heraus entfalten. Denn nur dann erlebt sie sich als Subjekt, als Gestalter ihres eigenen Lebens und ihres Zusammenlebens mit anderen, nicht aber als Objekt der Absichten und Erwartungen, der Belehrungen und Bewertungen oder gar der Maßnahmen und Anordnungen anderer.

Das Problem ist nur: Diese Erfahrung können nur solche Menschen machen, die nicht in eine hierarchische Ordnungsstruktur der Gesellschaft hineinwachsen und in sie eingebunden werden. Denn dort werden sie zwangsläufig zu Objekten der jeweils übergeordneten Personen oder Organisationsebenen gemacht. Lösbar wird dieses Problem nur durch einen fortschreitenden Abbau dieser tradierten Hierarchien. Das bedeutet aber, dass dann auch kein Vorgesetzter mehr da sein wird, der seinen Untergebenen vor-

1. Wahrnehmen

schreibt, was sie wie und bis wann zu tun haben. Möglich wird das erst dann, wenn wir unter dem, was wir bisher als »Arbeit« bezeichnet haben, künftig etwas anderes verstehen.

Es gibt Menschen, die deshalb »arbeiten«, weil sie gern tätig sind. Die freuen sich über alles, was sie dabei zustande bringen, sei es, weil es sie selbst oder andere weiterbringt. Und es gibt auch solche, die deshalb »arbeiten«, weil sie mit dem, was sie dabei leisten, etwas erreichen oder erlangen wollen. Anerkennung beispielsweise, gern in Form einer entsprechenden Entlohnung. Oder Bedeutsamkeit, die durch das Erreichen höherer Positionen auf der Karriereleiter sichtbar werden soll. Erstere betrachten ihr Tätigsein (in Form der Ideen, die sie hervorbringen, oder der Produkte, die sie herstellen) als erfüllend. Letztere versuchen mit dem, was sie tun, ihr Bedürfnis nach mehr Anerkennung oder nach größerer Bedeutung zu stillen. Damit machen sie sich von den Bewertungen anderer abhängig, sind also nicht frei.

Zwangsläufig ist dann auch das, was Personen mit solch unterschiedlichen Motiven erzeugen, was sie also erarbeiten und wie sie das tun, nicht identisch, auch wenn es auf den ersten Blick ähnlich aussieht. Wer nicht wirklich an dem interessiert ist, was er macht, sondern sich primär an der Wirkung seines Tuns auf andere (an deren Anerkennung, Lob oder Honorierung) orientiert, wird versuchen, seine »Arbeit« möglichst genau so zu verrichten, dass das Ergebnis den Vorgaben, Erwartungen und Maßstäben dieser anderen Personen gerecht wird.

Teil I   Das Ende von Schulen, wie wir sie kannten

Das ist völlig in Ordnung, aber diese Art von Arbeit hat einen bedenkenswerten Nachteil: Sie ist so exakt definiert, so gut beschreibbar und ausführbar, dass sie nicht nur von jeder anderen Person mit einer ähnlichen Qualifikation verrichtet werden kann, sondern auch von einem Automaten oder Roboter mit einer entsprechenden Programmierung, wie das im Zuge der in der Wirtschaft als Industrie 4.0 genannten digitalen Transformation bereits geschieht und zunehmend der Fall sein wird.

Niemand kann gegenwärtig genau vorhersagen, wie viele Berufsbilder und Arbeitsplätze es in den nächsten Jahrzehnten nicht mehr geben wird und wie groß die Zahl derjenigen sein wird, deren Arbeit in zwanzig Jahren von Automaten und Robotern erledigt wird. Sicher ist nur, dass von diesen digitalen Maschinen all jene Arbeiten übernommen werden, bei denen es nicht darauf ankommt, wer sie ausführt, sondern nur darauf, dass sie möglichst effizient, zuverlässig und vorschriftsmäßig umgesetzt werden.

Krankenpfleger, Gärtner, sogar Ärzte, Lehrer oder Richter, die einfach nur ihren Job machen und ihre jeweiligen Aufgaben so erledigen, wie es von ihnen verlangt wird, sind also künftig sehr gut durch derartige Automaten ersetzbar. Nicht weil das billiger ist, sondern weil diese Maschinen solche Routinearbeiten effizienter und zuverlässiger ausführen. Sie brauchen weder Schlaf noch Urlaub, kennen keine Ermüdung, machen keine Fehler und sind in jeder Hinsicht produktiver als lebendige »Arbeiter«, die diese Tätigkeiten für Lohn oder andere Gratifikationen übernehmen.

1. Wahrnehmen

Durch digitale Maschinen, Roboter und Automaten ersetzbar sind künftig also in erster Linie all jene Personen, die nur deshalb arbeiten, weil sie müssen. Gezwungenermaßen, lustlos, nicht wirklich interessiert an dem, was sie machen, sondern vor allem an dem, was sie dafür bekommen. Das sind nicht wenige, und was digital gesteuerte Roboter und Automaten zu leisten imstande sind, ist heute bereits beeindruckend genug. Selbstfahrende Autos und japanische Pflegeroboter sind nur der Anfang einer nicht mehr aufzuhaltenden Entwicklung.

Sicher, mit dieser Digitalisierungswelle entstehen auch viele neue Tätigkeitsfelder und Berufe. Aber eben nur für all jene, die Lust haben, sich auch wirklich einzubringen. Dazu zählen kaum diejenigen, die noch nie in ihrem Leben gern und mit einer inneren Freude am Tätigsein gearbeitet haben. Die werden in dieser schönen neuen Arbeitswelt nicht mehr gebraucht. Weil es so viele sind, können sie nicht ohne Einkommen aus ihren bisherigen Beschäftigungsverhältnissen freigesetzt werden. Die Lösung für dieses Problem ist die Einführung einer Bezahlung, die diese Personen auch dann bekommen, wenn sie nicht arbeiten. Für manche, die in Berufen gelandet sind, die sie nicht gern ausführen, ist das sicher ein Segen, denn die können sich nun noch einmal ohne den Zwang, Geld verdienen zu müssen, nach einer anderen, erfüllenderen Tätigkeit umsehen.

Es ist allerdings sehr unwahrscheinlich, dass jemand, der noch nie in seinem Leben gern gearbeitet hat, seine Freude am Tätigsein entdeckt, wenn sie oder er nun gar nicht mehr arbeiten muss. Wesentlich näherliegend ist es, dass solche Personen dieses nicht mehr durch lustlos ausgeführte Arbeit verdiente Einkommen zur Verwirklichung all der vielen Träume nutzen, die sich im Rahmen ihrer bisher ausgeführten Lohnarbeit nicht realisieren ließen. Die dafür erforderlichen Geräte und deren Hersteller warten bereits auf ihre Nutzer. Zeit haben die ja dann genug, und ihr ohne Arbeit ausbezahltes Geld wird auch ausreichen, um sich VR-Brillen zu gönnen und sich in virtuelle Welten zu versetzen. Die Programme dafür werden auch immer besser und billiger. Da bleibt in Zukunft kein Wunsch mehr offen. Mit Delfinen im Meer spielen, den Mount Everest erklimmen, günstig einkaufen – alles ist möglich, ohne vom Sofa aufstehen zu müssen. Ein beträchtlicher Anteil der Entwicklungskosten für diese immer realer werdenden VR-Programme wird gegenwärtig von der Pornoindustrie finanziert.

Da diejenigen, die nur für Geld arbeiten, zwangsläufig auch diejenigen sind, die sich für ihr so schwer verdientes Geld dann etwas gönnen und leisten wollen, sind diese Personen genau diejenigen, die unseren Planeten seit einigen Jahrzehnten in bedrohlicher Weise ausplündern, vermüllen und zu ruinieren drohen: mit ihren Konsumbedürfnissen, ihren Ferienreisen mit Billigfliegern, ihrem Schnäppchenjägertum, ihrer Wegwerfmentalität und ihren Plastikmüllabfällen. Oder ganz allgemein: mit der unglaublichen Gedanken-, Würde- und Sinnlosigkeit, die ihr Denken und Handeln bestimmt. Endlich von ihrer Lohnarbeit befreit,

1. Wahrnehmen

sitzen die künftig, unterwegs in virtuellen Welten, zu Hause herum und richten keinen Schaden mehr an. Sie vermehren sich auch nicht mehr, weil der virtuelle Sex mit den Pornoprogrammen ihrer Brillen viel weniger Arbeit macht und jederzeit und nach Belieben besser funktioniert als der mit einem lebendigen Partner.

Worauf wir also zusteuern, ist ein sich selbst organisierendes Ausscheiden all jener Menschen, die ihre angeborene Freude am Tätigsein, am aktiven eigenen Gestalten, am Sich-selbst-Erproben – meist schon als Heranwachsende während ihrer schulischen und beruflichen Ausbildung – verloren haben. Übrig bleiben nach diesem gigantischen, in manchen Bereichen schon heute in Gang gekommenen Selektionsprozess nur noch jene, die ihre Freude am Lernen und am Tätigsein durch günstige Erfahrungen und hilfreiche Begegnungen nicht so nachhaltig unterdrücken mussten. Sie werden auch diejenigen sein, die dazu bereit und in der Lage sind, den Schaden, den die anderen angerichtet haben, allmählich und vor allem freiwillig aus eigenem Antrieb wieder zu beheben. Nicht weil sie das machen müssen oder es von irgendjemandem gesagt bekommen haben, sondern weil sie es wollen.

Damit schließt sich der Kreis, und wir kommen wieder am Beginn dieses kleinen Ausflugs in die schöne neue Welt des Arbeitslebens an: So kann es werden, und so oder so ähnlich wird es wohl auch kommen – jedenfalls dann, wenn wir einfach weitermachen wie bisher. Hirntechnisch wäre es allerdings kein Problem, uns selbst und unsere bishe-

Teil I   Das Ende von Schulen, wie wir sie kannten

rige Einstellung zu dem, was wir »Arbeit« nennen, grundlegend zu verändern. Jeder Mensch kommt ja mit einer unbändigen Lust am eigenen Entdecken und am gemeinsamen Gestalten zur Welt. Dass so vielen diese anfängliche Freude am Lernen und am Tätigsein verloren geht, ist kein Naturgesetz. Indem wir schon unsere Kinder zu Objekten unserer Erwartungen und Ziele, unserer Belehrungen und Bewertungen, unserer Maßnahmen und Anordnungen machen, zwingen wir sie, ihre angeborene Freude am Lernen und Gestalten zu unterdrücken. Das lässt sich ändern, aber nicht durch noch mehr Ausbildung. Wie soll jemand später mit Freude tätig sein, der seine Lust am Lernen schon im Kindergarten, spätestens aber in der Schule verloren hat?

Was dabei herauskommt, ist genau das Gegenteil von Bildung für ein gelingendes Leben.

1. Wahrnehmen

Die Veränderung unserer Vorstellungswelt

Mit wachem Verstand verfolgen: Der sich abzeichnende Bewusstseinswandel

Wissen Sie, was imaginärwertige Welten sind? Imaginärwertigkeit ist ein Begriff aus der modernen Physik. Die klassische Physik ging seit Aristoteles davon aus, dass es etwas entweder gibt, also real existiert, oder dass es etwas nicht gibt, also irreal ist.

Und lange dachten auch die Physiker, dass es etwas, das dazwischenliegt, was also weder existiert noch nicht existiert, nicht geben könne. Inzwischen haben sie ihre Meinung aber grundlegend geändert. Moderne Physiker gehen davon aus, dass in jeder materiellen Struktur etwas verborgen ist, das aber erst dann als beobachtbares Phänomen zutage tritt, wenn es dafür günstige Bedingungen und Voraussetzungen gibt. Das lässt sich besonders eindringlich bei allen lebendigen Wesen mitverfolgen, zum Beispiel, wenn die in der befruchteten Eizelle angelegten Potenziale zur Entfaltung kommen, zunächst ein Embryo und schließlich ein ausgereifter Organismus daraus wird. Und das gilt erst recht für uns Menschen. Wir liefern tagtäglich den Beweis dafür, dass etwas zunächst nur in unserer Vorstellung existiert, also als Imagination, als eine Idee oder ein Traum. Und wir versuchen auch ständig, diese Vorstellungen und Träume zu verwirklichen. Wenn uns das gelingt, sind sie keine Imagination mehr, sondern Realität. Die ägyptischen Pyramiden zum Beispiel oder Flugzeuge, ja so ziemlich alles, was Menschen geschaffen haben, war am Anfang nichts weiter als eine nackte Idee.

Wenn wir unfähig wären, uns vorzustellen, wie etwas beschaffen sein könnte, das es noch nicht gibt, befänden wir uns auf der geistigen Entwicklungsstufe, die gern als »künstliche Intelligenz« bezeichnet wird. Dann kämen wir auch nicht über das hinaus, was unsere Rechenmaschinen, Roboter und Automaten zu leisten imstande sind. Anstelle von Visionen haben sie eingebaute Programme, die mit größter Verlässlichkeit und ohne Abweichungen funktionieren und genau das hervorbringen, was dort von ihren Programmierern hineingeschrieben worden ist. Computer können sich nichts vorstellen, sie haben keine Fantasie. Und deshalb können sie auch nichts wollen und auch nichts Neues in die Welt bringen. Und selbst wenn wir sie mit dem ausstatten, was wir künstliche Intelligenz nennen, können sie nur das hervorbringen, womit wir sie beziehungsweise ihren maschinellen Lernprozess »gefüttert«, was wir ihnen vorher auf der Grundlage unserer jeweiligen Vorstellungen beigebracht haben.

Aber alle Kinder kommen schon extrem imaginärwertig zur Welt. Ihr Gehirn ist so beschaffen, dass sie ständig neue Ideen entwickeln. Das ist Ausdruck des in ihnen angelegten Potenzials. Und wenn sie nicht daran gehindert oder entmutigt werden, setzen sie ihre Ideen auch um und erzeugen Realitäten, die es vorher noch nicht gab.

1. Wahrnehmen

Erwachsene können das ebenso. Jedenfalls konnten sie es alle einmal. Leider ist vielen diese Fähigkeit beim Erwachsenwerden verloren gegangen. Aber sie lässt sich zurückgewinnen. Etwa dann, wenn solche Erwachsenen mit einer Person zusammenkommen, die noch imaginärwertig genug ist. Das müsste jemand sein, der seine Lust am Träumen, am Pläneschmieden und an der Umsetzung seiner Ideen noch nicht verloren hat. Beispielsweise kleine Kinder, bevor wir angefangen haben, sie zu erziehen und auszubilden.

Es ist nicht leicht, ein Kind dazu zu bringen, seine Vorstellungskraft zu unterdrücken. Vollständig scheint das auch gar nicht zu gehen. Immer reifen zumindest einige Kinder heran, die sich selbst noch als Erwachsene ihr unbegrenztes Vorstellungsvermögen bewahrt haben. Wenn andere mit den Worten »Das geht doch sowieso nicht« aufhören, eine Idee noch länger zu verfolgen, machen sie einfach weiter und sind fest davon überzeugt, dass sie es doch noch irgendwie schaffen. Ohne diese unbeirrbaren Vorstellungskünstler säßen wir wahrscheinlich heute noch mit unseren mit weniger Vorstellungskraft ausgestatteten äffischen Verwandten auf den Bäumen.

Die menschliche Vorstellungskraft wächst offenbar in dem Maß, wie es uns gelingt, immer mehr unserer Ideen auch wirklich umzusetzen. Und sie verschwindet umso nachhaltiger, je häufiger wir an der Umsetzung unserer Vorstellungen gehindert werden, seltener, weil wir dabei scheitern. Das gilt nicht nur für die mehr oder weniger brauchbaren Einfälle zur Lösung technischer Probleme. Die sind ja ziemlich banal gemessen an all den anderen, viel komplizierteren Problemen, die wir mit uns herumschleppen oder vor uns herschieben.

Partnerschaftsprobleme zum Beispiel oder Probleme mit unseren Kindern oder mit Vorgesetzten, mit Nachbarn oder Freunden. Und oft genug mit uns selbst. Auch um diese Probleme zu lösen, müssen wir zunächst eine Vorstellung davon herausbilden, wie sie lösbar wären. Wenn uns selbst dazu nichts einfällt, können wir die Vorstellungen anderer übernehmen. Allerdings sind die Lösungsvorschläge anderer nicht immer hilfreich, um unsere eigenen Probleme zu lösen. Um das abschätzen zu können, reicht keine Ausbildung. Dazu brauchen wir wirkliche Bildung.

Noch für unsere Eltern und erst recht für die meisten Menschen vorangegangener Generationen gab es für all diese Probleme sehr klare, einfache und von fast allen akzeptierte und entsprechend umgesetzte Vorstellungen: Zähne zusammenbeißen und durchhalten, den Mund nicht aufmachen und so tun, als sei alles in Ordnung, strammstehen und gehorchen. Es ist unglaublich, wie rasch und wie grundlegend sich diese alte Vorstellungswelt verändert hat. Alles, fast alles, ist heute vorstellbar geworden. In einer mächtigen Befreiungsbewegung haben sich die Menschen zunächst in der westlichen Welt dieser über Jahrhunderte für unverrückbar gehaltenen und deshalb auch nicht weiter hinterfragten Vorstellungen entledigt. Ein Leben ohne Kinder, ohne feste Partnerschaft, ohne familiäre Bindungen,

1. Wahrnehmen

ohne berufliche Ausbildung, ohne Anpassungszwänge, ohne Abhängigkeit von anderen ist plötzlich denkbar geworden. Sogar Geschlechtsumwandlungen und Schönheitsoperationen – es gibt kaum noch etwas, wenn es erst einmal in Gedanken gefasst wird, das anschließend auch realisierbar ist. Genau in diese von allen Begrenzungen weitgehend befreite Vorstellungswelt wachsen unsere Kinder und Jugendlichen heute hinein. Sie können sich frei entscheiden, welcher dieser vielen Auffassungen sie folgen, nach welcher sie ihr Leben gestalten wollen. Kein Wunder, dass es dabei immer wieder zu waghalsigen und meist schmerzhaft endenden Verirrungen kommt. Aber wo und wie hätten sie lernen können, sich in dieser grenzenlosen Freiheit nicht zu verlieren? In der Schule? Im Physikunterricht? Von der Englischlehrerin?

Es haben sich aber in den letzten Jahrzehnten nicht nur die alten tradierten Begrenzungen des Vorstellbaren und dann auch Machbaren aufgelöst. Selbst viele Halt gebende, Orientierung bietende Vorstellungen vorangegangener Generationen sind während dieses Zeitraums nahezu gleichzeitig weggebrochen. Dazu zählen nicht nur religiöse Überzeugungen und politische, soziale und kulturelle Werte. Auch über das, was ethisch vertretbar, moralisch gerechtfertigt oder mit der eigenen Würde vereinbar ist, herrscht längst keine allgemeingültige gesellschaftliche Übereinkunft mehr. Sehr unterschiedliche Meinungen über das, was uns als Menschen ausmacht, wie unser Zusammensein gestaltet werden sollte und worauf es im Leben ankommt, haben sich ausgebreitet. Einstige, zumindest in der westlichen Welt kohärenzstiftende Welt- und Menschenbilder sind in viele verschiedene Facetten zerfallen. Auch das ist Teil dieses umfassenden Befreiungsprozesses. Er zwingt uns zu einer grundsätzlichen Neuorientierung. Aber die fällt sogar den meisten Erwachsenen sehr schwer. Und die Heranwachsenden müssen die eigene innere Orientierung erst noch herausbilden. Aber wo? Und wie? Wer oder was kann ihnen dabei helfen?

Der nach Halt und Orientierung suchende Blick vieler Menschen richtet sich seit dem Beginn der Aufklärung auf die Wissenschaft. Vor allem von den objektiven Befunden und Erkenntnissen der Naturwissenschaftler erhoffen sie sich eine Klärung der Fragen, wie die von ihnen beobachtbaren Phänomene zusammenhängen, wie sie zustande kommen, welche Gesetzmäßigkeiten ihnen zugrunde liegen und was in Zukunft noch alles auf uns zukommt. Unberechtigt ist diese Hoffnung nicht, aber auch Wissenschaftler sind und bleiben, so wie alle Menschen, Suchende. Ihre jeweiligen Entdeckungen sind nur die Bausteine, aus denen sie ihre Theorien aufbauen. Und oft genug müssen sie diese auf der Grundlage eines bestimmten Erkenntnisstands errichteten Theoriegebäude später wieder einreißen, weil neue Erkenntnisse gemacht wurden, die nun nicht mehr hineinpassen. So erweist sich das, was als wissenschaftlich und objektiv begründete Vorstellung Halt und Orientierung für die eigene Lebensgestaltung bieten soll, als eine Dauerbaustelle.

1. Wahrnehmen

Gestern hieß es noch, Margarine sei gesünder als Butter, weil ihr Verzehr den Cholesterinspiegel senke. Heute hat sich die Erkenntnis durchgesetzt, dass die Verringerung des Cholesterinspiegels auch eine ganze Reihe negativer Folgen für die Gesundheit haben kann. Vor einigen Jahrzehnten wurden die in unseren genetischen Anlagen aneinandergereihten DNA-Sequenzen als das betrachtet, was den Menschen ausmacht und was aus ihm wird. Heute überschlagen sich die Befunde, die zeigen, dass die Abschreibung dieser Gene durch eine Vielzahl anderer Faktoren geregelt wird, dass sich sogar die Lebensweise der Eltern auf die Genexpression in den Zellen der Nachkommen auswirkt. Fast ein Jahrhundert lang hatten die Biologen solche Vorstellungen vehement bekämpft, die davon ausgingen, dass es eine »Vererbung erworbener Eigenschaften« gibt.

Im letzten Jahrhundert waren die Wissenschaftler noch davon überzeugt, dass es ohne Wettbewerb und natürliche Auslese keine Weiterentwicklung gebe. Heute finden sie ständig neue Belege dafür, dass etwas Neues im Reich des Lebendigen nur durch Kooperation und Ko-Kreation, also durch Austausch und Zusammenschluss von vormals voneinander Getrenntem entstehen kann.

Diese Beispiele machen nicht nur deutlich, wie sehr sich sogar die Wissenschaftler in den letzten Jahrzehnten von ihren alten Theorien und Dogmen befreit haben. Sie machen auch verständlich, dass es sehr viele Erwachsene gibt, die in der Schule etwas gelernt haben, das inzwischen längst überholt ist. Dieses alte, längst überkommene Wissen geben sie dann zwangsläufig noch immer an ihre Kinder weiter. Nicht nur als Eltern, sondern auch in der Schule. Denn dort werden die Schüler nach Lehrplänen unterrichtet und geprüft, deren Inhalte auf der Grundlage von wissenschaftlichen Erkenntnissen und Theorien zusammengestellt worden sind, die vor zehn, zwanzig oder noch mehr Jahren einmal als wissenschaftlich nachgewiesen und objektiv gesichert galten. Ihre erfolgreiche Suche nach immer neuen Erkenntnissen zwingt die Forscher zwangsläufig, ihre jeweiligen wissenschaftlichen Theoriegebäude ständig umzubauen. Aber viele alte, längst fragwürdig gewordene Theorien und Vorstellungen werden dennoch weiter verbreitet. Nicht nur deshalb, weil sie von bestimmten Personen benutzt werden, um ihre jeweiligen Interessen zu begründen und sie diese dann besser verfolgen zu können. Vieles wird auch einfach nur ungeprüft und unreflektiert nachgeplappert. Und manche Menschen geben fragwürdige Ideen einfach nur deshalb weiter, weil sie sich damit die Anerkennung von Personen erhoffen, die über die Verbreitung solcher Vorstellungen ihre eigenen Positionen stärken.

Das Ergebnis dieser Freiheit, so ziemlich alle bisher für unumstößlich gehaltenen Vorstellungen in Frage stellen zu können, ist eine immer weiter um sich greifende allgemeine Verunsicherung. In solchen Umbruchphasen haben Scharlatane und geistige Rattenfänger Hochkonjunktur. Heranwachsende sollten lernen können, deren Verführungskünsten zu widerstehen. Aber wo? Und von wem?

2. Erkennen:
An einmal gefundenen Lösungen wird auch dann noch festgehalten, wenn sie längst nicht mehr funktionieren

Das menschliche Gehirn ist zeitlebens in der Lage, einmal entstandene Vernetzungen seiner Nervenzellen wieder umzubauen. Deshalb können bis ins hohe Alter sogar sehr eingefahrene Bahnen und Verschaltungsmuster, die unser Denken, Fühlen und Handeln bisher bestimmt haben, wieder verändert und neuen Gegebenheiten angepasst werden. Diese lebenslange Lernfähigkeit zeichnet uns Menschen gegenüber allen sonstigen mehr oder weniger lernfähigen Tieren aus. Deshalb sollte es uns eigentlich nicht allzu schwerfallen, die Art und Weise, wie wir etwas bisher betrachtet, bewertet, empfunden und gemacht haben, so zu verändern, dass eine veränderte Betrachtungsweise, Vorstellung und Empfindung – und damit eine andere Verhaltensweise – entsteht. Aber ganz so leicht scheint ein solcher Veränderungsprozess nicht abzulaufen. Allzu oft bleiben wir in den alten Mustern hängen, die unser bisheriges Denken, Fühlen und Handeln bestimmt haben. Das gilt ebenso für unsere Einstellungen und Überzeugungen in Bezug auf all das, worauf es in unseren Schulen ankommt und was die Schüler dort lernen sollen.

Als gleichermaßen änderungsresistent erweisen sich aber auch sämtliche Ordnungsstrukturen, Regeln und eingefahrenen Routinen, mit deren Hilfe wir unser Zusammenleben irgendwann einmal zu organisieren begonnen haben – in der Familie, im Dorf oder in der Stadt, in Betrieben, Krankenhäusern oder eben Schulen. Auch dort bilden sich im Lauf der Zeit bestimmte, ursprünglich einmal durchaus nützliche Muster heraus. In Familien sind das beispielsweise spezielle Formen des Umgangs miteinander, festgelegte Aufgabenteilungen und Zuständigkeiten, Regeln und Rituale oder bloße Gewohnheiten, die das Zusammenleben der Familienmitglieder ausmachen. Ähnlich verhält es sich mit den Nachbarschaftsbeziehungen und dem Leben in Städten und Gemeinden oder der gemeinsamen Arbeit in Unternehmen und Verwaltungen. Überall entstehen und verfestigen sich – sobald etwas auf eine bestimmte Weise einigermaßen gut funktioniert – spezifische Beziehungsmuster und Organisationsstrukturen. Und die sind später nur noch sehr schwer veränderbar.

Nicht nur auf der individuellen Ebene und im Gehirn jedes einzelnen Menschen, auch auf der Ebene unseres Zusammenlebens und Zusammenwirkens in Gemeinschaften gibt es also ein bemerkenswertes Beharrungsvermögen. »Let's change it« ist deshalb sehr leicht dahingesagt. Die

2. Erkennen

Bereifung eines Autos ist schnell zu ändern. Aber nicht das, was sich in den Köpfen der Menschen an Vorstellungen über »optimale« Erziehung und Bildung einmal eingegraben hat. Und ebenso wenig das, was sich in einer Gesellschaft im Verlauf der Zeit alles an Strukturen, Zuständigkeiten, Ämtern, Vorschriften oder Einrichtungen zur Ordnung des öffentlichen Lebens und zur Gewährleistung von Erziehung und Bildung herausgeformt hat.

Prinzipiell ist der Umbau unzweckmäßig gewordener Strukturen sowohl im Gehirn als auch in der Gesellschaft möglich. Aber offenbar nicht so, wie es bisher immer wieder versucht worden ist. Weder die im Gehirn herausgeformten Vernetzungen noch ein einmal entstandenes Bildungssystem lassen sich verändern, solange nicht vorher Klarheit darüber gewonnen wird, auf welche Weise die jeweils zugrunde liegenden Strukturen entstanden sind und wodurch sie stabilisiert werden.

Wir hatten ihn schon kurz erwähnt, diesen zweiten Hauptsatz der Thermodynamik, der die Nervenzellen in unseren Gehirnen und damit uns Menschen dazu bringt, so zusammenzuwirken, dass nicht nur im Gehirn, sondern auch in jeder Gemeinschaft möglichst wenig Energie verbraucht wird. Auf die Minimierung der zur Aufrechterhaltung ihrer Struktur und Funktion erforderlichen Energie ist jedes lebende System angewiesen. Deshalb ist alles, was im Gehirn oder beispielsweise in unserem Schulsystem geschieht, auf Energiesparen ausgerichtet.

Der Zustand, in dem ein Gehirn, ein ganzer Mensch

oder eine menschliche Gemeinschaft am wenigsten Energie verbraucht, ist der – ich erwähnte es schon – der Kohärenz. Der ist dann erreicht, wenn alles optimal zusammenpasst. Das Problem ist nur: Dieser Zustand ist leider niemals wirklich erreichbar. Denn solange wir am Leben sind, wird jeder eben noch vorhandene Kohärenzzustand im nächsten Moment zwangsläufig schon wieder in Frage gestellt. Denn es gibt immer irgendetwas, das diese Kohärenz stört. Das wird dann schnell unbequem: Wir haben ein Problem, der bis dahin erreichte Ordnungszustand kommt durcheinander, die Nervenzellen beginnen unkoordiniert zu feuern. Arousal nennen das die Hirnforscher, und das ist nur ein anderer Ausdruck für ein sich ausbreitendes und viel Energie verbrauchendes Durcheinander, also für eine entstandene Inkohärenz. Dann geht es uns nicht gut, wir beginnen nach einer Lösung zu suchen, und wenn wir die finden und die Herausforderung bewältigen, wird dieser inkohärente, energieaufwendige Zustand im Hirn wieder etwas kohärenter. Die dabei frei werdende Energie wird benutzt, um Zellgruppen im Mittelhirn zu aktivieren (diesen Bereich nennen die Hirnforscher gern Belohnungszentrum). Die dort ausgeschütteten Botenstoffe, vor allem Katecholamine und endogene Opiate, aktivieren die gleichen, unser Befinden steuernden Netzwerke, wie sich das durch die Einnahme von Kokain und Heroin erreichen lässt. Und das erzeugt ein sehr gutes Gefühl, ein »Erfolgserlebnis«.

Gleichzeitig stimulieren diese Botenstoffe die Freiset-

2. Erkennen

zung von Wachstumsfaktoren, also von Eiweißen, die wie Dünger auf Nervenzellen wirken und sie zur Neubildung von Fortsätzen und Kontakten anregen. So werden all jene Nervenzellvernetzungen verstärkt und ausgebaut, die sich als geeignet erwiesen haben, den inkohärenten Zustand wieder etwas kohärenter zu machen. Haben wir also ein Problem gut bewältigt, sind auch die dabei aktivierten Nervenzellvernetzungen im Gehirn verstärkt worden. Deshalb klappt das in dieser Weise eingesetzte Verhaltensmuster beim nächsten Mal schon deutlich besser. So entstehen im Hirn anhand der einmal gefundenen Lösungen aus anfangs noch sehr fragilen, leicht veränderbaren Nervenzellenverknüpfungen allmählich immer breiter werdende Straßen, bisweilen sogar so etwas Ähnliches wie Autobahnen. Die bestimmen dann allzu leicht das Denken, Fühlen und Handeln der betreffenden Personen.

Deshalb reagieren erfolgsgebahnte Personen oft so ähnlich wie Automaten. Sie laufen im Energiesparmodus und vermeiden fast instinktiv alles, was diese eingefahrenen, ihr Denken, Fühlen und Handeln bestimmenden Muster allzu sehr durcheinanderbringt und dort oben, in ihrem Hirn, eine Inkohärenz und einen damit einhergehenden erhöhten Energieverbrauch erzeugt. Sie wünschen sich ein Leben, in dem sich möglichst wenig verändert und sie auch künftig so weitermachen können wie bisher. Solche Menschen sind enorm änderungsresistent und wehren sich mit allen ihnen zur Verfügung stehenden Mitteln, sobald es jemand wagt, ihre tief und fest im Hirn verankerten Vorstellungen und Überzeugungen zu hinterfragen. Und sie bemerken es auch nicht, wenn sich in ihrer Lebenswelt etwas zu verändern beginnt und ihre Meinungen immer weniger mit den inzwischen entstandenen Realitäten übereinstimmen. Sie sind also perfekte Verdränger, Schönredner und Abwehrkünstler geworden und halten an ihren Überzeugungen fest und verteidigen sie so, als seien die ein lebendiger Teil von ihnen. Wer das nicht erkennt und sie mit immer neuen und noch besseren Argumenten zu überzeugen versucht, läuft Gefahr, von ihnen als Feind betrachtet und bekämpft zu werden. Aber das menschliche Hirn ist zeitlebens veränderbar, sogar das von enorm änderungsresistenten Personen.

Dennoch reicht es nicht aus, die alten Vernetzungsmuster im Gehirn umzubauen. Solange die gesellschaftlich geschaffenen Strukturen, die konkreten Lebens-, Lern- und Arbeitsbedingungen so bleiben, wie sie bisher waren, ist auch in den Gehirnen aller Beteiligten der Rückfall in die alten Denk- und Handlungsmuster vorprogrammiert. Glücklicherweise gilt aber das, was für die Veränderungsmöglichkeiten des Gehirns gilt, prinzipiell ebenso für die Möglichkeiten der Veränderung menschlicher Gemeinschaften, also von Familien, Kommunen, Unternehmen und Organisationen. Es sind ja nicht nur die Arbeitsweise und Strukturierung des Gehirns, die den sich aus dem zweiten Hauptsatz der Thermodynamik ergebenden Erfordernissen zur Minimierung der zur Aufrechterhaltung seiner Integrität und Funktionsfähigkeit zu folgen haben. Dieses physikalische Grundgesetz wirkt universell.

2. Erkennen

Die in allen lebenden Systemen ablaufenden Selbstorganisationsprozesse werden von den sich aus dem zweiten Hauptsatz der Thermodynamik ergebenden Erfordernissen in eine bestimmte Richtung – hin zu kohärenteren, weniger Energie verbrauchenden Zuständen – gelenkt. Auch menschliche Gemeinschaften, auch Schulen, auch Bildungsbehörden, auch ein ganzes Bildungssystem. Deshalb sind die innerhalb solcher Gemeinschaften, Institutionen und Systeme herausgeformten Beziehungsmuster und Organisationsstrukturen mit den Lösungen zur Reduzierung des Energieverbrauchs vergleichbar, die sich im Gehirn beobachten lassen. Im Bildungssystem geht es ähnlich um das Erreichen möglichst kohärenter Zustände und die Vermeidung energieaufwendiger Reibungsverluste. Auch hier werden einmal gefundene, den inneren Zusammenhalt und damit die Kohärenz verbessernde Lösungen strukturell verankert – in Form bestimmter Verwaltungs- und Organisationsstrukturen, in Form von Zuständigkeiten, Richtlinien, gesetzlichen Regelungen bis hin zu den vorgegebenen Lehrplänen.

Und je länger das alles so funktioniert, desto effektiver kommt es in all diesen Bereichen zu einer fortschreitenden, erfolgsgebahnten Festigung und Stabilisierung der daran beteiligten und dafür verantwortlichen Organisationsstrukturen. Diese sind später, selbst dann, wenn sie sich als hinderlich erweisen, enorm änderungsresistent.

Ein bereits sehr früh in menschlichen Gemeinschaften entstandenes, kohärenzstiftendes und damit energiesparendes Ordnungsprinzip, das sich in vielen anderen Bereichen der Gesellschaft bereits bewährt hatte, ist im Bildungssystem von Anfang an übernommen worden: die Hierarchie. Hier gibt es Vorgesetzte und Untergebene, klar definierte Rangordnungen und Zuständigkeiten, gelenkt wird von oben nach unten, und es werden Aufstiegsmöglichkeiten geboten, die sowohl die Leistungsbereitschaft als auch das Konkurrenzverhalten aller Beteiligten fördern. Dass solche hierarchischen Ordnungen auch Unterwürfigkeit und Duckmäusertum erzeugen und die Herausbildung von Seilschaften begünstigen, wird dabei ebenso gern übersehen wie der Umstand, dass sämtliche hierarchischen Ordnungsstrukturen dazu neigen, sich selbst zu stabilisieren. Dazu dienen Vorschriften, Regeln und eine von allen akzeptierte, aber von den Anführern vorgegebenen Ideologie oder Doktrin, die das Handeln aller Beteiligten bestimmt.

Solange es gelingt, zu große Inkohärenzen und Reibungsverluste in derartigen hierarchischen Ordnungsstrukturen zu vermeiden oder zu unterbinden, bleiben sie stabil und sind selbst gegenüber von außen auf sie einwirkende Veränderungen äußerst resistent. Aber unsere eigene Geschichte lehrt uns eindringlich genug, dass nichts so bleibt, wie es einmal war. Nicht die einst für alle Zeit geschaffenen Pharaonenstaaten, auch kein »Tausendjähriges Reich«, nicht die für unüberwindbar gehaltene Spaltung Deutschlands. Alles ändert sich, sogar die Automobilindustrie oder die Energiewirtschaft werden künftig nicht so bleiben, wie sie einmal waren. Deshalb ist auch unser aus dem vorigen Jahrhundert stammendes Bildungssystem nur eine vorübergehende Lösung.

3. Verstehen:
Jede tief greifende und nachhaltige Veränderung beginnt mit einer inneren Berührung

Psychologen haben in den letzten Jahren eine sehr bedeutsame Entdeckung gemacht, die sich aber in der Öffentlichkeit und auch unter Lehrern und Erziehern nur langsam ausbreitet: Jeder Versuch, ein Kind, einen Jugendlichen oder einen Erwachsenen von außen, also extrinsisch durch Belohnungen oder Bestrafungen, durch Lob oder Tadel, durch Druck oder verlockende Versprechungen zu motivieren, sich in einer gewünschten Weise zu verändern, führt zu einer fatalen Gegenreaktion. Es mag sein, dass sich die betreffende Person dem Druck fügt oder sich durch die in Aussicht gestellten Belohnungen verführen lässt, ihr Verhalten so zu verändern, wie es von ihr erwartet oder verlangt wird. Aber das gelingt ihr nur, indem sie ihre eigene intrinsische Motivation unterdrückt. Menschen sind eben keine Zahncremetuben, aus denen umso mehr herauskommt, je kräftiger oder geschickter man auf ihnen herumdrückt. Im Gegenteil, auf Druck reagieren sie mit Gegendruck, also mit Verweigerung, bisweilen mit mehr oder

3. Verstehen

weniger geschickten Ausweichmanövern, schließlich aber mit wachsender Gleichgültigkeit. Das geschieht nicht aus Boshaftigkeit, sondern weil es unter diesen Bedingungen für sie gar keine andere Möglichkeit gibt, ihre Subjekthaftigkeit zu bewahren.

Jeder Mensch, der etwas tun soll, das andere von ihm verlangen oder erwarten, macht in dieser Situation eine sehr unangenehme Erfahrung. Er erlebt und spürt, dass er von diesen anderen wie ein Objekt behandelt wird. Und es stimmt ja auch. Wer einen Menschen zu »motivieren« versucht, macht ihn zwangsläufig zum Objekt seiner jeweiligen Absichten und Erwartungen. Er soll sich so verhalten, so arbeiten, so lernen, so werden, wie sich der »Motivator« das wünscht, erhofft oder gar, wie er es will. Für jeden, der gemocht werden möchte, wie er ist, und der selbst entscheiden möchte, was er tut, ist das eine schmerzhafte Verletzung seiner beiden Grundbedürfnisse nach Verbundenheit und Autonomie. Sie geht mit einer tief greifenden Irritation einher, die sich in seinem Gehirn als massive Inkohärenz ausbreitet und als ungutes Gefühl bis in den Körper hineinreicht. Er soll sich verändern, und weil diejenigen, die das von ihm erwarten oder verlangen, als Eltern, Erzieher, Lehrer oder Vorgesetzte, stärker, mächtiger und einflussreicher sind, weil er von ihnen abhängig ist und oft auch deshalb, weil er diese anderen Personen mag und mit ihnen verbunden bleiben will, gibt es nur eine Lösung, um diese sehr viel Energie verbrauchende Inkohärenz wieder kohärenter zu machen: das zu tun, was von den anderen verlangt wird.

So zu werden, wie sie schon sind, sich also ihnen sie und ihren Vorstellungen anzupassen.

Solange aber das Bedürfnis nach Autonomie und selbstbestimmtem Handeln noch wach ist und sich immer wieder meldet, kann sich kein Mensch den Wünschen und Erwartungen anderer unterwerfen und deren Einstellungen und Vorstellungen übernehmen. Deshalb muss die betreffende Person die eigenen Bedürfnisse hemmen, unterdrücken oder verdrängen. Jedes Mal, wenn ihr das gelingt, werden die dazu aktivierten Verschaltungsmuster im Hirn weiter gestärkt, ausgebaut und verfestigt. Irgendwann ist dieses Bedürfnis dann so gut eingewickelt, dass es sich nicht mehr länger störend bemerkbar macht. Jetzt passt es wieder, im Gehirn ist es kohärenter und damit auch energiesparender geworden. Jetzt kann die betreffende Person die an sie gestellten Erwartungen endlich ohne inneren Widerstand erfüllen und das tun, was von ihr verlangt, wofür sie von anderen belohnt, gelobt, bezahlt und anerkannt wird.

All jene Menschen, denen das gelungen ist, sind in unserer Gesellschaft meist recht erfolgreich. Manche gelangen sogar in Spitzenpositionen. Aber in ihrem Inneren sind sie dann doch sehr verwickelt. Bei manchen ist es die Freude am eigenen Entdecken und Gestalten, die sich kaum noch zeigt, bei manchen die Lust am eigenen Körper, die Sinnlichkeit und Bewegungsfreude, bei anderen das Bedürfnis nach Nähe und Verbundenheit. Manche unterdrücken sogar ihr Mitgefühl. Bei allen ist es ein Anteil eigener

3. Verstehen

Lebendigkeit und Lebensfreude, der durch diese Verwicklungen unzugänglich wird.

Aber dafür funktionieren die meisten dieser auf die ein oder andere Weise in sich verwickelten Personen fortan ziemlich gut. Sie gehen in die Schule, machen ihre Arbeit, erledigen ihre Aufgaben, wie sich das gehört. Sie tun Dinge und reden über Sachen, die sie nicht wirklich interessieren, ihnen jedoch die Anerkennung anderer verschaffen sollen. Ab und zu gönnen sie sich mal etwas.

Aber wenn sich die Welt, in die sie nun so gut hineinpassen, zu verändern beginnt, bekommen sie Angst. Dann versuchen sie, noch besser zu funktionieren, noch effektiver zu sein, noch wirkungsvoller zu agieren, um diese alte Welt aufrechtzuerhalten und damit sich selbst vor Veränderungen zu schützen. Und sie wehren sich mit allen ihnen zur Verfügung stehenden Mitteln gegen jeden Versuch, die Gegebenheiten zu hinterfragen, in die sie eingebunden, deren Teil sie selbst geworden sind. Dass es ein Schulsystem, wie sie es kennen, in Zukunft nicht mehr geben wird – unvorstellbar! Dass jedes Kind mit Freude lernt – realitätsfern! Dass in jedem Schüler ein besonderes Talent, also eine Hochbegabung verborgen ist – Spinnerei!

Solange es noch so viele in sich selbst – und deshalb meist auch in ihren Beziehungen zu anderen – verwickelte Akteure in unserem Schulsystem gibt, ist jeder Versuch, nicht nur hier und da geringfügige Veränderungen einzuführen, sondern es grundlegend umzugestalten, von vornherein zum Scheitern verurteilt.

So geht es also nicht, weder von »oben« durch kultusministerielle Vorgaben und Beschlüsse, noch von »unten« durch lokale Initiativen beherzter Eltern und Pädagogen. Spätestens dann, wenn am Ende der Schulzeit staatlich anerkannte Abschlüsse erlangt werden müssen, stoßen diese Bemühungen an ihre Grenzen.

Aber wie könnte es dann gehen? Lassen sich dieses enorme Beharrungsvermögen und diese notorische Veränderungsresistenz all dieser in sich selbst verwickelten Eltern, Lehrer, Verwaltungsbeamten und Politiker überhaupt jemals überwinden?

Das menschliche Gehirn ist zeitlebens veränderbar. Das haben Hirnforscher mit ihren Befunden in den letzten Jahren immer wieder bestätigt. Und Menschen können sich auch sehr grundlegend verändern. Das belegen die Lebensgeschichten von Personen, die sich, ähnlich wie Saulus, in einen Paulus verwandelt haben. Jeder kennt irgendjemanden, bei dem das zutrifft, oder hat davon gehört, dass es solche Menschen gibt, die sich von heute auf morgen innerlich tief greifend gewandelt haben. Prinzipiell geht es also schon, nur offenbar nicht so, wie es bisher immer wieder versucht worden ist.

Eigentlich ist es ganz einfach: Wer sich – vielleicht schon im Elternhaus oder aber später in der Schule und im Berufsleben – bei seinen notgedrungenen Anpassungsversuchen an die dort vorgefundenen Gegebenheiten verwickelt hat, müsste sich zunächst erst einmal aus diesen Verwicklungen befreien, sich also entwickeln. Wer aber in seinen

3. Verstehen

Verwicklungen gefangen bleibt, wird sich darum bemühen, dass sich die Gegebenheiten, denen er sich angepasst hat, nicht allzu sehr verändern. Etwas festhalten zu wollen, was sich nicht festhalten lässt, ist ein ebenso anstrengendes wie frustrierendes Unterfangen. Kein Wunder, dass man dabei immer unzufriedener und schließlich sogar krank wird.

Besser wäre es, sich aus den selbst ins Hirn gebauten Verwicklungen wieder zu befreien. Aber für eine solche Entwicklung gibt es weder geeignete Methoden noch Verfahren. Auch intensives Üben, eigene Anstrengung oder der Rat und die Unterstützung anderer führen hier nicht weiter. Denn aus seinen Verwicklungen entwickeln kann sich jemand nur dann, wenn er es selbst auch wirklich will. Und wollen können wir immer nur dann etwas anderes als das, was wir schon haben, wenn das Neue in unseren Augen attraktiver und begehrenswerter ist als das Alte. Wenn wir also davon überzeugt sind, dass wir dadurch freier, glücklicher und gesünder werden.

Genau das ereignet sich, wenn ein sehr verwickelter Mensch wieder mit den eigenen Bedürfnissen und Anteilen in Kontakt kommt, die er bisher so lange und so tapfer unterdrückt und abgespalten, mithin verwickelt hatte. Seine unbändige Entdeckerfreude beispielsweise oder seine Gestaltungslust, seine Sinnlichkeit, seine Freude am Sich-Bewegen oder sein Gefühl tiefer Verbundenheit, manchmal auch sein Bedürfnis, sich endlich um etwas zu kümmern, das ihm schon immer sehr am Herzen lag.

All das kann selbst ein sehr verwickelter Mensch plötzlich wiederfinden und wiederentdecken. Allerdings nicht, indem er möglichst angestrengt danach sucht oder sich von anderen zeigen lässt, wie es geht, sondern dadurch, dass er wieder mit diesen verdrängten und abgespaltenen Anteilen in sich selbst in Berührung kommt. Manche erleben das so, als ob nun etwas in ihnen zu leuchten beginnt oder ihnen Flügel verleiht. Eine solche Berührung lässt sich nicht gewollt herbeiführen. Sie geschieht einfach, im Konzert, vielleicht im Kino oder beim Lesen eines Buchs, häufig draußen in der Natur, aber gelegentlich auch beim Besuch einer Kunstausstellung oder in einem Museum. Und sehr oft in einer berührenden Begegnung mit einem anderen Menschen.

Besonders stark verwickelte und deshalb meist recht erfolgreiche Personen strengen sich sehr an und haben gut gelernt, sich durch nichts und niemanden berühren zu lassen. Deshalb fällt ihnen auch ihre Entwicklung besonders schwer.

Leichter haben es all jene, die das Glück hatten, sich in ihrem bisherigen Leben nicht allzu sehr verwickeln zu müssen. Die Gescheiterten, die Außenseiter und – natürlich – diejenigen, die sich noch nicht so sehr verwickeln mussten, um möglichst gut zu funktionieren: die in die Gesellschaft hineinwachsenden Kinder und Jugendlichen. Von ihnen, ihrem Schwung, ihrer Lebensfreude, ihrer Authentizität lassen sich inzwischen immer mehr bereits ziemlich verwickelte Erwachsene anstecken. Sie sind die besten und wirksamsten Entwicklungshelfer für ihre Eltern und für

3. Verstehen

ihre Lehrer, sogar, wie die weltweiten Fridays-for-Future-Demonstrationen zeigen, für manche Politiker.

Das Bemerkenswerteste an diesem »Wieder-mit-sich-selbst-in-Beziehung-Kommen« ist, dass niemand, dem diese Erfahrung zuteilwird, anschließend bereit ist, so weiterzuleben wie bisher. Eine solche Person betrachtet fortan sich selbst, andere Menschen und andere Lebewesen, ja alles, was sie umgibt, mit anderen Augen. Sie ist verständnisvoller und liebevoller, weniger verklemmt, freier, offener und authentischer. Und sie kümmert sich fortan sehr konsequent um das, was ihr wichtig ist, und nicht um das, was andere von ihr erwarten. Als Lehrer in unserem gegenwärtigen Schulsystem haben es solche unverwickelten, sehr authentischen Menschen schwer. Aber überall dort, wo es um die Bildung junger Menschen für ein gelingendes Leben und Zusammenleben geht, sind sie unersetzbar. Damit es in Zukunft viel mehr solche Erwachsenen gibt, ist es so wichtig, unsere Heranwachsenden vor derartigen Verwicklungen zu bewahren. Wie weit wir noch davon entfernt sind, macht der folgende Brief einer Schülerin an die für die Bildung in ihrem Land verantwortliche Ministerin deutlich:

Sehr geehrte Frau Bildungsministerin,
ich bin eine siebzehnjährige Schülerin aus Neuss in NRW. Nächstes Jahr mache ich mein Abitur. Ich schreibe Ihnen in der verzweifelten Hoffnung, dass vielleicht Sie mir einige meiner Fragen beantworten

können. Meine Eltern können mir nicht wirklich weiterhelfen, meine Lehrer halten mich für quengelig, und meine Freunde zucken nur mit den Schultern. Sie sind die Ministerin für Schule und Bildung in Nordrhein-Westfalen. Sie müssen es doch wissen, oder?

Also, ich bin in der Q2 und befasse mich in Bio gerade detailliert mit dem Aufbau einer höheren Landpflanze und dem eines Laubblatts. In Mathematik rechnen wir windschiefe Geraden und deren Winkel zueinander im dreidimensionalen Raum aus, um danach mit Integralen die Fläche unter dem Graphen bestimmen zu können. In Deutsch hecheln wir, weil das Schuljahr so kurz ist, durch *Die Marquise von O...* Die ist abiturrelevant, neben *Faust*, dem *Haus in der Dorotheenstraße* und dem *Sandmann*.

Hallo!?!? Ich habe noch sechs Monate bis zum Abitur und setze mich mit Sumpfdotterblumen und dem Flugverhalten von Leuchtkugeln auseinander!?

Könnten Sie mir bitte erklären, warum ich mir das alles in den Kopf prügeln muss? Als hätte ich gar keine anderen Dinge, über die ich mir Gedanken machen müsste. Und sagen Sie mir nicht, ich lerne für mich oder fürs Leben. Das Leben findet irgendwo statt, aber ganz sicher nicht in der Schule. Für mich? Wer bin ich denn? Jemand, der sich das Bulimie-Lernen antrainiert hat, der dem Lehrer nicht die Tasche trägt und dadurch Notenpunkte riskiert. Jemand, der nebenbei versucht herauszufinden, wo seine Stärken

3. Verstehen

liegen könnten, damit er sein Leben nach der Schule in Angriff nehmen kann. Mittlerweile weiß ich auch nicht mehr, was ich nach der Schule mit mir anfangen soll, aber dazu später mehr.

Wussten Sie, nur mal so nebenbei, dass die Wochenenden und auch die Ferien von den Lehrern wie selbstverständlich als Lern- und Hausaufgabenzeit angesehen werden? Ich kann die Sprüche nicht mehr hören: Dazu haben Sie doch das ganze Wochenende Zeit! Das können Sie ja prima dann erledigen. / Also, die Lektüre für das nächste Schuljahr, die lesen Sie in den Ferien durch. / Und das Referat geben Sie in Schriftform am ersten Schultag nach den Ferien ab.

Ich hab da mal gegoogelt in den Bestimmungen des Schulgesetzes für NRW. Aber Sie wissen ja, was da drinsteht. Es ist nicht so, dass ich den Sinn von Hausaufgaben nicht verstehen würde. Aber diese totale Überheblichkeit und Ignoranz, was mein Privatleben angeht ... Na ja, ich bin halt nur Schülerin – ohne Abi, ohne Führerschein, ohne außerschulisches Leben.

Mit Mathe will ich übrigens nie wieder was zu tun haben! Mit meinem Vater habe ich vor den Klausuren jeweils mindestens drei bis vier Wochenenden geübt, jede erdenkliche Aufgabe aus den Büchern und dem Internet rausgesucht, immer wieder. Dann kam die Klausur, und mein Lehrer hat Aufgaben gestellt, die zum Teil fehlerhaft waren (was er während der Klausur auch zugegeben hat), und solche, die nicht mal mein Vater zu Hause in Ruhe nachvollziehen konnte. Also, Mathe: 8 Punkte im Zeugnis.

Dazu sollten Sie wissen, seit ich etwa dreizehn Jahre alt bin, wollte ich Medizin studieren. Ich hab in der Schule alles drangegeben, spätestens in der EF und der Q1 wirklich alles gegeben, damit ich einen möglichst guten Abi-Schnitt habe, um den NC zu schaffen. Ihnen brauche ich nicht sagen, was die 8 Punkte in Mathe für mich bedeuten.

Ich kann übrigens auch nicht gut Volleyball spielen. Der Sportkurs, den ich gewählt habe, besteht aus Volleyball und Schwimmen. Da ich DLRG-Rettungsschwimmerin bin, dachte ich, da könnte ich vielleicht ein paar Punkte für das Abi sammeln. Leider spiele ich unter den Augen meiner Sportlehrerin mittlerweile so katastrophal schlecht (O-Ton), dass auch meine Schwimmnote das nicht wird ausgleichen können. Dafür bin ich sehr gut in Leichtathletik, aber das wurde nur in Kombination mit Fußball (total ätzend) angeboten.

Meine Frage hierzu: Wie kann es sein, dass mein Mathelehrer und meine Sportlehrerin darüber entscheiden, ob ich Medizin, Psychologie oder Jura studieren kann oder nicht? Und bitte, liebe Frau Ministerin, erklären Sie mir nicht, dass es ja noch so viele andere Möglichkeiten gibt, einen Studienplatz für Medizin zu bekommen. Ich kenne alle gängigen Varianten.

Aus einem YouTube-Video habe ich erfahren, dass

3. Verstehen

ein Nationaler Bildungsrat gegründet werden soll, der aber vielleicht doch nicht zustande kommt, weil es bei der Sitzverteilung Uneinigkeiten gibt. Ihr Ernst!? Sie wollen etwas bewirken und bekommen es nicht mal auf die Kette, sich zu treffen? Entschuldigen Sie meine Ausdrucksweise. Also wenn bei uns Gruppenarbeit ansteht und wir würden schon im Vorfeld rumjammern, wer mit wem zusammenarbeiten darf oder möchte, dann – na, Sie erinnern sich vielleicht auch noch an Ihre Schulzeit. Haben Sie denn nirgends gelernt, wie man ein funktionierendes Team bildet, sich selbst und andere inspiriert, um Dinge kritisch und zum Wohl aller zu beleuchten und eine Sache sinnvoll voranzutreiben?

Tja, ich auch nicht.

Sehen Sie denn nicht, dass wir uns mit den heutigen und künftigen Schülern ständig Eigentore schießen? Sie lernen nicht das, was wichtig ist für uns, für unsere Gesellschaft. Sie werden erzogen zu Hirnakrobaten, die am Ende nicht mehr wissen, wo ihnen der Kopf steht. Sie werden behandelt wie Haustiere, die man dressieren kann, denen man verletzende Worte entgegenschleudern kann, wenn einem als Herrchen oder Frauchen danach ist. Zum Gassigehen werden sie alle 45 Minuten auf den Hof gelassen, unerwünschtes Verhalten wie Bellen und Knurren wird bestraft, man erwartet, dass sie nach erfolgter Abrichtung fliegen können – egal ob Hund oder Hamster. In einem Punkt

Teil I   Das Ende von Schulen, wie wir sie kannten

kann man sie jedoch nicht mit Haustieren vergleichen: Ihnen streicht man nicht mal liebevoll über den Kopf, mit ihnen wird nicht gespielt oder rumgetollt, sie bekommen keine Leckerlis, wenn sie etwas gut gemacht haben. Oder spüren Sie, wie eine Eins auf der Zunge zergeht?

Sie finden das jetzt sehr überzogen und einseitig betrachtet? Kann sein, dass es anderen an anderen Schulen anders geht. Aber wussten Sie, dass in Deutschland jeden zweiten Tag ein Jugendlicher durch seine eigene Hand stirbt, also Selbstmord begeht? Ja, was geht denn da ab? Wie kann das sein?

Vielleicht noch eins: Können Sie mir erklären, warum in unserer Schule nun in jedem Raum Smartboards hängen, mit denen weder wir noch unsere Lehrer umgehen können? Dank dieser neuen Dekoration sitzen wir weiterhin auf schiefen und kaputten Stühlen, in Räumen mit kaputten Fenstern, die sich nicht öffnen lassen, und starren auf die Projektion des OHPs an der Wand. Über den Besuch der Toiletten, den jeder, wenn es irgendwie geht, vermeidet, will ich gar nicht anfangen zu sprechen. Und warum trägt der Großteil meiner Lehrer den Lehrstoff derart kompliziert, monoton und langweilig vor, dass ich mir für die Klausuren sowieso alles mithilfe von YouTube-Videos allein zu Hause beibringen muss? Ich kann Ihnen die Namen von genau zwei Lehrern sagen, die mir wirklich etwas Sinnvolles mitgegeben haben. Einer davon

3. Verstehen

ist Mathelehrer (offensichtlich nicht mein aktueller), und er hat ein T-Shirt, auf dem steht: »Inspire someone today!«

Ich gebe niemandem die Schuld! Es liegt in der Natur der Sache, dass wir uns selber als Gesellschaft keinen Gefallen damit tun, wenn Kinder durch ein Schulsystem geschleift werden, das nicht den Menschen in den Vordergrund stellt, sondern ein System aus längst vergangenen Zeiten. Wer soll denn all die aktuellen und künftigen Probleme lösen? Und vor allem – mit welchen Mitteln?

Ich musste das jetzt mal loswerden an jemanden, der sich beruflich damit beschäftigt und Ahnung hat. Vielleicht bekomme ich ja wirklich die ein oder andere Antwort auf meine Fragen.

Mit freundlichen Grüßen
L.

(Abgedruckt mit Genehmigung der Absenderin dieses Briefs. Da sie vor den Abiturprüfungen steht, hat sie darum gebeten, ihren Namen hier lieber nicht anzugeben. Ihren Angaben zufolge war bei ihr nach über einem Monat weder ein Bestätigungs- noch ein Antwortschreiben aus dem Ministerium eingegangen.)

4. Gestalten:
Um das Alte zu ersetzen, muss das Neue für alle Beteiligten attraktiver, leichter und beglückender sein

Von Albert Einstein soll der Hinweis stammen, dass Probleme nicht mit derselben Denkweise gelöst werden können, die sie hervorgebracht hat. Das ist sicher zutreffend, und es gab ja immer wieder sehr kluge Menschen, die mit einer völlig neuen Denkweise Probleme erfolgreich gelöst haben, die bis dahin von allen Experten für unlösbar gehalten wurden. Aber allein davon, dass jemand mit einer neuen Denkweise ein Problem zu lösen imstande ist, wird diese neue Lösung nicht zwangsläufig auch von allen anderen akzeptiert. Und sie wird sich auch nicht in dem betreffenden Gebiet, für das diese Lösung relevant ist, durchsetzen, sich in andere Bereiche ausbreiten und zu einer neuen Herangehensweise auf breiter Ebene führen. So weitreichend und tief greifend eine solche neue Lösung auch sein mag, so ist sie doch zunächst nichts mehr als ein theoretisches Konstrukt. Wie schnell sie aber umgesetzt und wann sie zu einer nachhaltigen Veränderung der bisherigen Praxis wird, hängt offenbar nicht von der Brillanz der betreffen-

4. Gestalten

den Lösung ab, sondern von der Akzeptanz, die sie bei all jenen findet, die sie umsetzen könnten.

Im Lauf der Menschheitsgeschichte sind schon oft sehr innovative Theorien gefunden worden. Und wie lange hat es gedauert, bis so ein in der Theorie neu eröffneter Weg von breiten Schichten der Bevölkerung endlich auch beschritten und genutzt wurde. Nicht so sehr im Fall der Einführung des Verbrennungsmotors, zum Beispiel. Aber der Entdecker der Nächstenliebe als Grundlage menschlichen Zusammenlebens wartet noch heute vergeblich auf die praktische Umsetzung der von ihm mit seiner neuen Denkweise gefundenen Lösung.

Bleiben wir noch einen Moment bei der Erfindung des Verbrennungsmotors als innovative Lösung zur Umwandlung von chemisch gebundener Energie in Bewegungsenergie. Wäre jemand im Amazonas-Regenwald auf so eine brillante Idee gekommen, hätte sich dort wohl keiner darüber wirklich gefreut. Niemand hätte sie attraktiv gefunden und wäre darüber glücklich gewesen. So etwas wird dort einfach nicht gebraucht. Der Erfinder hätte sein Patent bestenfalls noch als Flaschenpost in den Amazonas werfen und hoffen können, dass sie an einem Ort landet, wo andere Menschen mit seiner grundlegenden Idee tatsächlich etwas hätten anfangen können. Damit sich also ein neuer Denkansatz durchsetzen kann, muss es Menschen geben, die bereit und in der Lage sind, daraus etwas zu machen.

Die gab es zu Beginn der Aufklärung in Europa zuhauf. Die durch das neue Denken hervorgebrachten Lösungen,

Teil I Das Ende von Schulen, wie wir sie kannten

Erkenntnisse und Fortschritte waren so erfolgreich und für sehr viele Menschen damals so vielversprechend und beeindruckend, dass sich die Vorstellung auszubreiten begann, alle Probleme seien mithilfe der nackten Vernunft, also durch den Einsatz, die Verbesserung und Ausbildung der kognitiven Fähigkeiten von Menschen lösbar. Diese Vorstellung bestimmt noch heute das Denken der meisten Bewohner der westlichen Welt und nährt den Fortschrittsglauben all jener, die diese Denkweise inzwischen auch in anderen Regionen der Erde übernommen haben. Zwangsläufig sind Förderung und Ausbau der kognitiven Fähigkeiten der nachwachsenden Generation weltweit zu einem zentralen Anliegen schulischer, beruflicher und universitärer Ausbildung geworden. Die OECD, die internationale Organisation für wirtschaftliche Zusammenarbeit und Entwicklung, überprüft durch ihre Erhebungen regelmäßig, wie erfolgreich dieses Anliegen in einzelnen Ländern umgesetzt wird.

Logisches Denken, Erkennen und Einordnen von Problemen, der Erwerb von Sachwissen, die Entfaltung von Kreativität, die Fähigkeit zu Perspektivenwechsel, Handlungsplanung, Affektkontrolle und eine Vielzahl weiterer kognitiver Kompetenzen sollen sich Heranwachsende in dafür geschaffenen Bildungseinrichtungen aneignen, denn sie gelten als entscheidende Voraussetzung für eine erfolgreiche berufliche Karriere. Das mag auch zutreffen. Aber über all diese kognitiven Fähigkeiten muss auch jeder verfügen, der später einmal als Anführer fragwürdiger politischer Gruppierun-

4. Gestalten

gen, als Entwickler biologischer Kampfstoffe, als Betreiber von gewinnmaximierenden Hühnerfarmen und Schweinezuchtbetrieben oder als Waffenhändler, womöglich gar als Mafiaboss erfolgreich sein will. Also jeder, der Einfluss und Macht über andere gewinnen und möglichst schnell reich werden will. Nicht selten haben diese Akteure die besten Schulen und Universitäten besucht und mit sehr guten Noten abgeschlossen. Die dort vorgefundenen »Bildungsangebote« haben sie sehr effektiv genutzt, um all diese kognitiven Kompetenzen zu erwerben, die ihnen ihre »erfolgreiche« Karriere ermöglichten.

Die bloße Aneignung kognitiver Fähigkeiten, das machen die Beispiele deutlich, reicht nicht aus für die Gestaltung eines gelingenden Lebens, in dem es um etwas mehr als um die rücksichtslose Durchsetzung persönlicher Interessen und Ziele geht. Woran wir in der westlichen Welt seit dem Beginn der Aufklärung geglaubt haben und was unsere Bildungsbestrebungen in den dafür geschaffenen Einrichtungen bestimmt hat, erweist sich deshalb zunehmend deutlicher als eine recht fragwürdige Geisteshaltung. Der Fokus auf die Aneignung kognitiver Kompetenzen und den Einsatz des nackten Verstandes reicht offenbar nicht aus, um dem, worum sich Menschen bemühen, eine menschliche Orientierung zu verleihen. Um die herauszubilden, müsste der Erwerb kognitiver Fähigkeiten mit der Aneignung eines inneren Kompasses verknüpft werden, der Heranwachsenden hilft, sich weder in der Vielfalt der ihnen zur Verfügung stehenden Möglichkeiten zu verlieren noch danach zu streben, für sich selbst Macht und Einfluss, Besitztümer und Reichtum auf Kosten anderer zu erlangen.

Wo aber finden Kinder und Jugendliche Möglichkeiten, um solch einen inneren Kompass herauszubilden, der ihnen Orientierung für ihre spätere Lebensgestaltung bietet? In welchen Einrichtungen und bei welchen Gelegenheiten findet diese zutiefst menschliche »Herzensbildung« statt? Wo berührt sie die Natur so sehr, dass sie so etwas wie Ehrfurcht vor dem Leben spüren? Wo und bei welchen Gelegenheiten können Heranwachsende die Erfahrung machen, dass sie wertvoll und wichtig für andere Personen, andere Lebewesen, für den Erhalt unserer Kultur und unserer natürlichen Lebenswelt sind? Wie und wo bieten wir ihnen Gelegenheit, eine Vorstellung und ein Bewusstsein ihrer eigenen Würde herauszubilden?

Wir wissen nicht, wie das gehen soll, denn wir sind in den Denkweisen der ersten Hälfte des Zeitalters der Aufklärung stecken geblieben. Einstein lässt grüßen!

Stellen Sie sich nur einmal vor, was allein die aus den Befunden der Hirnforscher, der Entwicklungs- und Lernpsychologen inzwischen gewonnene Erkenntnis bedeutet, dass jemand nur dann etwas nachhaltig lernen kann, wenn sie oder er es selbst lernen will. Dass Schüler keine Fässer sind, die mit Wissen gefüllt werden können, war den meisten Pädagogen auch schon vorher klar. Aber die Funken der Begeisterung am Lernen lassen sich im Gehirn von Heranwachsenden nicht dadurch entzünden, dass man sie an ihre Schulpflicht erinnert, sie kompetent unterrichtet,

4. Gestalten

regelmäßige Lernstandkontrollen durchführt und die vorgegebenen Lehrpläne abzuarbeiten versucht. Selbst die engagiertesten Pädagogen verzweifeln angesichts dieser jedes selbstverantwortliche Lernen erstickenden Vorgaben und Rahmenbedingungen. Und die negativen Erfahrungen, die Kinder und Jugendliche zwangsläufig machen müssen, wenn sie wie Objekte in die Schule geschickt, unterrichtet und bewertet werden, zwingt sie, ihre angeborene Freude am eigenen Entdecken und gemeinsamen Gestalten oft so nachhaltig zu unterdrücken, dass sie in ihrem gesamten späteren Leben nie wieder erwacht.

Allen Beteiligten ist klar, dass es so nicht weitergehen kann. Viele verantwortungsbewusste Eltern versuchen zu Hause auszugleichen, was in der Schule nicht geklappt hat, organisieren Nachhilfeunterricht, und die wachsende Nachfrage nach solchen Angeboten erzeugt einen enorm profitablen Nachhilfe-Markt.

Manche Eltern suchen nach Alternativen, schicken ihre Kinder auf Privatschulen oder in solche, die reformpädagogische Ansätze vertreten. Manche gründen gemeinsam mit Gleichgesinnten eigene Freie Schulen, und manche ziehen mit ihren Kindern in Länder, in denen es keine gesetzlich geregelte Schulbesuchspflicht gibt. All das sind individuell gefundene, aber nicht auf eine grundsätzliche Veränderung unseres gegenwärtigen Bildungssystems ausgerichtete Notlösungen.

Auch die Pädagoginnen und Pädagogen leiden unter den in ihren Bildungseinrichtungen herrschenden Bedingungen.

Bezeichnend dafür ist die in dieser Berufsgruppe auffallende Häufigkeit psychosomatischer Erkrankungen. Die meisten Lehrer versuchen, ihren Idealen treu zu bleiben und die Schüler so gut wie möglich auf ihrem Weg zu begleiten. Aber bei vielen führt das ständige Anrennen gegen kultusministerielle Vorgaben, gegen immer deutlicher zum Ausdruck gebrachte Forderungen und Ansprüche von Eltern und gegen das sich ausbreitende Desinteresse der Schüler zu fortschreitender Entmutigung und Resignation. In manchen Schulen gelingt es der Lehrerschaft, ein starkes Team gegenseitiger Unterstützung zu bilden, das sich dann gemeinsam mit den Eltern auf den Weg macht, neue Unterrichtsformen und Lernmethoden an ihrer Schule einzuführen.

Aber selbst dann, wenn das in einer Schule klappt, werden der neue Ansatz und die gefundenen Lösungen selten von anderen, noch nicht einmal von benachbarten Schulen übernommen. Zu tief sind die alten Vorstellungen, Haltungen und Einstellungen in den Köpfen von Eltern und Lehrern verankert. Zu sehr ist der überwiegende Teil der Bevölkerung davon überzeugt, die Schule sei dazu da, Kindern und Jugendlichen das aus ihrer Sicht für ein erfolgreiches Leben benötigte Wissen beizubringen, sie zu unterrichten, sie gegebenenfalls auch zu disziplinieren, ihre Leistungen durch die Vergabe von Zensuren zu bewerten und sie mit einem möglichst guten Abschlusszeugnis für ihren weiteren Berufsweg zu entlassen. Und solange diese Vorstellung von einer Mehrheit der Bevölkerung, von weiterführenden

4. Gestalten

Ausbildungseinrichtungen und von führenden Vertretern der Wirtschaft geteilt und sogar eingefordert wird, können auch Politiker – wenn sie wiedergewählt werden wollen – nichts anderes tun, als ihre Entscheidungen und die zu deren Umsetzung geschaffenen Verwaltungsstrukturen immer wieder an dieser alten Denkweise auszurichten. So bleibt dann zwangsläufig alles beim Alten, nicht weil es gut ist, sondern weil es innerhalb der herrschenden Gegebenheiten so schwer zu verändern ist.

Doch hinterm Horizont geht's weiter. Und sämtlichen Beteiligten ist ja auch heute schon völlig klar, dass es auf Dauer nicht möglich ist, dieses gegenwärtige »Bildungssystem« für alle Ewigkeit aufrechtzuerhalten. Bald schon wird es nur noch Geschichte sein, und die Menschen werden sich dann fragen, wieso es sich in dieser Form herausbilden konnte und weshalb so viele Erwachsene damals bereit waren, es so lange hinzunehmen und so viel Frustrationen auszuhalten. Auch, so viel Geld dafür auszugeben. Dann wird ebenfalls viel deutlicher als heute zu erkennen sein, dass es in diesem Bildungssystem niemals wirklich darum ging, Kinder und Jugendliche zu befähigen, ihr Leben selbstbestimmt und selbstverantwortlich in die eigenen Hände zu nehmen. Dass es nicht wirklich darauf ausgerichtet war, Heranwachsenden zu helfen, ihr Zusammenleben mit anderen Menschen und anderen Lebewesen so zu gestalten, dass es für alle fruchtbar und sinnerfüllend ist und nachwachsenden Generationen neue Entfaltungsmöglichkeiten eröffnet, statt ihnen die Aufräumarbeiten auf einer ausgeplünderten und geschundenen Erde zu überlassen. Und es wird bei diesem Blick zurück auch deutlich werden, dass damals sehr viel über Freiheit geredet worden ist, aber den Kindern und Jugendlichen wenig Gelegenheit geboten wurde, sich als wirklich frei zu erleben. Denn nur aus diesem Gefühl heraus wären sie in der Lage gewesen, sich ohne Angst und Zweifel für das zu entscheiden und sich um das zu kümmern, was ihnen wirklich am Herzen lag. Sie wären dann auch nicht mehr verführbar gewesen.

Von dort, aus dieser Zukunftsperspektive, würde dann ebenso deutlich, dass diese als »Bildungssystem« bezeichnete gesellschaftliche Organisationsform vor allem dem Zweck diente, Kinder und Jugendliche irgendwo sicher unterzubringen und aufzubewahren, damit ihre Eltern arbeiten und Geld verdienen oder – wenn sie das nicht nötig hatten – andere Tätigkeiten übernehmen oder ihren Freizeitbeschäftigungen nachgehen konnten.

Und es ließe sich erkennen, dass diese Zeit in Kitas und Schulen damals sehr intensiv dazu genutzt worden ist, um Kindern und Jugendlichen all das beizubringen, was sie brauchten, um später selbst wieder arbeiten zu gehen und das zu vermehren, was die Menschen damals als Wohlstand betrachteten. Und natürlich wäre aus dieser Perspektive auch sehr gut erkennbar, dass es in den damaligen Schulen darum ging, für die Erfüllung der von den Mitgliedern der Gesellschaft als besonders wichtig und bedeutungsvoll erachteten Aufgaben besonders gut geeignete Schüler von denen zu unterscheiden, die dafür weniger gut

4. Gestalten

geeignet erschienen. Dass diese Selektion oder Allokation, wie es hieß, die Schule zu einer Art Erbsensortieranstalt gemacht hatte: Die Besten kamen ins Töpfchen, also in die Universität, die Schlechten ins Kröpfchen und konnten ihre Träume begraben.

Stellen Sie sich das alles nur einen Moment lang aus dieser gar nicht so fernen Zukunftsperspektive vor. Von dort aus betrachtet ist es nur allzu offensichtlich, dass das, was in unseren heutigen »Bildungseinrichtungen« stattfindet, nicht der Bildung junger Menschen für ein gelingendes, sinnerfülltes und glückliches Leben dient. In erster Linie geht es dort, inzwischen auch schon für die ganz Kleinen, um Aufbewahrung, um Ausbildung und um Aussortierung. Aber Sie könnten aus dieser Perspektive viel deutlicher als heute und von hier aus erkennen, was passieren müsste, damit dieses »Bildungssystem« seine bisherige Bedeutung, seinen Einfluss und seine Macht verliert und wieder zu dem werden kann, was es ist. Was geschehen müsste, damit diejenigen, die in dieses System eingebunden sind, endlich das tun können, wofür sie ausgebildet worden sind und was sie gut können: junge Menschen auf ihr späteres Berufsleben vorzubereiten und sie entsprechend auszubilden. So schwer kann das doch nicht sein. Auch wenn sich noch viele dagegen zu wehren versuchen, wird die Schule ihre gegenwärtig erlangte Bedeutung schrittweise verlieren. Es geht also nicht darum, ob es zu einer solchen Umgestaltung unseres gegenwärtigen Bildungssystems kommt, sondern wie lange sie noch aufgehalten werden kann.

Aber wie überall sind es ja nicht Systeme, die sich verändern, sondern Menschen, die zunehmend unbrauchbar werdende Systeme entweder aufrechterhalten oder umgestalten.

Als das Zeitalter der Aufklärung begann, hatten die damaligen Kirchenfürsten auch kein besonderes Interesse an einer grundsätzlichen Neuorientierung und Umgestaltung des damaligen Kirchensystems. Kein Wunder, dass sie diesen Prozess so lange wie möglich aufzuhalten versuchten. Gelungen ist ihnen das aber nicht. Denn es gab damals viel zu viele Menschen, die all diese neuen Ideen, die plötzlich entstandenen Möglichkeiten, die atemberaubenden wissenschaftlichen Erkenntnisse und die ihr Leben erleichternden technischen Entwicklungen so viel attraktiver und spannender fanden als das, was ihnen das alte Kirchensystem anzubieten hatte.

Was ist an unserem gegenwärtigen Schulsystem heute noch attraktiv? Es müsste sich wesentlich leichter umgestalten lassen als das Kirchensystem. Aber das geht eben nur, wenn es auch sehr viele wollen. Und wenn die sich nicht allzu sehr verzetteln und in zu viele Gruppierungen aufspalten, die sich nicht einig werden und die alle etwas anderes wollen. Dann geht es nicht. Das wusste schon Cäsar und hat deshalb das Geheimrezept jeden Machterhalts mit drei Worten auf den Punkt gebracht: »Divide et impera«. Menschen lassen sich am besten beherrschen, indem man sie in unterschiedliche Interessengruppen aufspaltet. Auch wenn sehr viele wollen, dass sich unser gegen-

4. Gestalten

wärtiges Bildungssystem verändert, wird nichts geschehen, solange sie auch weiterhin miteinander streiten, was denn nun und von wem und auf welche Weise dort etwas verändert werden soll.

Vor gar nicht so langer Zeit haben uns die Bürger der einstigen DDR vorgemacht, dass sogar ein für alle Zeiten eingemauert erscheinendes System sehr schnell in einen Auflösungsprozess geraten kann, der dann nicht mehr aufzuhalten ist. Was damals geschehen ist, hatte schon den Kirchenfürsten im Mittelalter ihre Macht geraubt. Es ist wohl das Geheimrezept jeder tief greifenden Veränderung und lässt sich noch knapper auf den Punkt bringen, als es Cäsar jemals hätte ahnen können. Das Zauberwort heißt Verweigerung. Einfach nicht mehr mitmachen, sich nicht mehr länger benutzen lassen, nicht mehr das nachbeten, was andere sagen, aufhören, das zu machen, was andere wollen.

Nur: Mit bloßer Verweigerung geht es auch nicht. Das zeigt der Blick auf die Wendezeit in der DDR. Die meisten Bürger hatten sich dort schon vorher, oft über viele Jahre hinweg, verweigert. Sie hatten nicht mehr mitgemacht bei dem, was die dortigen Machthaber von ihnen erwarteten und verlangten. Und diejenigen, die einfach nicht stillhalten konnten, sind abgehauen. Aber davon ist das System nicht untergegangen. Der Anfang von seinem Ende nahte erst, als immer mehr der Bürger sich in Gruppen zusammenfanden, die alle das Gleiche wollten: ein Leben in Freiheit und Selbstbestimmung. Das haben sie dann auch immer deutlicher zum Ausdruck gebracht. Zunächst an Orten, die von den Bewahrern des alten Systems nicht so leicht kontrollierbar waren, und mit Mitteln, die diese verwirrten und ratlos machten: in Kirchen und mit Kerzen. Später schlossen sich ihnen immer mehr Bürger an. Angesichts der dann auch auf den Straßen demonstrierenden Massen brach das alte System schließlich wie ein Kartenhaus zusammen. Entstanden ist daraus das, was sich die meisten dieser Demonstranten wünschten, was ihnen attraktiver erschien und was sie deshalb wollten: ein Leben wie die im Westen – prall gefüllte Kaufhäuser, schnelle Autos, Urlaub auf Mallorca. Und das haben sie dann ja auch bekommen...

Was lässt sich daraus für all jene ableiten, die ein anderes Bildungssystem wollen? Sie müssten sich einig sein, wie das aussehen soll. Aber solange in diesem »Bildungssystem« noch alles miteinander vermischt wird und all das, was die gegenwärtigen Kitas und Schulen leisten sollen, so vielfältig ist, wird eine Einigung auf das, worauf es wirklich ankommt, kaum möglich. Der Interessenskonflikt der beteiligten Akteure ist so bereits vorprogrammiert. Was soll künftig die wichtigste Aufgabe von Bildungseinrichtungen sein? Die sichere und verlässliche Aufbewahrung der Kinder und Jugendlichen? Die Vermittlung von Wissen und Können, neuerdings auch von Kompetenzen? Oder die Leistungsbewertung und die anhand von Abschlüssen stattfindende Selektion?

Eine Einigung ist ganz leicht und ergibt sich auch von

4. Gestalten

ganz allein, wenn alle Beteiligten, also die Eltern, die Lehrer und die Schulleiter, künftig nur darauf achten, dass Schulen genau das machen, was sie auch bisher schon gemacht haben: Aufbewahrung, Unterricht, Leistungskontrollen, Vergabe von Zertifizierungen und Abschlüssen.

Das gehört zu einer fundierten Ausbildung. Das entlastet die Lehrerschaft und die Schulleitung, ebenso die Kultusbürokratie von Erwartungen und Aufgaben, die sie ohnehin nicht erfüllen können. Ausbildung hingegen ist eine klare Angelegenheit. Über das, was da zu geschehen hat, braucht man nicht lange zu diskutieren. In den Berufsschulen wird es längst so gehandhabt, und die Fahrschulen machen es sogar noch besser, indem sie den Lehrer noch von der Last der Leistungsbewertung befreien. Er kann sich auf seine unterstützende und stärkende Rolle als Lernbegleiter seiner Schüler konzentrieren. Für die Überprüfung und Zertifizierung ihrer Leistungen ist eine andere, unabhängige Instanz zuständig. Das funktioniert bestens, sogar als lernunfähig abgestempelte Schulversager kommen irgendwann mit dem Führerschein nach Hause.

Schulen, in denen sich alle Beteiligten dazu bekennen und nach Kräften darum bemühen, ihre Schüler so zu begleiten, dass sie sich all das Wissen und Können aneignen können, was sie später einmal für ein erfolgreiches Berufsleben brauchen, wären auch eine große Erleichterung für die Eltern. Sie wüssten dann endlich, worum es beim Schulbesuch ihrer Kinder geht, und könnten mit Nachdruck einfordern, dass die Schule diese Aufgabe professionell umsetzt. Sogar die Schüler würden sehr schnell begreifen, worum es dort geht und weshalb sie diese Ausbildungseinrichtung besuchen. Das sorgt für Klarheit auf allen Seiten und entlastet alle Beteiligten.

Es wäre dann jedoch nicht mehr die Aufgabe der Lehrer, ihre Schüler fit für alles zu machen, was das Leben später einmal für sie bereithält. Die dazu erforderlichen Fähigkeiten lassen sich ohnehin weder unterrichten noch bewerten. Um sie zu erwerben, müsste Kindern und Jugendlichen Gelegenheit geboten werden, das Leben in all seinen vielfältigen Facetten kennenzulernen und möglichst viele Erfahrungen zu sammeln, wie sich die dort vorgefundenen Schwierigkeiten und Herausforderungen meistern lassen. Von Anfang an könnten sie sich dann als kompetente Gestalter ihrer eigenen Lernprozesse, ihres Lebens und ihres Zusammenlebens mit anderen erfahren. So wie sie das ja alle selbst einmal erlebt haben, bevor sie in dafür geschaffenen Einrichtungen »erzogen« und »gebildet« werden sollten. Kindern und Jugendlichen die eigenverantwortliche Gestaltung ihres Lebens und ihres Zusammenlebens mit anderen zu ermöglichen wäre das zentrale Anliegen einer Bildung für ein glückliches, sinnerfülltes und selbst gestaltetes Leben. Klar, das kann auch in Schulen stattfinden, aber wirklich gelingen kann es nur draußen, im richtigen Leben.

Deshalb ist es eine sehr spannende Frage, wer diese Aufgabe künftig übernehmen und wo diese Bildung für ein gelingendes Leben stattfinden soll. Auch sie lässt sich recht

4. Gestalten

leicht und auch sehr eindeutig beantworten: nicht von Lehrern und ebenso wenig in irgendwelchen Einrichtungen. Geeignet dazu sind all jene Menschen, die irgendetwas besonders gut können, die noch mit Leidenschaft als Entdecker und Gestalter unterwegs sind, die sich mit Freude um etwas kümmern, das ihnen am Herzen liegt, und die gern mit anderen Herausforderungen meistern und Probleme lösen. Und vor allem: Die Kinder und Jugendliche deshalb so sehr mögen, weil sie so sind, wie sie sind, und die deshalb nichts aus ihnen machen und nichts aus ihnen herausholen wollen. Geeignete Orte und Gelegenheiten für diese Bildung für ein gelingendes Leben gibt es überall, wo es noch einigermaßen lebendig zugeht. In Schulen, ja, aber eher seltener. Fast immer bei Straßenfesten und Konzerten, auch auf Bolzplätzen oder in Klubs, beim Kochen und Backen, im Sportverein oder bei der Jugendfeuerwehr. Im Wald und auf der Heide, beim Zelten und Angeln, in der Fahrradwerkstatt oder beim Tischler. Dort, wo ihre Eltern und andere Erwachsene den ganzen Tag verbringen, sei es auch nur, um herauszufinden, was die da machen und wie spannend oder wie langweilig das ist. Gern da, wo Eltern sich nicht so wohlfühlen: auf dem Bauernhof beim Misten und Melken der Kühe, in der Autowerkstatt beim Einbau eines neuen Getriebes, auf dem Schlachthof, wo die Würste gemacht werden. Beim Singen und Musizieren, beim Tanzen und Schauspielern, beim Puppenspiel und im Theater ... Die Orte und Möglichkeiten, sich fürs Leben zu bilden, sind für alle Heranwachsenden grenzenlos. Und jedes Kind, das Gelegenheit hatte, sich auf diese Weise zu bilden, wird sich gemeinsam mit anderen darum kümmern wollen, dass auch all die vielen anderen, weniger freien und weniger begünstigten Kinder in dieser von uns ausgeplünderten Welt eine solche Bildung erleben dürfen.

Wenn wir uns noch einmal das Bild der friedlichen Revolution in der einstigen DDR vor Augen führen, wird nun viel deutlicher, dass das keine Revolution, sondern nur der Zusammenfall und die Auflösung von einmal entstandenen, ziemlich starren Organisationsstrukturen war. Die funktionierten nicht mehr, als immer mehr Bürger den Vertretern des alten Systems die Gefolgschaft verweigerten und sich als viele Einzelne und damit doch irgendwie alle gemeinsam auf den Weg zu einem von ihnen selbst bestimmten Leben machten. Dass der zunächst erst einmal in den Westen und dort – angesichts dessen, was sie im Verlauf dieses Systemwechsels erlebt haben – manche in eine gewisse Unzufriedenheit geführt hat, ist leicht zu erklären. Nicht so leicht erklärbar ist der Umstand, dass sich in diesem nun vereinten Land so viele Bürger mehr oder weniger lauthals über dessen in so vieler Hinsicht fragwürdiges Bildungssystem beschweren, aber nichts unternehmen, um es zu verändern. Die weder den Vertretern dieses Systems ihre Gefolgschaft verweigern noch irgendeine gemeinsame Vorstellung davon haben, wie und wohin sich dieses System entwickeln sollte. Dieser Zustand gleicht in gewisser Weise den Verhältnissen in der DDR vor der Wende, als dort schon nichts mehr funktionierte, aber auch nichts passierte.

4. Gestalten

Sicher, es ist unbequem, etwas so Grundsätzliches und für die Zukunft eines Landes Entscheidendes wie sein Bildungssystem in Frage zu stellen. Und es ist nicht minder unbequem, die Bildung für ein gelingendes Leben nicht länger den Kitas und Schulen zu überlassen, selbst wenn allen klar ist, dass die das ohnehin nicht leisten können. Und es ist auch schwierig, ausreichend viele geeignete Begleiter und entsprechend viele Orte und Gelegenheiten zu finden, die Kindern und Jugendlichen die Möglichkeit bieten, das Leben in all seiner Vielfalt kennenzulernen und all die vielen Herausforderungen meistern zu lernen, die es für sie bereithält.

Aber es muss ja nicht alles und auf einmal gemacht werden. Es reicht völlig aus, wenn sich an vielen Orten immer mehr Menschen auf den Weg machen und den Kindern und Jugendlichen dort, wo sie zu Hause sind, im Stadtteil oder im Dorf, Gelegenheiten bieten, nicht in der Theorie, sondern im praktischen eigenen Tun zu lernen, wie das Leben geht. Nur so lässt sich die bemerkenswerte, aus Afrika stammende Bildungsweisheit verwirklichen, dass es ein ganzes Dorf braucht, damit Kinder so aufwachsen, dass sie die in ihnen angelegten Potenziale auch wirklich entfalten können.

Falls Sie nun Lust haben, mit Kindern und Jugendlichen solche Dörfer auch in Städten aufzubauen und sie in lebendige Bildungslandschaften zu verwandeln, sollten Sie den zweiten Teil dieses Buchs lesen. Dort finden Sie eine Fülle von Anregungen, wie es gehen kann, und eine Menge praktischer Beispiele, die deutlich machen, dass die große Transformation der Bildung längst begonnen hat.

Teil II
Der Anfang von Bildung
fürs Leben

Wie wir unseren Kindern den Weg bereiten können

Welche möglichen Veränderungen unsere Kinder und Jugendlichen erwarten und was diese wahrscheinlich für ihre Zukunft bedeuten, erfuhren Sie im ersten Teil des Buchs. Sehen Sie die Risiken darin? Ja? Wir auch. Hoffentlich sehen Sie neben den Risiken aber auch die großen Chancen. Aus unserer Sicht sind die Gestaltungsmöglichkeiten nämlich enorm. Das Leben unserer Jüngsten könnte besser gelingen als jedes menschliche Leben zuvor. Für den Einzelnen und für die ganze Gesellschaft. Klar ist aber, dass dafür das verbreitete Ideal vom »gut gebildeten Menschen« nicht länger ausreicht.

Wahrscheinlich sind wir uns darüber einig, dass dann, wenn sich unsere Lebens-, Arbeits- und Vorstellungswelt verändert, sich auch unser Bildungsbegriff verändern muss. Und hier ist sie, die Diskrepanz zur Realität, wegen der Sie dies hier vermutlich überhaupt lesen.

Im ersten Teil haben Sie sicherlich auch erkannt, dass nicht die Zustände in unserem Bildungssystem, sondern unser aller darunterliegende Haltungen und Denkmuster die Wurzel dieser Diskrepanz sind. Und vielleicht sind

Teil II   Der Anfang von Bildung fürs Leben

Sie dadurch selbst – ebenso wie wir vor einigen Jahren – in einen inneren Konflikt geraten. Und vielleicht sind Sie schon viel früher, spätestens aber an dieser Stelle aufgewacht und haben erkannt, dass Sie es selbst in der Hand haben, Ihre Haltungen und Denkmuster zu verändern. Wenn es so ist, und wenn Sie es gut meinen mit unseren Jüngsten, dann nützt Ihnen dieser zweite Teil voraussichtlich in Ihrem Alltag. Denn genau dort liegt der größte Hebel zur Veränderung. Nicht in der Politik, nicht in den Kultusbehörden, sondern in Ihrem Alltag.

Sie dort zu erreichen ist unser Anliegen, wenn wir nun Möglichkeiten anbieten, wie unsere Kinder heute zugunsten eines gelingenden Lebens aufwachsen, wie wir ihren Raum für wirkliche Bildung vergrößern können. Und dabei sind wir uns klar darüber, unter welchen Prämissen das Aufwachsen heute stattfindet. Denn wir kommen vom Schulhof, aus der Jugendszene, vom Bordstein. Einer von uns war Breakdancer und Sportmanager (Mitch Senf), der andere Rapper und Streetworker (Marcell Heinrich). Mit Kids und Jugendlichen arbeiten wir inzwischen seit fast zwanzig Jahren zusammen. Über Workshops, die wir gemeinsam mit unserem Team in Schulen und Ausbildungsbetrieben durchführen, helfen wir ihnen, sich selbst besser kennenzulernen und sich darüber klar zu werden, was sie mit ihrem Leben anfangen wollen. Viele von ihnen begleiten wir jahrelang, durch die Schulzeit bis hinein in ihr Berufsleben. Enge Beziehungen entstehen dabei, und inzwischen haben wir schon Tausende Kinder zu Erwachsenen heranreifen sehen. Einige von ihnen sogar ganz persönlich und aus nächster Nähe.

Von Anfang an bemerkten wir dabei, dass immer dann eine ganz besondere Energie entstand, wenn diese Kids und Jugendlichen zusammen kreativ wurden, wenn sie tanzten, rappten, Graffiti sprühten. Harte Jungs öffneten sich beim Raptexten und zeigten ihre Verletzbarkeit. Zu Hause lief es nicht so gut. Trauer und Zorn. Doch die eigenen Songs brachten ihren Mut und ihre Power nach vorn. Introvertierte Mädchen erkannten in den Tanzgruppen völlig neue Seiten an sich. Die Freude, sich zu zeigen, die Gabe, Gruppen zu führen. Adipöse Jugendliche sprangen im Parkour-Workshop zum ersten Mal in ihrem Leben über den Bock.

Immer wieder waren wir beeindruckt von solchen Effekten. Ein echter Zauber steckte in diesen Workshops. Und eines Tages fragte uns eine Lehrerin, was denn mit ihrem Schüler Dennis geschehen sei. Dennis hatte zu Hause über Nacht einen Song eigenständig fertiggestellt und nun der Gruppe dargeboten, während er sonst im Schulunterricht kaum mitmachte. So habe sie den Jungen noch nie erlebt. Sie meinte, er sei »wie verwandelt«. Doch hatte irgendetwas Dennis tatsächlich verwandelt? Wir glaubten das nicht. Und da wir so etwas inzwischen öfter erlebt hatten, fingen wir an, der Sache auf den Grund zu gehen.

In den kommenden Jahren erforschten wir dieses Feld. Wir wollten verstehen, was da geschah. Nicht nur intuitiv, wir wollten es durchdringen, es für andere greifbar machen. Und aus pädagogischer Sicht gelang uns das auch.

Teil II   Der Anfang von Bildung fürs Leben

Eine neue Verwunderung ereilte uns aber, als sich mehr und mehr Erwachsene an uns wandten. Teilweise als Eltern wegen ihrer eigenen Kinder, immer öfter aber auch für sich selbst, für ihre Lehrerkollegien in den Schulen, für ihre Teams in den Unternehmen. Wir waren ein kleines Start-up, und die Nachfrage überrollte uns geradezu. Und wir erlebten bei Erwachsenen ganz ähnliche Effekte. Das, was da in den Workshops vor sich ging, musste also mehr sein als Pädagogik.

Komplett verstanden haben wir das dann im Sommer 2012. Auf dem Entrepreneurship Summit in Berlin hielt ein Hirnforscher einen Vortrag über Potenzialentfaltung. Das war Gerald Hüther, und seine Rede war so berührend, dass der halbe Saal feuchte Augen bekam. Ein Schlüsselmoment für uns beide. Alles machte plötzlich Sinn. Noch während der Standing Ovations begriffen wir, was Potenzialentfaltung ist, wie unser Gehirn lernt, und dass genau das der Zauber in unseren Workshops war. In unserer praktischen Arbeit auf den Schulhöfen, in den Jugendgruppen und Firmen erlebten wir live, wie mehr und mehr junge Leute zu Gestaltern wurden. Sie wuchsen über sich selbst hinaus, beeindruckten ihre Mitmenschen. Wie ein kleines Wunder fühlte sich das jedes Mal an. Und was die Forschung da erkannt hatte und wie dieser Mann uns das rüberbrachte, fühlte sich an wie ein zweites kleines Wunder. Dank Gerald Hüther ist uns damals deutlich geworden, was in unserer Arbeit geschieht und worauf es dabei eigentlich ankommt.

Mit wachsender Teilnehmerzahl unserer Projekte ver-

Wie wir unseren Kindern den Weg bereiten können

tieften wir dann unsere Studien in weitere, ganz verschiedene psychologische Richtungen. Die Neugier hatte uns gepackt. Wir wollten mehr wissen über die Kunst, Menschen zu verstehen. Und diese Neugier lässt uns bis heute nicht los. Sie wird immer wieder auch inspiriert durch das Zusammenwirken mit Gerald Hüther. Und hier ist nun das dritte kleine Wunder: Wir beide sind von ganz woanders hergekommen als der Hirnforscher. Und trotzdem sind wir an der gleichen Stelle gelandet. Aus den Untersuchungen in der Wissenschaft wie aus den HipHop-Workshops vom Schulhof entspringen sehr ähnliche Erkenntnisse, resultieren sehr ähnliche Werte und nahezu identische Feedbacks von den Teilnehmern und Zuschauern. Das ist doch erstaunlich. Und weil wir drei feststellten, dass wir uns damit sehr gut ergänzen und gegenseitig bereichern, war es jetzt kein Wunder, gemeinsam dieses Buch zu schreiben.

Auch wir fragen uns: Wie können wir unseren Kindern und Jugendlichen dabei helfen, ihre Lust am Lernen und Gestalten zu bewahren oder wiederzufinden? Wie können sie mit anderen verbunden bleiben oder es erneut werden? Wie können wir ihnen ermöglichen, die innere Orientierung zu finden, die sie doch so dringend brauchen? Wie können wir sie bestmöglich für ihre Zukunft ausstatten, damit sie sich nicht verirren, in all den Verführungen und Verlockungen da draußen? Das gelingende Leben steht in keinem Lehrplan – aber irgendwer müsste es ihnen doch ermöglichen. Oder?

Weil sie uns so sehr am Herzen liegen, sind wir bereit

umzudenken, uns neu zu verdrahten, was ihre Bildung in diesen Zeiten betrifft. Weil sie uns alles bedeuten, finden wir den Mut, neue Wege zu gehen. Aber welche Wege? Was können wir jetzt konkret für sie tun? Wie finden wir Ideen und Ansätze für das tägliche Leben? Darauf wollen wir nun in diesem zweiten Teil Antworten geben. Die besten Antworten, die uns aus all den Jahren der Begleitung junger Menschen, ihrer Eltern und Lehrer* möglich sind.

Sie erhalten von uns keinen »neuen Lehrplan« für das 21. Jahrhundert. Denn das, wonach Sie suchen, lässt sich nicht durch Unterricht vermitteln. Es resultiert nicht mehr aus dem »Bildungs- und Erziehungsauftrag« der Schulen, nicht aus deren »Lernzielen«, die wir bisher als Ticket in eine gute Zukunft begriffen haben. Was wir beide gesehen haben, wenn es um gelingendes Leben in unserer Zeit geht, können Schulen und auch Kindergärten und Unis allein gar nicht bewerkstelligen. Dafür braucht es viel mehr als Mathematik, Informatik, Naturwissenschaften und Technik. Mehr als Sport, Musik und Kunst. Mehr als Lehrer und Pädagogen. Für diese Bildung braucht es uns alle, Eltern und ihr lokales Umfeld, Großeltern, Nachbarn, Bürgermeister, die gesamte Zivilgesellschaft. Und was sollen die alle ihnen dann beibringen? Vorbeibringen können sie ihnen vielleicht hin und wieder ein zuckerfreies Getränk.

---

* Fürs bessere Lesen haben wir immer eine Geschlechterform verwendet. Es sind aber immer, wenn nicht explizit eingegrenzt, alle Geschlechter gemeint.

Wie wir unseren Kindern den Weg bereiten können

Aber ermöglichen können sie ihnen ganz bestimmte Erfahrungen, denen wir gar nicht genug Aufmerksamkeit schenken können.

In unserer Arbeit in Schulen, in Familien und in Ausbildungsbetrieben sind uns bestimmte begünstigende Erfahrungen junger Menschen immer wieder positiv aufgefallen. Diese Erfahrungen ähneln sich in ihren Mustern und waren jedes Mal besonders einschneidend in den Biografien von jungen Menschen, die wir begleiten durften. Wie ein Heiliger Gral haben sie vielen zur inneren Orientierung in der Ungewissheit verholfen, ihnen Verbundenheit ermöglicht, sie zu Gestaltern ihres Lebens werden lassen. #HeroMagic, wenn Sie so wollen. Diese günstigen Erfahrungen im Aufwachsen junger Menschen haben wir für Sie gebündelt und aufgeschrieben. Sie sind nicht neu, genau genommen waren sie schon zu allen Zeiten entscheidend. Aber damals, als wir anfingen, galten sie vor allem als wichtig für Jugendliche mit – gelinde formuliert – ungewissen Zukunftsaussichten.

Wir wissen: Die Menschheit steht heute an einem spannenden Punkt. Inzwischen haben alle Jugendlichen einigermaßen ungewisse Zukunftsaussichten. Und heute, da wir selbst Väter von Teenagern sind, erscheinen uns diese Erfahrungen als zentral für ein gelingendes Leben im 21. Jahrhundert. Wir können es jetzt schon überall sehen: Sie machen den feinen Unterschied aus zwischen augenscheinlich erfolgreichen, aber innerlich orientierungslosen, entkoppelten Menschen, deren innere Leere sie anfällig für die klassischen

Verführungen macht, und verbundenen Menschen, die ihr Leben selbst gestalten und ihre Potenziale entfalten. Letztere wirken wie durch einen Umhang geschützt, wie durch Magie scheinen sie mit Fähigkeiten und Motiven ausgestattet zu sein, sich auch in Zeiten des Wandels die nötigen Kompetenzen immer wieder anzueignen, die sie zum gelingenden Leben brauchen.

Aber hier ist keine Magie am Werk. Menschen, deren Lust am Lernen und Gestalten lebendig ist, können über sich selbst hinauswachsen und sich auch bei Umbrüchen immer wieder neu erfinden. Menschen, die sich ko-kreativ mit anderen verbinden können, lösen auch unlösbar scheinende Probleme. Und Menschen mit innerer Orientierung umgeben sich mit den passenden Leuten und finden selbst in äußerer Ungewissheit einen stabilen Stand in der Welt. Das ist kein Chaka und keine Esoterik. Ein Mensch, der Gestalter seines Lebens ist, der mit anderen verbunden ist, der weiß, wer er ist und wofür er dieses Leben nutzen will, ist resistent gegen die meisten äußeren Verführungen. Ein satter Fisch frisst keinen Köder. Ganz einfach.

Natürlich sind diese Erfahrungen keine Garantie. Wir können unseren Jüngsten ihr gelingendes Leben ja nicht backen. Das Leben kann den Menschen nur selbst gelingen. Aber wir können aus aller Demut heraus die Wahrscheinlichkeit erhöhen, dass es gelingen kann, indem wir ihnen in ihren jungen Jahren diese Erfahrungen immer wieder mit auf den Weg geben, die uns in den letzten Jahren als günstig aufgefallen sind. Und deshalb teilen wir sie mit

Wie wir unseren Kindern den Weg bereiten können

Ihnen. Es sind jene Erfahrungen, die auch wir in unseren Jugendcamps, Schulprojekten und Coachings anstreben, auf die all unsere Bemühungen in der Arbeit mit jungen Menschen abzielen.

Wir erheben bei unserer Beschreibung keinen Anspruch auf Vollständigkeit. Natürlich sind familiensystemische und soziologische Sichtweisen wichtig, aber das haben andere alles längst sehr gut beschrieben. Wir wollen Ihnen ganz pragmatisch genau das und nur das verraten, was wir entdeckt haben als etwas, das offensichtlich wirkt. Heutzutage, im Jahr 2020, mitten in den bestehenden tradierten Bildungssystemen und Strukturen. Deshalb doktern wir nicht an diesen Strukturen herum. Sondern zeigen Ihnen Möglichkeiten und Wege, die funktionieren, hier und da auch mal Schlupflöcher und Nischen. Wir setzen dabei Ihre Entscheidung voraus, das gelingende Leben der Kinder und Jugendlichen, die Sie umgeben, zu unterstützen. Dafür dürfen Sie bereit sein, sie so anzuerkennen, wie sie sind, anstatt sie nach Ihren eigenen vorgefertigten Maßstäben zurechtzubiegen. Wenn Sie das sind, wird Ihnen dieser zweite Teil Freude bereiten.

Wir werden jene gesammelten Erfahrungen zunächst beschreiben und sie dann anhand von Geschichten untermalen. Diese beruhen auf realen Begebenheiten und Personen. Jeder Geschichte folgt eine Betrachtung, die zeigt, welche Erfahrungen darin auftauchen und was sie bewirkt haben. Und wie Sie diese dann konkret im Leben Ihrer Schützlinge ermöglichen können, erfahren Sie ebenfalls. Wir geben zu jeder Erfahrung praktische Beispiele und Anregungen für das Alltagsleben in der Familie, in der Schule, in der Gesellschaft – eben überall dort, wo junge Menschen sind. Und damit Sie bei alldem Umdenken auch Ihren Mut behalten, nennen wir Ihnen beispielhaft einige Initiativen, Projekte und Leuchttürme, die bereits heute, mitten in unserer Gesellschaft, mitten im alten Bildungssystem existieren. Die im gleichen Geiste wie Sie unterwegs sind, die irgendwann auf den gleichen inneren Konflikt gestoßen sind und die gleiche Entscheidung getroffen haben. Diese können Sie als Vorbild nutzen, sie nachahmen, sie als institutionelles Rückgrat begreifen, sich ihnen anschließen oder ganz einfach nur wissen, dass sie da sind.

All jene, Sie und wir sind die Pioniere der Bildung und Erziehung für ein gelingendes Leben im 21. Jahrhundert. Und wir sind längst mehr an der Zahl, als Sie vielleicht annehmen. Und für diejenigen unter Ihnen, die noch einen Schritt weitergehen möchten, die unseren Kindern und Jugendlichen nicht nur die günstigen Erfahrungen ermöglichen wollen, sondern sich nun auch dazu entscheiden, fortan sämtlichen Abrichtungsmethoden und -strukturen zu entsagen, die diese Erfahrungen verhindern oder erschweren, auch Sie sollten hier so einiges finden, das helfen kann. Und damit Sie jetzt auch von Anfang an spüren, wo die Musik spielt, springen wir gleich mal mitten hinein ins Leben eines Jugendlichen. #LetsGo

1. Tänzer des Jahres

Diese jungen Talente haben alles gegeben. Der DJ stoppt die Platte. Der Beat verstummt. Die Menge starrt auf den Moderator. Gebannte Stille in der Halle. Die Matadore stehen wie Säulen im Kreis. Sie verschränken die Arme und fixieren ihren Blick. Vor ihnen in der ersten Reihe kauern die jüngsten Kids mit aufgerissenen Augen. Schweiß tropft in Zeitlupe von ihren Haarspitzen. Die Tropfen am Boden glänzen im Scheinwerferlicht. Der Moderator schreitet zur Jury und übernimmt den Zettel, auf den alle hier warten. Der Zettel. Klein, weiß, zusammengefaltet. In ihm steckt der Name des besten Tänzers dieses Jahres und wartet darauf, verkündet zu werden.

Mehr als einhundert Nachwuchstänzer hatten lange trainiert und waren heute angetreten, um über sich hinauszuwachsen. Das Breakdance Championship ist eines der größten Ereignisse für junge Breaker in Deutschland. Die Ehrung zum besten Tänzer genießt höchsten Stellenwert in der Szene. Konstantin ist fünfzehn. Auf diesen Tag hatte er seit vier Jahren hingearbeitet. Er und seine Freunde hatten täglich trainiert, um zu zeigen, was sie draufhaben. Sein Herz pulsiert. Der Moderator faltet den Zettel auseinander und führt sein Mikrofon zum Mund… #FortsetzungFolgt

2. Aufwachsen mit Umhang: Günstige Erfahrungen für ein gelingendes Leben

Den Weg von Hamburg nach Genf zeigen uns Schilder mit großer Schrift an. Ziel und Entfernung sind exakt benannt. Im Straßenverkehr nur immer schön die Augen aufhalten, und wir Reisenden kommen genau dort an, wo wir hinwollen. Den Weg in ihre Zukunft finden unsere Jüngsten aber nicht anhand solcher Schilder. Weil diejenigen, die ihre Wegweiser aufstellen, von gestern sind. Weil sie die Straßenlage nicht mehr kennen, ja nicht mal mehr ihre Art zu reisen verstehen. Zu viele Wegweiser. Alle zeigen in verschiedene Richtungen. Unsere Jüngsten müssen ihre Augen eher schließen, um sich auf der Reise ihres Lebens zu orientieren.

So war das bisher noch nie. Vor 200 Jahren wurde der Sohn eines Bauern ebenfalls ein Bauer. Der gesellschaftliche Stand eines Menschen, sein Beruf und sein Privatleben verliefen weitestgehend auf vorgefertigten Gleisen. Auch im 20. Jahrhundert war der eigene Entscheidungsspielraum in der Zukunftsgestaltung noch deutlich kleiner als heute. Heute wissen viele junge Leute nach dem Schulabschluss

2. Aufwachsen mit Umhang

nicht, welchen Weg sie einschlagen wollen. Sie kommen mit den Zeugnissen aus der Schulzeit, kennen ihre Zensuren in den einzelnen Schulfächern, wissen aber relativ wenig darüber, wer sie sind und wo es für sie langgehen soll. Dafür gibt es nämlich kein Schulfach. Das »Fachgebiet Ich« ließe sich nicht vergleichbar benoten und kommt im Grunde so gut wie gar nicht vor in unserem derzeitigen Bildungsbegriff. Willkommen im Leben, unendliche Möglichkeiten, geh deinen eigenen Weg, »follow your passion«. Du kannst alles werden, was du willst, du brauchst dich einfach nur zu entscheiden. Betriebswirt, Zahnarzt, Friseur, Physiotherapeut oder Mechatroniker, Programmierer, Hacker, Datenanalyst, YouTuber, Topmodel, Superstar, Weltenbummler, DJ, Entwicklungshelfer, Start-up-Unternehmer, Online-Marketer oder, oder, oder.

Die möglichen Lebensentwürfe sind vielfältig. Lebensläufe sind nicht mehr vorgezeichnet. Und man kann den anderen Menschen heute nicht mehr so leicht ansehen, wann eine Biografie gelungen ist und wann nicht. Statussymbole deuten vielleicht auf ein erfolgreiches, doch längst nicht auf ein gelingendes Leben hin. Erfolg ist Ansichtssache, persönliches Glück ist individuell. Die äußere Erscheinung verwirrt uns erst recht. Diese Undurchsichtigkeit macht es jungen Menschen schwerer denn je, sich zwischen all den Optionen zu entscheiden.

Verstärkt wird diese Entwicklung noch durch die digitalen Plattformen, denen die Jugendlichen und jungen Erwachsenen, die wir begleiten, einen Großteil ihrer

Aufmerksamkeit widmen. Permanent sehen sie dort die virtuellen Profile anderer. Diese strotzen vermeintlich vor Erfolg, Glück und Lifestyle und lassen das eigene Leben im Vergleich nur allzu grau und unspektakulär erscheinen. Dieser Vergleich mit dem schillernden Leben der anderen erzeugt Druck und erhöht zusätzlich die Orientierungslosigkeit. In punkto Berufswahl können selbst Eltern und Großeltern aufgrund des technologischen Wandels kaum noch handfesten Rat geben. Was wäre wohl eine vielversprechende Laufbahn? Eine Ausbildung zum Lokführer, lohnt sich das 2020 überhaupt noch?

Nie war die lebensgestalterische und berufliche Orientierungslosigkeit so groß wie heute. Die Berufsberatung der Agentur für Arbeit* hilft hier leider wenig weiter. Sie ist noch immer vielmehr eine Art Sortiereinrichtung: Wo werden junge Arbeitskräfte gebraucht? Welche Interessen hast du, junger Mensch? Und in welchen Schulfächern hast du die besten Zensuren erreicht? Die orientierungslosen Absolventen bewerben sich dann oft breitgefächert auf verschiedenste Berufs- oder Studienrichtungen und folgen dann reaktiv den Zusagen, die da kommen. Ein Schuss ins Blaue als Start ins Erwachsenenleben. An dieser Stelle

---

* Unsere Einblicke in die Berufsberatung und in die Jobvermittlung stammen aus unserer Begleitung von Jugendlichen und jungen Erwachsenen in ihr Berufsleben sowie aus den Schilderungen von Mitarbeitern der Agentur für Arbeit und verschiedener Jobcenter, die an unseren Seminaren teilnehmen.

2. Aufwachsen mit Umhang

haben etliche frustrierende und sinnentleerte Berufsbiografien ihre Wurzel.

Doch die jungen Leute bemühen sich: ein Praktikum machen, die Studienrichtung wechseln, ein Jahr im Ausland verbringen. Ihre Versuche für bessere Antworten sind vielfältig. So richtig zufriedenstellend spricht das Orakel dabei aber nicht. Schließlich könnte immer noch etwas Besseres kommen. Und das will man doch dann nicht verpassen, oder? »#FOMO – Fear of missing out« hashtaggen sie selbstironisch ihr Problem, kaum wichtige Entscheidungen treffen zu können. Einige kompensieren ihre dahinterliegende Zukunftsangst nach dem Prinzip »Versuch und Irrtum« und springen nahezu im Zeitraffer von Projekt zu Projekt – auch überlappend und gleichzeitig –, bis sie schließlich irgendwo länger kleben bleiben. Andere stellen sich quasi tot und erwecken den Anschein, als ginge sie ihre eigene Biografie nichts an. Von Erwachsenen oft missverstanden als Gleichgültigkeit zeigt sich hier ihre blanke Überforderung, Entscheidungen für ihre Zukunft zu treffen.

Doch die Entscheidungsunfähigkeit ist erst das halbe Problem. Eine innere Orientierung auszuprägen wird für unsere Jüngsten noch viel wichtiger, als Sie vielleicht annehmen. Seit Kurzem erleben wir bei unserer Arbeit in den Schulen nämlich die erste Generation Kids, die tatsächlich von Geburt an mit dem Internet und digitalen Endgeräten aufwächst. #RealDigitalNatives. Ihre Eltern fragen

Maschinen, wo es langgeht, wie das Wetter wird, in welchem Lokal es lecker schmeckt und welche die beste Schule für ihr Kind ist. Maschinen zu befragen ist für diese Kids so normal, wie den Wasserhahn aufzudrehen. Ihre Realität findet gleichermaßen offline wie online statt. Wenn diese Kids, die heute die Grundschulen besuchen, achtzehn Jahre alt sind, werden da draußen von jedem von ihnen etwa 70 000 Datenpunkte existieren. Diese zeigen ihre Persönlichkeit und ihre Charakterzüge und machen sie manipulierbar für jeden Scharlatan und geistigen Rattenfänger, der die Internetunternehmen für diese Daten bezahlt. Und momentan können diese Kids und ihre Eltern fast nichts dagegen unternehmen. Datengeiz und Aufmerksamkeitshygiene sind die einzigen Mittel, die ihnen zum eigenen Schutz bleiben. Je mehr diese Kids also als Erwachsene von äußerer Orientierung abhängig sein werden, desto stärker werden all ihre Entscheidungen von Dritten manipuliert werden. Ihre Kaufentscheidungen, ihre Wahlentscheidungen, ihre beruflichen Entscheidungen, ihre Lebensplanung sind wie Blätter dem Wind ausgesetzt. Die Algorithmen werden sie dann vielleicht besser kennen, als sie sich selbst. Sie werden ihnen sagen, wo es im Leben für sie langgeht, was sie am besten tun und lassen sollen.

Erschreckt Sie diese Vorstellung? Uns schon. Aber so weit muss es nicht kommen. Je gewohnter diese Kids es von klein auf sind, achtsam mit sich selbst zu sein, auf ihren Körper zu hören, ihre Bedürfnisse und Gefühle ernst zu nehmen, je gewollter und geborgener sie sich von klein

2. Aufwachsen mit Umhang

auf fühlen, je selbstverständlicher es für sie sein wird, Fehler zu machen, je weniger sie genügen müssen und je häufiger sie wohlwollendes Feedback über sich von Personen erhalten, die sie erwartungsfrei so sehen, wie sie sind, desto klarer werden sie sich darüber sein, wie sie beschaffen sind und was für Menschen sie in dieser Welt sein wollen. Desto weniger werden sie auf äußere Orientierung angewiesen, an Beratung, Werbung oder Berieselung interessiert sein.

Diese Achtsamkeit und Wertschätzung für sich selbst verschafft ihnen Klarheit. Und diese Klarheit wird dann ihre Instanz zur Orientierung im Leben, eine Grundlage für ihre Entscheidungen. Ein persönlicher innerer Navigator, den sie bei Bedarf befragen können, wo es langgeht, was sie tun und was sie besser lassen sollen. Diese Klarheit bietet Halt bei Krisen und Veränderungen. Sie gibt Menschen Zugriff auf ihre Ressourcen. Denn Menschen, die wissen, wer sie sind, was in ihnen steckt und was nicht, können bewusst Entscheidungen treffen. Sie können selbst dann, wenn alles ringsherum wegbricht, noch immer einen Rest an Sicherheit in sich selbst finden.

Menschen mit dieser Klarheit finden leichter berufliche Orientierung. Alle jungen Menschen, bei denen wir beobachten konnten, wie sie diese innere Orientierung erlangten, führen heute eine höchst stimmige Lebensweise. Sie treffen ihre Entscheidungen oft im Einklang mit ihrer Persönlichkeit. Sie befragen nicht zuerst die Algorithmen, sie brauchen sich auch nicht breit gestreut zu bewerben und darauf zu hoffen, irgendwo gebraucht zu werden. Sie wissen, was sie können. Und sie erkennen, wo in der Welt das gebraucht wird. Aus dieser Klarheit heraus sind sie fähig, sich die Welt zu erklären und stets erfüllende und lohnende Berufstätigkeiten zu finden. Damit werden sie auch dann auf die Beine kommen, wenn die gute alte Arbeit nicht mehr als fester Platz in der Welt dient.

Sie alle haben in ihrem Aufwachsen fortwährend bestimmte Momente der Selbstgewissheit erfahren. Sie hatten – nicht immer, aber häufig – Mentoren an ihrer Seite. Sie hatten regelmäßig in ihrem Aufwachsen die Gelegenheit, sich selbst Herausforderungen zu wählen, diese – oft gemeinsam mit anderen – anzupacken und dabei ihrer Lust am Lernen und Gestalten freien Lauf zu lassen. Und auf die ein oder andere milde oder drastische Weise haben sie alle eine Befreiung vom klassischen schulischen Leistungsdruck erlebt und fanden so, trotz vorheriger Abrichtungserfahrungen, zu ihrer Würde als Subjekt ihres Lebens zurück. Befreiung vom Leistungsdruck, selbst gewählte Herausforderungen, Momente der Selbstgewissheit, die Begegnung mit Mentoren und als Subjekt gesehen zu werden – diese günstigen Erfahrungen sind es, die wir Ihnen nun der Reihe nach vorstellen. #MittenInsLeben

2. Aufwachsen mit Umhang

Begegnung als Subjekt:
Weil Kinder Menschlichkeit brauchen

Zu erfahren, dass andere ihnen als Subjekte begegnen, ist für Kinder deshalb so bedeutend für ihr gelingendes Leben, weil es die Voraussetzung dafür ist, dass sie ihre natürliche Lust am Lernen und Gestalten und am Verbinden mit anderen bewahren. Es ist auch die Grundlage dafür, dass sie eine innere Orientierung in ihrem Leben finden können. Denn wer von klein auf eingetrichtert bekommen hat, den Erwartungen anderer entsprechen zu müssen, um gemocht zu werden, der kann keiner inneren Orientierung folgen, die dem eventuell entgegensteht. Kindern als Subjekte ihres Lebens zu begegnen bedeutet, ernst zu nehmen, was sie wollen und was nicht, ihrem Schöpferdrang seinen Lauf zu lassen, ihrer Bewegungsenergie Raum zu geben. Es bedeutet auch, bei unserem Umgang mit ihnen ihre Sicht auf die Dinge einzunehmen. Dabei sind wir nicht auf der vielbeschworenen Augenhöhe. Natürlich sind wir die Großen, Starken und Erfahrenen. Aber diese Überlegenheit spielen wir eben nicht forsch zu unseren Gunsten aus, wenn wir ihnen als Subjekt begegnen wollen. Wir nutzen sie zur Moderation des Alltags, liebevoll und umsichtig.

Unsere Kinder sind unsere Zukunft, sagen wir, und wir meinen es alle gut mit ihnen. Wir wollen ihr Bestes. Und wenn jemand ein Kind auf dem Schulhof oder in der

U-Bahn schlägt, dann bekommt er in der Regel Probleme mit den Menschen im Umfeld. Zumindest ist das in unserer westlichen Zivilisation weitestgehend der Fall. Seit geraumer Zeit sind wir uns gesellschaftlich darüber einig, dass Kinder möglichst beschützt in Frieden und Freiheit und Würde aufwachsen sollen. Aber mal ehrlich, behandeln wir unsere Jüngsten im Alltag wirklich zu ihrem Besten, wie wir das so gern wollen? Sind wir schon so weit?

Lange Zeit war Gewalt für die Menschheit so selbstverständlich wie das Atmen. In allen Gesellschaften gehörte das Töten, Verletzen, Misshandeln, aber auch das Demütigen, Erniedrigen, Züchtigen, Nötigen, Bedrohen, Manipulieren, Ausnutzen, Einsperren und so weiter zum gängigen Repertoire des täglichen Miteinanders. Und somit auch zum Aufwachsen der Kinder. Noch heute durchziehen diese Gewohnheiten unsere Familien, unsere Unternehmen, unsere Politik und Medienwelt wie Autobahnen die Landschaft. Nur eben subtiler als früher. Zwar verdreschen wir Kinder nicht mehr auf offener Straße, aber wir erpressen sie, brüllen sie an oder werden übergriffig, wenn wir morgens zum Termin müssen und die lieben Kleinen dermaßen trödeln, als wollten sie uns schaden. So viel ist klar: Jede Form von Gewalt, nicht nur die körperliche, auch die psychische, sorgt dafür, dass Kinder und Jugendliche sich als Objekte behandelt wahrnehmen. Damit wird ihre Verbundenheit und ihre Lust am Lernen und Gestalten zerstört. Immer wenn wir nicht achtsam hinschauen, wenn wir nicht nachfragen, nehmen wir ihre Bedürfnisse nicht

2. Aufwachsen mit Umhang

wahr, sondern übergehen sie. Immer wenn wir versuchen, sie so zu biegen, wie wir sie gern hätten, richten wir sie ab. Immer dann nehmen sie sich selbst als Objekt wahr.

Warum tun wir Menschen ihnen nur so etwas an? Nur wenige machen das bewusst. Die allermeisten von uns sind einfach ungeschickt und sich nicht klar darüber, was sie da anrichten. Durch unseren egozentrischen Blick auf die Welt behandeln wir sie als Objekte, obwohl wir es im Grunde nur gut mit ihnen meinen. Damit uns das nicht weiterhin passiert, damit wir die gewohnte Autobahn verlassen, müssen wir üben, behutsam zu sein und achtsam die Bedürfnisse unserer Schützlinge wahrzunehmen.

Morgens 6:30 Uhr. Gleich geht's auf zum Kindergarten. Mutti muss zur Arbeit. Wichtiger Termin. Das Kind spielt, trödelt, hilft nicht mit. Mutti hat es inzwischen schon dreimal ermahnt. Jeder Morgen ein ewiger Kampf. Mutti hat es satt. Sie droht, maßregelt, schreit, zieht am Arm. Kennen Sie so was? So was Ähnliches? Die meisten Eltern sind hinterher unzufrieden mit solchen Ausbrüchen. Wir spüren, dass wir unser Kind als Objekt behandelt haben und ihm das nicht guttat. Auch das Kind spürt den Übergriff. Je öfter Mutti sich so verhält, desto mehr schwindet die Verbundenheit zwischen beiden. Der sichere Hafen, den das Kind bei Mutti empfindet, geht peu à peu verloren. Mit heiklen Themen, die es beschäftigt, kann sich das Kind ihr in seiner Verletzbarkeit dann immer weniger anvertrauen. Dabei würde es diesen sicheren Hafen später in der Pubertät doch noch so sehr brauchen. Verliebtheit, Liebeskummer, Ärger, der erste Kuss, der erste Sex, all so was will Mutti doch eines Tages von ihrem Kind erfahren, da sein, Halt geben. Deshalb tut es ihr im Nachhinein jedes Mal leid, wenn sie sich ungeschickt verhalten hat. Und hier ist er, der innere Konflikt, den wir für so eine Veränderung brauchen.

Aber was soll sie stattdessen machen? Soll sie etwa auf der Arbeit anrufen und absagen? Nach der Pfeife des Kindes tanzen? Kinder brauchen Grenzen. Aber jedes Mal, wenn wir unsere Kinder direktiv maßregeln, sie dabei nötigen und übergehen, behandeln wir sie, ohne es zu wollen, als Objekte, obwohl wir sie so lieben. Hier können wir uns selbst umgewöhnen, unsere Muster unterbrechen, neue Wege ausprobieren.

Morgens 6:30 Uhr. Gleich geht's auf zum Kindergarten. Mutti muss zur Arbeit. Wichtiger Termin. Das Kind spielt, trödelt. Bevor es zum Konflikt kommt, macht Mutti ein Spiel aus dem Morgenablauf, das beiden gefällt. Um die Wette anziehen. #FeueralarmSpiel. Natürlich klappt das nicht immer. An anderen Tagen hockt sie sich hin, nimmt die Spielfreude des Kindes wahr und erklärt ihm, wie wichtig es ihr ist, pünktlich zu ihrem Termin zu kommen. Zusammen finden beide Ideen, die Freude zu behalten und gleichzeitig zum Kindergarten zu starten.

Apropos Kindergarten: Kindern im Kindergartenalter als Subjekt zu begegnen heißt auch, all ihre Spielvorhaben als vollwertige Erfahrungen anzuerkennen. An ihnen lernen sie alles, was sie brauchen. Sie sind damit niemals

2. Aufwachsen mit Umhang

»unterfordert«, sie können von uns keine Einmischung oder Unterbrechung, keinen Ansporn, irgendwelchen Input oder sogenannte Förderung gebrauchen. In Kindergärten behandeln wir Kinder unter anderem dann als Objekte, wenn ständig wir Erwachsenen alle Entscheidungen für sie treffen. Natürlich können die Kleinen nicht alle Folgen abschätzen. Wir Großen tragen die Verantwortung. Doch können wir einen feinen Unterschied machen zwischen Schützen und Übergehen. Wie eine Kindergärtnerin beim Umgang mit Regeln genau diesen Unterschied machte, ist in folgender Geschichte zu sehen:

Linus war vier Jahre alt. Ein Kindergartenkind. Während er eines Tages mit Schnupfen zu Hause blieb, entdeckten zwei Freunde in seiner Kindergartengruppe Linus' Feuerwehrauto, das dieser von zu Hause hatte mitbringen dürfen und in seinem offenen Garderobenfach aufbewahrte. Sie wollten unglaublich gern gemeinsam damit spielen, hatten Ideen und Pläne, welche Notfälle die Feuerwehr in ihrer selbst gebauten Holzstadt lösen sollte. Sie fragten Linda, die Kindergärtnerin, welcher die Gruppe anvertraut war, ob sie Linus' tolles Feuerwehrauto aus dem Fach nehmen und damit spielen dürften. Sie versicherten von sich aus, gut damit umzugehen und es danach wieder zurückzustellen.

Linda war hin- und hergerissen, denn schließlich war das Auto das Eigentum von Linus. Den konnten sie aber gerade nicht um Erlaubnis fragen, weil er nicht da war. Ein ungefragtes Ausborgen würde dieser andererseits überhaupt nicht bemerken, und die Jungs könnten ihre Ideen vollenden. Mehrere Gedanken in dieser Art ließ sie sich durch den Kopf gehen. Nach Abwägung der Beziehung der Kinder untereinander entschied sich Linda schließlich dafür, es zu erlauben, und kündigte den Jungs an, Linus gemeinsam davon zu erzählen. Die Jungen waren richtig glücklich. Sie spielten voller Freude mit dem Feuerwehrauto in ihrer Holzstadt. Sie behandelten es achtsam und stellten es, wie versprochen, anschließend wieder zurück in Linus' Fach.

Am nächsten Tag kam Linus wieder gesund in die Kindergartengruppe. Linda trommelte ihn und die beiden Jungen zusammen und erzählte in aller Ruhe, was gestern vor sich gegangen war. Anschließend fragte sie Linus, ob er damit einverstanden sei, dass in seiner Abwesenheit mit seinem Feuerwehrauto gespielt worden war. Sie erklärte ihm, dass sie ihn dies auch fragte, um zu wissen, ob sie so etwas beim nächsten Mal wieder erlauben dürfte. Linus schwieg. Lange. Er stand still und starrte in die Luft. Hin und wieder blickte er kurz zu den Jungen, dann wieder weg. So ging das eine ganze Weile. Linda konnte förmlich sehen, wie es in seinem Kopf ratterte. Vielleicht stellte er sich gerade vor, wie die beiden Jungen mit seiner Feuerwehr gespielt hatten. Die zwei starrten Linus mit großen Augen an. Gespannt wie ein Flitzebogen warteten sie auf seine Antwort. Was würde er wohl sagen? Hatten sie etwas falsch gemacht? Ihre Erwartung wuchs mit jedem Atemzug.

In aller Engelsgeduld hielt Linda die Situation aufrecht

2. Aufwachsen mit Umhang

und wartete ab. Sie gab Linus die Zeit, die er brauchte, um die schwierige Frage zu verarbeiten. Sie hakte nicht nach. Ergänzte keine Details. Sie schwieg einfach. Linus stand still und überlegte. Auf diese Weise vergingen drei lange Minuten. Die beiden Jungen konnten es inzwischen kaum noch aushalten. Allein Lindas Gelassenheit half ihnen, die Lage überhaupt zu ertragen. Und schließlich, wie das Platzen eines Knotens, sagte Linus kurz und trocken »Nö« und rannte zurück zum Sandkasten. Die Sache war geklärt. Linda und die beiden Jungen wussten nun, wie Linus dazu stand und wie es zukünftig laufen würde. Alles klar.

Was können wir an dieser Geschichte erkennen? Zur Sache mag man unterschiedlicher Meinung sein. Es geht uns hier aber nicht darum, ob die Entscheidung der Kindergärtnerin moralisch richtig oder falsch war. Darüber kann jeder selbst seine Einschätzung treffen. Wir wollen aufzeigen, wie wertschätzend hier ein Bedürfniskonflikt gehandhabt wurde, wie im Schatten abstrakter Regeln einer Gemeinschaft die Wünsche und Ansprüche von Kindergartenkindern ernst genommen und geachtet wurden, ohne dabei auch nur ein einziges Kind als Objekt zu behandeln.

Das naheliegende und regelkonforme Vorgehen wäre gewesen, den beiden Jungen ihren Wunsch abzuschlagen. »Euer Freund, dem das Feuerwehrauto gehört, ist nicht anwesend, also lasst ihr die Finger davon. Punkt. Ende. Aus.« Die Jungs hätten ihren Wunsch aufgrund einer allgemeinen Regel zurückstellen müssen. Das begehrte Spielzeug hätte lieber unbenutzt im Regal gestanden, als dass sie sich daran hätten erfreuen und es anschließend zurückstellen können. Einfach, weil man so etwas »nicht macht«, weil es eben »nicht sein darf«. Die Vierjährigen hätten dann wohl verstanden, dass die abstrakte Regel wichtiger ist als der gesunde Menschenverstand in dieser Situation.

Mit dieser Botschaft hätte Linda sie als Objekte behandelt, die zuallererst im Regelgerüst der Einrichtung zu funktionieren haben, bevor andere Dinge eine Rolle spielen. Dessen war sie sich bewusst und entschied, dem Wunsch und der guten Absicht der Jungen Vorrang zu geben. Wie löste sie dann den Konflikt zu Linus' Eigentum? Hätten sie und die Jungs Linus die Sache verheimlicht, hätte dieser zwar keinen Schaden davongetragen, aber die Botschaft an die beiden Jungen wäre gewesen: »Wir können uns nehmen, was wir wollen, wenn es der andere nicht bemerkt.« Linda ging offen damit um und informierte Linus im Beisein seiner zwei Kindergartenkameraden darüber, dass sie den beiden gestattet hatte, mit seinem Feuerwehrauto zu spielen und es danach wieder ins Regal zu stellen. Natürlich hatte Linus nun keine echte Chance mehr, das Geschehene abzuwenden oder rückgängig zu machen. Aber indem sie ihn fragte, ob so etwas für das nächste Mal wieder okay wäre, bekam er die Gelegenheit, dazu sein Bedürfnis zu formulieren, es auszusprechen und für die Vergangenheit und die Zukunft zuzustimmen oder abzulehnen. Dadurch half sie zum einen Linus, seine Würde zu wahren und einen Schritt in Richtung seiner inneren Orientierung zu vollziehen: Was ist mir wichtig, was kann ich, wer bin ich, was

2. Aufwachsen mit Umhang

für ein Mensch will ich in dieser Welt sein? Zum anderen zeigte sie den beiden Jungen, dass Linus genauso wie ihnen als Subjekt begegnet wird, dass das ganz offen funktionieren kann und wie man so was macht.

Die Jungen begriffen nebenbei auch, dass es nicht die abstrakte Regel, sondern Linus' Bedürfnis ist, mit dem ihre Wünsche im Zusammenleben vereinbart werden müssen. Daran, dass die Kindergärtnerin Linus dabei diese enorme Zeit zum Antworten gab, konnten die Jungen spüren, wie wichtig Linus' Wille in dieser Sache ist. Indem Linda mit großer Geduld auf Linus' Reaktion wartete, ohne ihn zu fordern, ermöglichte sie dem Vierjährigen, seine Bedürfnisse in seinem eigenen Tempo zu erspüren. Es ratterte in ihm. Als er diese Bildungsleistung vollbracht hatte, war seine Antwort ein einziges glasklares Wort. Das Aussprechen war für Linus ein Moment der Selbstgewissheit. In diesem Augenblick wurde sich der Vierjährige ein Stück klarer darüber, wie er zu seinem Eigentum und zu den beiden Jungen steht.

Genau diese Klarheit stiftenden Momente sind es, die Kindern schon in so jungen Jahren helfen können, sich dessen bewusst zu werden, was sie wollen, was ihnen wichtig ist. Sie können das in einem Umfeld schaffen, wo sie danach gefragt werden, weil es eine Hauptrolle spielt. Linda hat sich nicht als Entscheiderin verhalten. Stattdessen hat sie die Situation moderiert und dabei augenscheinliche Gegensätze unter einen Hut gebracht. Dabei ist sie allen Kindern als Subjekte begegnet. Solche Bildungserfahrungen sind es, die einem Vierjährigen heute helfen, seine innere Orientierung auszuprägen – etwas, das er als Erwachsener nötiger brauchen wird als jede Programmiersprache. #BildungFürsLeben

Impulse für den Alltag

Egal, ob Sie Kindergärtnerin, Hortnerin, Grundschullehrer oder Eltern sind, Sie können solche Gelegenheiten im Alltag nutzen. Sie können durch derartige Fragen und geduldiges Abwarten diese Momente der Selbstgewissheit für Kinder erzeugen. Laden Sie Kinder ein, ihre Bedürfnisse, Gefühle und Wertvorstellungen zu formulieren. Kinder im Kindergartenalter brauchen Gelegenheiten und Schutzräume, um ihre Wünsche zu formulieren. Mit der Formulierung ihrer Bedürfnisse beginnen sie, erste kleine Schritte zur inneren Orientierung zu gehen. »Was ist mir wichtig?« ist die Vorstufe zu: »Wer will ich sein?«

Wenn Sie als Eltern einen Kindergarten suchen, können Sie in den Einrichtungen, die Sie sich ansehen, darauf achten, welcher Geist dort herrscht. Die Grundhaltung, Kindern als Subjekte zu begegnen, erkennen Sie rasch daran, auf welche Weise das Personal allgemeine Regeln durchsetzt. In dieser Hinsicht ist in der Profession ein Wandel zu beobachten: Mehr und mehr Kindergärten machen sich inzwischen auf den Weg zu einer neuen Haltung gegenüber dem Kind. Das zeigt sich unter anderem auch daran, dass

2. Aufwachsen mit Umhang

moderne Formate wie etwa der Online-Kongress »KitaRevolution« in der Berufsgruppe entstehen und Anklang finden. Erfahrene Praktiker und namhafte Experten beziehen hier Stellung, und jeder Mensch kann von zu Hause aus kostenfrei daran teilnehmen. Wenn Sie selbst solch einen Kindergarten erschaffen wollen, finden Sie im Buchkindergarten Leipzig ein hervorragendes praktisches Vorbild.

Wenn Sie in Kommunalverwaltungen arbeiten und dort jemand sind, der Spielplätze plant oder über sie entscheidet, können Sie künftig Spielplätze wahr machen, die nicht aus starren Gebilden bestehen, auf denen Kinder vorgefertigte Abläufe konsumieren und immer gleiche Bewegungen abspulen. Keine Spielplätze, auf denen Kindern die Betätigung durch abstrakte Regeln Sicherheitsvorkehrungen vorgeschrieben werden. Kinder erleben sich als Subjekte ihres Lebens auf Spielplätzen, die ihnen Gestaltungsmöglichkeiten anbieten – mit veränderbaren Materialien, die sie selbst zusammenstellen und in ihrer Form variieren können. Dies sind gestaltbare Orte, an denen Kinder sich nicht als Konsumenten, sondern als Erschaffer, kleine Architekten und Baumeister erleben.

Wie so ein Spielplatz aussehen und mit den Versicherungen unter einen Hut gebracht werden kann, können Sie sich im Leipziger Westen, im Stadtteil Plagwitz, anschauen. Auf dem dortigen Bauspielplatz, gleich gegenüber einem Nachbarschaftsgarten, können Kinder aus Holz oder Lehm nach ihren Vorstellungen Häuser, Hütten oder andere Elemente bauen. Wer sich diesen Gedanken als überdachte

Teil II   Der Anfang von Bildung fürs Leben

Variante anschauen möchte, findet ein gutes Beispiel beim Indoor-Spielplatz in Köln-Widdersdorf. Und wo wir gerade beim Thema Stadtteilentwicklung sind: Deutschlandweite Stadtteilprojekte, die Spaß machen, in denen Kindern und ihren Familien als Subjekte begegnet wird, in denen sie wertgeschätzt und in gestaltete Gemeinschaften eingebunden werden, finden Sie beispielhaft bei der Initiative »Jumpers«.

Ausgewählte Initiativen

Buchkindergarten:
   www.buchkindergarten.de

Online-Kongress:
   www.kitarevolution.de

Bauspielplatz:
   www.buergerbahnhof-plagwitz.de

Indoor-Spielplatz:
   www.15null.de

Stadtteilprojekte:
   www.jumpers.de

2. Aufwachsen mit Umhang

Begegnung mit Mentoren: Wenn jemand kommt und an mich glaubt

Begegnungen als Subjekt erleben Kids und Jugendliche zum Beispiel mit Mentoren. Die Beziehungen zu Mentoren sind eine der wirkungsstärksten Erfahrungen im Aufwachsen junger Menschen. Der Begriff des Mentors, weiblich: der Mentorin, stammt aus der griechischen Mythologie. Der erfahrene Herr Mentor kümmerte sich während der Abwesenheit seines Freundes Odysseus um dessen Sohn Telemach. Und als solch ein Freund der Familie lässt sich der Begriff des Mentors, wie wir ihn meinen, auch ganz gut verstehen. Mentoren sind Bezugspersonen außerhalb der Kleinfamilie, die den Heranwachsenden viel bedeuten. Sie sind älter als die Heranwachsenden und teilen mindestens eine bedeutsame Sache mit ihnen. Eine Sportart, ein Hobby oder Ähnliches.

Das unterscheidet sie klar von Hausaufgabenbetreuern oder Nachhilfelehrern. Denen bedeutet die gemeinsame Sache nämlich nicht wirklich viel. Sie dienen vielmehr dem Kind oder dessen Eltern in einer bestimmten Angelegenheit, die das Kind ohne deren Auftrag nicht tun würde. Mentoren hingegen sind im eigenen Anliegen präsent. Sie teilen ihre Begeisterung für ihre Sache mit jüngeren Menschen und sind gleichsam um deren Entfaltung bemüht.

Mentoren können auch eine Vorbildrolle einnehmen. Sie

sind Vorbilder zum Anfassen. Man kann mit ihnen Gespräche führen, ihnen Fragen stellen oder sich Hilfe holen. Dadurch unterscheiden sie sich deutlich von den üblichen Jugendvorbildern hinter Glasscheiben. Vorbilder hinter Glasscheiben sind in der Regel finanziell begünstigt durch die Ausstrahlung, die sie auf Heranwachsende haben. Ihre Reichweite macht ihre Fans gleichzeitig zu ihrer Ware. Um sich zu schützen, bleiben sie weitgehend unerreichbar, mindestens unnahbar. Sie sehen ihre Fans nicht wirklich. Es ist prima, dass es sie gibt, sie können inspirieren und motivieren. Aber sie taugen nicht für mehr.

Das Wertvolle an Mentoren als Vorbilder zum Anfassen ist, dass Kids und Jugendliche sich von ihnen als Subjekt gesehen fühlen, indem sie eine wahrhaftige Beziehung zu ihnen aufbauen. Mit wahrhaftig meinen wir eine Beziehung, in der keine Beurteilung und Bewertung in fremdbestimmten Kategorien stattfindet. Sie wollen sie nicht für ihre Zwecke benutzen. Sie sind nahbar und nicht distanziert, sie zeigen sich als Mensch, ihr Interesse gilt in erster Linie den Heranwachsenden und nicht der Sache, wegen der sie zusammenkommen. Das bedeutet, Mentoren gehen auf die Dinge ein, die die Heranwachsenden beschäftigen. Das Verhältnis zwischen Mentor und Mentee – so nennen wir die Heranwachsenden gegenüber einem Mentor – beruht immer auf Freiwilligkeit, selbst wenn der Kontakt zwischen beiden mitunter in einem Zwangsrahmen, zum Beispiel in der Schule, entsteht.

Mentoren laden ein, ermutigen und inspirieren ihre

2. Aufwachsen mit Umhang

Mentees, Herausforderungen anzupacken. Sie geben Anregungen und erschaffen Anlässe. Sie begleiten und leiten sie durch diese Herausforderungen, stehen ihnen bei Schwierigkeiten zur Seite, feiern ihre Erfolge und helfen ihnen, mit dem Scheitern umzugehen. Sie begegnen ihnen mit Achtsamkeit. Dabei können die Kids und Jugendlichen an ihnen wachsen und in reflektierenden Gesprächen Momente der Selbstgewissheit erfahren. Sie geben auch Empfehlungen für passende Betätigungsfelder mit. Wenn sie etwa Kinder im Sportverein plötzlich als talentierte Tänzer erkennen, so äußern sie dieses Feedback den Kindern und Eltern gegenüber. Mentoren geben den Heranwachsenden ständig wertschätzendes Feedback und nötigen sie niemals, mehr zu leisten, als sie wollen und können. Bewusst oder unterbewusst haben sie dadurch einen starken Einfluss auf deren Selbstkonzept und innere Orientierung in der Welt. So helfen sie ihnen bei der Entfaltung ihrer Potenziale.

Achtung: Mentoren sind nicht immer als solche benannt. Manch informeller Kontakt mausert sich zu einer Mentoring-Beziehung, obwohl er keinerlei Rahmen eines offiziellen Mentorenprogramms aufweist. Und umgekehrt sind so manche sogenannten Mentoren nicht wahrhaftig. Was wir hier meinen, charakterisiert sich durch die *Qualität* der Beziehung, nicht durch die Betitelung. Sie ist gekennzeichnet durch bedingungsloses Wohlwollen und Anerkennung. Mentoren stellen keine Erwartungen an die Heranwachsenden und deren Lebensweg. Sie wollen sie nicht bewerten oder beurteilen, sondern sie hilfreich unterstützen in ihrer Entfaltung. Mentoren treibt kein narzisstisches Bedürfnis nach Bedeutsamkeit an. Sie verwirklichen sich selbst durch ihr gebendes Wirken. Dadurch begegnen sie ihren Mentees als Subjekte. Indem sie sie so sehen, wie sie sind, können sie ihre Mentees innerlich berühren.

Impulse für den Alltag

Heranwachsende können in ihrem Leben wechselnden Mentoren begegnen, die sie jeweils eine Weile lang begleiten und die für sie von Bedeutung sind. Mentoren finden sich im Bildungssystem, in der Vereinslandschaft, der Jugendarbeit, im privaten Umfeld. Sie können Workshop-Leiter in Freizeitangeboten sein, aber auch Familienmitglieder wie Großeltern, Tanten und Onkel. Oder Nachbarn. Freunde und Kollegen der Eltern, die deren Kindern wohlgesonnen sind, können ebensolche Bezugspersonen sein. In Jugendszenen finden Heranwachsende oft Mentoren in Gestalt älterer Akteure, von denen sie lernen und an deren Seite sie bedeutsame Erfahrungen sammeln. »Each One Teach One« heißt diese Tradition beispielsweise in der HipHop-Szene.

Trainer in Sportvereinen sind potenziell geeignet als Mentoren, weil die Kids zu ihnen aufschauen. Allerdings können sie nur dann Mentoren für sie sein, wenn ihre Haltung keine der Abrichtung ist, ihr Training nicht auf die Erfüllung

2. Aufwachsen mit Umhang

von Wettkampfstandards ausgerichtet ist, wenn ihr Antrieb nicht in erster Linie dem Siegen bei Contests oder dem Erringen von Auszeichnungen gilt. Wenn sie keine allzu formellen Trainingsmethoden einsetzen, mit hoher Ähnlichkeit zum schulischen Unterricht oder zu militärischer Ausbildung. Denn das Spiel von Kindern folgt keiner Siegeslogik. Es beruht auf reiner Freude. Freude am Gestalten und Lernen.

Sporttrainer können also dann Mentoren sein, wenn ihr Anliegen in erster Linie die kreative Entfaltung der Kinder ist. Wenn sie sich entschieden haben, diese Freude am Spiel niemals zu rauben, dann prägt diese Entscheidung ihr gesamtes Verhältnis zum Kind. Beeindruckende Siege sind möglich. Aber sie sind nie der eigentliche Sinn der Sache. Das ist der Unterschied etwa zwischen einem Fußballtrainer und einem Fußballmentor. Aufmerksame Eltern können bei der Wahl von Sportvereinen auf diesen Unterschied Wert legen.

Nach unseren Vorträgen werden wir manchmal gefragt, ob auch Lehrer Mentoren sein können, und wenn ja, wie. Natürlich können Lehrer, wenn sie wollen, statt ihres Unterrichts die Begegnung mit dem Schüler als Kernelement ihres Alltags zelebrieren. Mentoren im beschriebenen Sinne zu sein halten wir jedoch für schwierig. Denn dafür müssten sie der Selektion durch vergleichende Bewertung entsagen und nur noch die persönliche Entwicklung der Schüler unterstützen. Die Zensuren müssten sie dann anderweitig herbeischummeln und diese auch noch rechtfertigen können. Später widmen wir uns dieser Situation ausführlich.

Teil II   Der Anfang von Bildung fürs Leben

Wenn Sie als Eltern Ihren Kindern die Begegnung mit Mentoren ermöglichen wollen, können Sie als einfachsten Schritt zunächst Ihre Akzeptanz gegenüber informellen Bezugspersonen überprüfen – also gegenüber solchen Kontakten zu Älteren, die nicht immer in einem institutionellen Rahmen stattfinden, sondern auch dort, wo Ihre Kinder sich »herumtreiben«. Wie besorgt oder entspannt sind Sie hier? Wie gesagt, viele Mentoring-Beziehungen heißen nicht so und ergeben sich beiläufig in Jugendszenen. Anhand der Merkmale, die wir benannt haben, können Sie sie jetzt erkennen.

Viele solcher mentorenartigen Begegnungen ergeben sich auch im Rahmen der offenen Jugendarbeit. Als Bürgermeister und als Wähler können Sie also an der Ermöglichung dieser wertvollen Erfahrung für Heranwachsende mitwirken, indem Sie sich mit Ihrer Entscheidungsmacht für den Ausbau der offenen Jugendarbeit und ihrer personalen Vielfalt in Ihrer Kommune einsetzen. In Schulen können Sozialarbeiter, Schulklubleiter und externe Akteure der schulbezogenen Jugendarbeit zu Mentoren für Heranwachsende werden. Professionelle Organisationen für Jugendarbeit in Schulen sind zum Beispiel »High Five« in München, »Teach First« oder die von uns gegründete »Hero Society« in Deutschland sowie »Futuro« in der Schweiz. Alle vier nennen das, was sie tun, zwar nicht Mentoring, aber sie entsenden wertvolle Bezugspersonen an Schulen, wo sie solch wahrhaftige Beziehungen zu Kindern und Jugendlichen eingehen. Im Hintergrund arbeiten bei diesen

Initiativen hauptamtliche Fachkräfte, die die Qualität und Rahmenbedingungen absichern. Klassische Mentorenprogramme, bei denen Sie fündig werden, sind beispielsweise »Balu und Du« und »Kein Abseits« in Deutschland sowie »Big Brothers Big Sisters« in Österreich. Sie alle sind kostenfrei verfügbar für alle Kids und Jugendlichen, unabhängig von ihrem sozialen Hintergrund.

Großeltern als Mentoren

Auch Großeltern können Mentoren für ihre Enkel sein. Sie können sogar wahre Helden sein. Oma und Opa verfügen häufig über mehr Zeit und Ruhe als die Eltern. Mit all ihrer Erfahrung können sie ihren Enkeln zahlreiche wertvolle Erlebnisse verschaffen, zu denen die Eltern oft gar nicht imstande wären. Und wenn Sie keine Oma und keinen Opa haben oder welche haben, die nicht wollen oder nicht können, dann ermöglicht Ihnen die Initiative »Großeltern stiften Zukunft«, solche Heldengroßeltern für Ihre Kids zu finden. Der Verein organisiert das Zusammenkommen verschiedener Generationen und bietet neben dem Vermitteln von sogenannten Wunschgroßeltern auch Vorlesetage in Grundschulen und zahlreiche weitere Unterstützungen an.

Teil II   Der Anfang von Bildung fürs Leben

> **Ausgewählte Initiativen**
>
> Bezugspersonen in Schulen:
> www.teachfirst.de
> www.wearehighfive.com
> www.hero-education.org
> www.futuroworkshops.ch
>
> Mentorenprogramme:
> www.balu-und-du.de
> www.kein-abseits.de
> www.bigbrothers-bigsisters.at
>
> Heldengroßeltern:
> www.grosseltern-stiften-zukunft.de

2. Aufwachsen mit Umhang

Selbst gewählte Herausforderungen: Wie unsere Kinder über sich hinauswachsen

Eine selbst gewählte Herausforderung ist ein Vorhaben, für das sich ein Heranwachsender aus freien Stücken entscheidet. Alle Kinder und Jugendlichen wollen schöpferisch aktiv sein. Kein Kind ist von Natur aus antriebslos. Viele wollen sich sogar gern freiwillig miteinander messen. Sie wollen die Disziplinen ihrer Aktivität und die Kriterien ihres Wettstreits jedoch selbst bestimmen.

Immer dann, wenn ihr natürlicher Antrieb und mitunter auch ihr Drang nach Wettstreit in selbst gewählten Kategorien Ausdruck finden darf, sie also nicht durch Erwachsene dazu genötigt oder subtil gedrängt werden, sprechen wir von selbst gewählten Herausforderungen. Diese müssen nichts Großes sein. Wenn beispielsweise ein Kind beschließt, einen Turm aus Bauklötzen zu bauen, wenn eine Tanzgruppe sich aus eigenem Antrieb zur Lokalmeisterschaft anmeldet, sind das solche selbst gewählten Herausforderungen. Das Wunderbare an ihnen ist, dass sie uns Erwachsenen ermöglichen, unsere Kinder und Jugendlichen in einer Art und Weise zu erleben, wie wir es in fremdbestimmten Tests niemals könnten. Das Besondere ist ihr intrinsischer Antrieb, der hier am Werk ist. Hier erkennen wir, was sie hinter dem Ofen hervorholt, und können staunen, wozu sie plötzlich imstande sind. Mitzuerleben, wie sie fast heldenhaft über sich hinauswachsen, öffnet uns die Augen für ihre verborgenen Potenziale. Goethe formulierte das einst wunderschön: »Unsere Wünsche sind Vorgefühle der Fähigkeiten, die in uns liegen.«

Aber seien wir ehrlich: Wo in ihrem Aufwachsen können Kids und Jugendliche heute noch Helden sein? Bei Castingshows im Fernsehen? Bei Online-Games am Computer? Selbst gewählte Herausforderungen sind für sie oft der Nährboden für das großartige Erlebnis, etwas aus eigenen Kräften zum Gelingen geführt zu haben. In der Pädagogik nennen wir das Selbstwirksamkeitserfahrung. Weil ihnen etwas wirklich wichtig ist, investieren sie viel Energie in ein Vorhaben. In welchem Maße dies dann gelingt oder auch nicht, lässt sie ihre eigene Wirksamkeit erfahren. Heranwachsende wollen sagen können: »Ja, das habe ich selbst geschafft« oder »Das haben wir zusammen geschafft«.

Regelmäßig so etwas zu erleben lässt Heranwachsende auch Misserfolge leichter tolerieren. Sie werden dadurch ausdauernd beim Bewältigen von Aufgaben, entwickeln Durchhaltevermögen und Disziplin. Drill ist dafür unnötig. Allein die Bedeutsamkeit solcher Erfahrungen wirkt enorm motivierend. Deshalb brauchen sie gemeinsame Erlebnisse mit anderen, die unter die Haut gehen, in denen sie sich als Teil von etwas Bedeutsamem erleben. Und wenn sie solche selbst gewählten Herausforderungen erfahren können, sind sie auch weniger anfällig für die virtuellen Verlockungen der digitalen Medienanbieter. Wer als Kind schon gewohnt ist, sich andauernd selbst Herausforderungen zu wählen, wird auch als Erwachsener in einer Zeit ohne Zwang zur Erwerbsarbeit wissen, wie er seinen Tag sinnvoll füllt und Pläne für die Woche schmiedet. #Challenge

Impulse für den Alltag

Damit Heranwachsende eine selbst gewählte Herausforderung anpacken, bedarf es dreier Impulse: des Anliegens, des Anlasses und der Anregung. In welcher Reihenfolge sie eintreffen, ist unwichtig. Aber aus ihnen entsteht der persönliche Antrieb zum Handeln. Wir Erwachsenen können diese drei Impulse begünstigen. Deshalb betrachten wir sie nun genauer:

Anliegen statt Ablenkung

Ein Anliegen ist alles, wozu ein Mensch sagt: »Ich will…« Ein Anliegen meint nicht nur hehre Ziele wie Klimagerechtigkeit. Das kann etwas ganz Kleines und Einfaches sein. Mit dem Skateboard einen Threesixty auf der Miniramp springen wollen, einen Auftritt choreografieren und einüben, beim besten Freund übernachten oder eine Bude bauen wollen. Dies alles sind Anliegen. So ein Anliegen hat eine große Bedeutung. Wenn man heute Menschen bittet, sich selbst zu beschreiben, erhält man meist folgende Muster als Antwort. Bei Erwachsenen: Name, Beruf, Alter und Wohnort. »Ich bin Gerd, Tischlermeister, sechsundvierzig, aus Leipzig.« Kinder antworten meist ähnlich. Statt des

Berufs nennen sie Bewertungskategorien in ihren Schulfächern: »Ich bin Lena, zwölf, aus Berlin, und ich bin ganz gut in Englisch und Sport.« Die Schulnoten und später der Beruf haben riesige identitätsstiftende Bedeutung für Menschen. Doch was, wenn künftig dieser Beruf sich aufweichen oder wegfallen würde? Was, wenn die Schulnoten sich aufweichten oder wegfielen? Wie würden Menschen dann antworten?

Wir Menschen brauchen immer eine Repräsentationsfläche, auf der wir uns selbst vergewissern, wer wir sind, auf der wir uns in der Welt einordnen, auf der wir unser Selbstkonzept aufbauen. Was bliebe also ohne relevante Schulnoten und eindeutige Berufsbezeichnung? Jugendliche bekämen damit zunächst wohl wenig Probleme. Augenscheinlich taugen zunächst ihre Social-Media-Profile. »Ich bin Lena, zwölf, aus Berlin und habe zwölftausend Abonnenten bei Instagram.« Ihre Hobbys und Neigungen: »Ich bin Lena, zwölf, aus Berlin. Ich hasse Mathe und mag Pferde.« Noch tauglicher als das sind unsere Werke, die wir erschaffen haben: »Ich bin Lena, zwölf, aus Berlin, und ich mag Pferde und habe dieses Bild da drüben gemalt, dieses Video hier gedreht, herzlich willkommen auf meinem Kanal...«

Und noch ein ganzes Stück tauglicher als all das sind unsere Fähigkeiten. »Ich bin Lena, zwölf, ich mag Pferde und kann gut malen.« Am allertauglichsten aber sind Anliegen, zu denen wir uns verpflichtet fühlen. »Ich bin Lena, zwölf, aus Berlin. Ich mag Pferde und will sie vor Tierquälerei schützen.« Spüren Sie, wie identitätsstiftend so ein Anliegen ist? Es gibt uns einen Sinn in der Welt, eine Berufung, für die es sich lohnt, dass wir existieren. Es können auch mehrere Anliegen sein. Sie können sich wandeln. Aber an ihnen entfalten wir all unsere Potenziale. Wenn also Berufe und Zensuren verblassen, können unsere Kinder ihren Stand in der Welt auf ihren Anliegen aufbauen. In jedem Anliegen schlummert der Antrieb zum Aktivwerden – das, was wir Eltern bei unseren Kindern so gern sehen wollen. Damit er geweckt wird, braucht es meist einen Anlass.

Anlass statt Abwarten

Aktiv werden Heranwachsende nicht allein dadurch, dass sie etwas wollen. Ihr Anliegen ist womöglich – bewusst oder unterbewusst – da. Aber allein aufgrund des Wollens unternehmen sie noch nicht automatisch etwas dafür. Mitunter fehlt die Antriebsenergie. Besonders deutlich wird das während der Pubertät. Erst dann, wenn eine Notwendigkeit, eine Aufgabe, ein Termin konkret wird, setzen sie sich in Bewegung. Für viele junge Leute war etwa das Anliegen, sich für eine bessere Welt einzusetzen, schon längst da. Erst Greta Thunbergs Aufruf zum Schülerstreik an einem bestimmten Freitag gab ihnen den Anlass zum Handeln.

Anlässe können auch ganz klein sein. Der Termin des Skate-Contest, den wir auf einem Plakat entdecken, das Schulfest mit Bühne, das noch Programmpunkte braucht, die Geburtstagseinladung des besten Freundes samt Übernachtung oder der Ausflug zum Garten mit Opa. Dies alles sind Anlässe, die wir Erwachsenen unseren Kids und Jugendlichen bieten können. Wir können ihre vagen Anliegen damit auf konkrete Planung betten – jemanden anrufen, einen Tag festlegen, eine Verabredung treffen. Wir können zudem die nötige Ausstattung für sie anschaffen, Räume zur Verfügung stellen, Zeitfenster definieren. Alles, was die konkrete Aktion erfordert, lässt sie aktiv werden. Damit unsere Kinder einen Anlass aber als solchen wahrnehmen und damit sie überhaupt eigene Anliegen entwickeln, brauchen sie zunächst zahlreiche inspirierende Anregungen von außen. Auch diese können wir Erwachsenen ihnen verschaffen.

Anregung statt Abrichtung

Montags Geige, dienstags Tanz … Nahezu alle Eltern wünschen sich für ihre Kinder, dass sie sinnvollen Beschäftigungen nachgehen, dass sie etwas machen, was ihnen etwas bedeutet, wofür sie sich richtig reinhängen, anstatt nur ihre Zeit zu vertrödeln. Für Eltern gibt es wohl keinen besorgniserregenderen Gedanken als die Vorstellung, ihr Kind hätte nichts, das es betreibt, dem es nachgeht, kein Hobby, keine Leidenschaft.

Mittlerweile suchen viele Eltern solche Tätigkeiten für ihre Kinder auch als Ausgleich zum Schulstress. Die Kindheit soll nicht nur aus Büffeln und Hausaufgaben bestehen. Und aus diesem edlen Wunsch heraus melden viele Eltern ihre Kinder in Vereinen, Tanz- und Musikschulen oder für andere

2. Aufwachsen mit Umhang

Nachmittagsangebote an. Dort gehen die Kleinen dann oft über Jahre hinweg brav hin und lernen die an diesen Orten angebotenen Kulturtechniken. Das große Ziel ist meist ein Wettkampf, ein Turnier oder ein besonderer Auftritt, der alle paar Monate stattfindet. Unseren jüngeren Kindern scheint so was gutzutun. Zumindest beklagen sie sich nicht.

Aber plötzlich sind sie etwa dreizehn. Und nichts von dem gewohnten Antrieb scheint mehr übrig zu sein. Ihre Nachmittagskurse beginnen sie zu langweilen, ihre Kreativität beginnt andere Ventile zu verlangen. Das passiert nur den Jugendlichen nicht, deren Sache ihren innewohnenden Begabungen entspricht. Die bleiben am Ball. Alle anderen, die als kleine Kids eher situativ in ihrer Sache angemeldet wurden, erleben nun diese Sinnentleerung. Eltern meinen dann gern: »Hauptsache, sie machen irgendwas«, und beginnen damit, ihren Teenagern neue Kursangebote vorzuschlagen. Meist mit geringem Erfolg. Auch nach mehreren Versuchen, die Kurse zu wechseln, finden sie einfach kein geeignetes »Angebot«, keine »neue Sache«, die sie begeistert. Das kann auch gar nicht klappen, solange sie in sich selbst nichts entdecken können, in dem sie aufblühen. Viele verlieren sich dann in den Verführungen, die genau auf solch eine Leere gewartet haben. Endloses Computerspielen, Klamotten shoppen in den Teenie-Discountern oder Binge-Watching auf YouTube und Co.

Der Grund ist, dass sie einen kleinen Horizont haben. Jahrelang haben sie eine oder maximal zwei, drei Sachen betrieben. Neben Schule, Hausaufgaben und dem Büffeln für Tests blieb kaum Zeit, besonders viele andere Dinge kennenzulernen. So haben sie wenige Anregungen erhalten, haben kaum eigene Anliegen formuliert. Und die Ermüdung ihrer Begeisterung nach all den Jahren in Vereinen, Tanzschulen, Musikschulen und sonstigen Nachmittagsangeboten hat auch einen Grund: Der Kursbetrieb dieser Einrichtungen bietet keine Werkstätten, keine Freiräume zum spielerischen Baden in der Sache, dem Tanz, der Sportart, der Kulturtechnik. Er beruht oft auf getakteten Einheiten von Vormachen und Nachmachen, Zurechtschleifen und Verbessern laut den Impulsen des Trainers. Die Herausforderungen dort sind fremdbestimmt. Kids erfahren so lediglich eine Verlängerung von dem, was sie in der Schule erleben. Sie beklagen sich natürlich nicht, denn sie sind es ja nicht anders gewohnt.

Immer weniger in ihrem Leben finden unsere Kids heute solche Freiräume zum spielerischen Baden. Kein Klettern auf Hinterhöfen, kein Herumstromern in Abrisshäusern. Unsere geordnete Welt hat mittlerweile alles in Kurse und Buchungen verpackt. Wer so aufwächst, kann in der Jugendphase seine Leere nicht selbst füllen, sondern ist dann angewiesen auf »Befüllung« durch Dritte und deren Zwecke. Für die Entfaltung ihrer Entdeckerfreude und Schöpferkraft brauchen Heranwachsende keine jahrelange Fokussierung auf eine einzige Sache, wie sie etwa an Musikschulen oder im Sport praktiziert wird. Sie brauchen keine stetige Sache, in der sie besser werden sollen, die ihre Kindheit prägt, über die sie dann einen Teil ihres

2. Aufwachsen mit Umhang

Selbstkonzepts konstruieren. Das viel gelobte »An etwas Dranbleiben, etwas Durchziehen« kommt später im Leben, mit fünfzehn, achtzehn oder fünfundzwanzig. Nur Geduld. Was brauchen sie also stattdessen?

Sie brauchen in der Kindheit mannigfaltige Anregungen, unterschiedlichste Erfahrungsspielräume zum Ausprobieren in Gemeinschaft. Lassen wir sie viele verschiedene Sachen kennenlernen. So viele wie möglich. So vage wie möglich. Hier kann das gesamte Umfeld mithelfen. Auch wertvoll dafür sind Ganztagsangebote in Schulen. Sie finden außerhalb des Unterrichts statt, werden nicht benotet und verhelfen den Schülern zu verschiedenen Anregungen, Anliegen und Anlässen. Dabei brauchen sie dann auch Ziele wie Auftritte oder Turniere. Das sind wunderbare Anlässe. Aber eher in kürzeren Episoden und in kleinerem Ausmaß, privat oder höchstens teilöffentlich. Ein Auftritt nach acht Wochen im geschützten Rahmen, nur vor den Eltern der Gruppe. Ein Spiel gegen die Mannschaft des Nachbardorfes. Solche Herausforderungen sind dann Gold wert, wenn die Kids und Jugendlichen sich mit eigenem Anliegen freiwillig dafür entscheiden.

Schulen realisieren das oft mit der Hilfe externer Anbieter. Eltern und Lehrer können diese ansprechen und etwa für Ganztagsangebote oder Projekttage in das Schulhaus einladen. Dort bieten diese den Schülern dann regelmäßig eine breite Auswahl an Anregungen. Gute Beispiele solcher Anbieter für Schulen haben wir unten aufgeführt. Außerhalb von Schulen möchten wir auf drei bemerkenswerte Initiativen hinweisen, die Heranwachsenden selbst gewählte Herausforderungen ermöglichen: »Infoklick« in der Schweiz, »Skate-Aid« in Deutschland und die »Waldläuferbande« ebenfalls in der Schweiz sowie in Deutschland und Österreich.

Selbst gewählte Herausforderungen finden nicht nur im offiziellen Rahmen statt. Alles, was Verbundenheit erzeugt, alles, was Kinder sich selbst vornehmen und umsetzen, ist günstig. Das können auch ganz kleine und kurze Sachen sein. Die Übernachtung bei der besten Freundin etwa, das Zelten am See mit sämtlichen Vorbereitungen. Dort, wo ihre Begeisterung greift, dort, wo die Gestaltungslust sie packt, wo sie von sich aus tiefer eintauchen wollen, dort melden sich ihre Begabungen zu Wort. Wenn das geschieht, dann ist die Musikschule oder der Sportverein bestimmt eine gute Möglichkeit, tiefer einzutauchen. Gratulation den Glücklichen, die in der Zeit der Neusortierung während der Pubertät Zugang zu einer Jugendszene finden. Denn jetzt brauchen sie etwas Eigenes, etwas Spannendes. Etwas, das ihren Entdeckerdrang triggert, das sie sich selbst erobern können – und zwar nicht geleitet von Lehrern oder Trainern. Sondern selbst organisiert, fernab von Mami und Papi und den anderen applaudierenden Eltern im Publikum.

Das leistungsgetriebene Präsentieren der Kleinen vor einem großen Publikum voller ambitionierter Elternteile, während schon die Scouts der Profiliga in den Zuschauerreihen lauern – dies ist keine Erfahrung, bei der Kinder und Jugendliche ihre natürliche Lust am Lernen und Gestal-

2. Aufwachsen mit Umhang

ten bewahren können. Sie beinhaltet Leistungsdruck und Fremdbestimmtheit. Damit ist sie zwar gut gemeint, aber in Wahrheit die beste Gelegenheit, um genau die Freude kaputtzumachen, die unsere Kinder zum gelingenden Leben so oft brauchen werden, um eine Sache aus eigenem Antrieb anzupacken und durchzuziehen.

Das zeigt auch meine eigene Biografie als früherer Leistungssportler. Als Ringer habe ich (Mitch Senf) meine Kindheit und Jugend verbracht, habe an der deutschen Spitze und auch im internationalen Metier gekämpft. Bei zahlreichen Weggefährten und am eigenen Leib habe ich die Abrichtung erlebt, die Kinder und Jugendliche im Profisport erfahren. Heute, in meiner Arbeit mit Heranwachsenden und aus Sicht der Potenzialentfaltung, erkenne ich deutlich, dass der Leistungssport für die allerwenigsten Biografien zu einem gelingenden Leben beiträgt. Aus dem getakteten Alltag und der permanenten Fremdbestimmung erschaffen die Kinder ein Selbstbild, das darauf beruht, den Anliegen der Großen zu entsprechen. Brav erledigen sie alles, was von ihnen erwartet wird. Sie beziehen ihren Selbstwert daraus, wie gut sie diesen Erwartungen gerecht werden können und wie gut sie die geforderte Leistung erbringen. Eigene Anliegen haben sie kaum. Außerhalb des Sports haben viele dann keine Idee davon, was ihnen Freude bereitet und was sie als Mensch ausmacht. Von den Medaillen lässt sich eben kein gelingendes Leben aufbauen. Genau deshalb stehen zahlreiche Profisportler nach dem Ende ihrer Karriere innerlich leer und orientierungslos in der Welt und werden anfällig für die Angebote derer, die eine solche innere Leere dann gewinnbringend zu füllen verstehen. Dabei hatten viele von ihnen das Sportmachen eigentlich einst geliebt – und ihre Eltern hatten diese Liebe zu fördern versucht.

Sie merken schon: Der Grat ist schmal zwischen verschultem Training mit Leistungsideal und dem spielerischen Üben auf der Grundlage von einem zweckfreien, freudigen und kreativen Spiel. Die Energie, die sich entfaltet, wenn sechs Kids auf dem Bolzplatz gegeneinander zocken, wenn sie bis spätabends Körbe werfen, wenn sie rangeln und dabei völlig beiläufig aneinander wachsen, wenn sie in ihrer HipHop-Crew eine Choreografie für das nächste Battle einstudieren, das ihnen so viel bedeutet – diese Energie ist es, die wir Eltern unseren Kindern wünschen. Und ja, dabei brauchen sie natürlich ab und an auch ältere, erfahrenere Personen, die sie leiten, an denen sie große Wachstumssprünge machen können. Aber entscheidend ist, mit welcher Haltung diese Personen ihnen begegnen. Nach allem, was wir erlebt haben, empfehlen wir selbst gewählte Herausforderungen statt fremdbestimmte Wettkämpfe. Ein eigener Raum mit Freunden statt Vortanzen und Nachtanzen im Kurs. Mentoren statt Trainer.

Es gibt Sportvereine, Tanzschulen, Musikschulen und andere Nachmittagsanbieter, die solche Freiräume und solche Mentoren bieten. Sie wurden meist aus einer entsprechenden Haltung gegründet und werden auch mit dieser

2. Aufwachsen mit Umhang

geführt. Wir haben nach einigen dieser Nadeln im Heuhaufen gesucht und unten aufgelistet, welche wir gefunden haben.

An Schulen können besonders Schülerfirmen selbst gewählte Herausforderungen ermöglichen. Mit einer eigenen Geschäftsidee finden Heranwachsende hier Anliegen und Anlässe, sich gemeinsam zu verwirklichen. Erwachsene stehen ihnen dabei helfend zur Seite. Auf der Website der Initiative »Gründerkids« in Sachsen-Anhalt können Sie Informationen zum Erschaffen von Schülerfirmen finden. Zudem können Schulen an bestimmten Wochentagen praktischen Projektunterricht einführen, in dem Schüler sich ihre Herausforderungen selbst aussuchen dürfen.

Außerdem haben bereits bundesweit mehrere Schulleiter an staatlichen und freien Schulen gemeinsam mit ihren Kollegien das Schulfach »Herausforderung« eingeführt. Hier wählen Schüler selbst genau solche beschriebenen Herausforderungen in unterschiedlichster Weise. Es ist dort Bestandteil des Schulprogramms wie Mathe und Sport und wird auch von den Eltern mitgetragen und unterstützt. Vorreiter dieses Schulfachs ist die Evangelische Schule Berlin Zentrum. Hier können sich interessierte Schüler, Eltern, Lehrer und Schulleiter in eintägigen Fortbildungsveranstaltungen Tipps holen und sich alles genau anschauen. In ihrem Buch *Wie wir Schule machen* haben die Schülerinnen Alma de Zárate, Jamila Tressel und Lara-Luna Ehrenschneider das Schulfach Herausforderung anschaulich beschrieben.

Teil II Der Anfang von Bildung fürs Leben

Ausgewählte Initiativen

Herausforderung als Schulfach:
www.ev-schule-zentrum.de

Schülerfirmen:
www.gruenderkids.de

Nadeln im Heuhaufen:
www.fam-münchen.de
www.rollbrettworkshop.org
www.tomcatskate.com
www.zweitechancesaarland.de
www.chicos.dance

Außerschulische Initiativen:
www.waldlaeuferbande.at
www.infoklick.ch
www.skate-aid.org

Anbieter für Schulen:
www.hero-education.org
www.deluxekidz.de
www.gorilla.ch
www.futuroworkshops.ch

2. Aufwachsen mit Umhang

Momente der Selbstgewissheit: Wenn jungen Menschen ein Licht aufgeht

Wodurch können Kids und Jugendliche die innere Orientierung ausprägen, um ihren Platz in der Welt zu finden, die sie erwartet? Wie können sie widerstandsfähig sein gegenüber all den Verführungen und geistigen Rattenfängern, die ihnen in ihrem Aufwachsen begegnen? Wie können sie auch bei äußeren Veränderungen und Umbrüchen Stabilität in sich selbst finden? Wie können sie die Klarheit erlangen, aus der heraus sie wissen werden, was sie wollen, aus der heraus sie in Balance leben und Zufriedenheit empfinden können, anstatt die Extreme zu suchen, um eine innere Leere zu füllen?

Besonders die Pubertät ist eine bedeutsame Phase für das Ausprägen dieser Klarheit, dieser inneren Orientierung. Hier baut sich bekanntlich das Gehirn noch einmal stark um. Hirnforscher würden sagen, die Neuroplastizität ist hier besonders hoch. Durch ihre Aufmerksamkeit beeinflussen die Kids und Jugendlichen selbst ihre Neuverdrahtung. Das, worauf sie jetzt ihre Aufmerksamkeit richten, wofür sie ihre Zeit widmen, worauf sie Bedeutung legen, beeinflusst, wie sie sich verdrahten. Ein mächtiger Hebel. Je mehr sie diesen selbst in Händen halten, desto größer wird ihre innere Orientierung, ihre Klarheit. Je weniger, desto anfälliger werden sie erfahrungsgemäß für Verführungen, für Abwege.

Die »Hand am Hebel« nennen wir Pädagogen Selbstgewissheit. Je mehr Selbstgewissheit ein junger Mensch erlangt, desto mehr ist seine eigene Hand am Hebel. Je weniger, desto »ferngesteuerter« verläuft seine Reise. Alle Jugendlichen, die uns als gute Beispiele bekannt sind, haben fortwährend bestimmte einschneidende Momente erlebt, die sie zu dieser Selbstgewissheit geführt haben. Diese hilft ihnen, bei Flaute und Sturm, ihre Route zu finden, Entscheidungen zu treffen, Ja und Nein sagen zu können.

Mit Selbstgewissheit meinen wir die Erkenntnis, wie man selbst beschaffen ist und was für ein Mensch man in dieser Welt sein will. Sich seiner selbst gewiss zu werden enthält zwei Erkenntnisschritte: Im ersten Schritt bedeutet ein Erkennen, wie man beschaffen ist, dass man in der Lage ist, kein vages, sondern ein einigermaßen scharfes Bild von seinem Wesen zu zeichnen. Dazu gehören die Wahrnehmungs- und Verarbeitungsmuster, die einem zeigen, wie man tickt, wie man die Welt sortiert, wie man gut vorankommt und was einen bremst. Dazu gehören auch die Motive und Wünsche, die einem sagen, worauf man anspringt, was einen anzieht und abstößt, sowie die Begabungen, die einem zu verstehen geben, was man gut kann, was einem leichtfällt und was in einem schlummert. #Superkräfte

Im zweiten Schritt ermöglicht einem das Klarwerden, was für ein Mensch man in dieser Welt sein will, sich selbst zu mögen, guten Gewissens in der Welt zu sein, ein Idealbild von sich selbst zu zeichnen, das einen moralisch leitet. Hierzu gehören die Bedürfnisse und Wertvorstellungen, die

2. Aufwachsen mit Umhang

Zu- und Abneigungen, die Interessen und Vorlieben, all das, was einem wichtig ist, was und wer einem guttut oder nicht. Letztlich führt diese Klarheit zur Beantwortung der Frage, wofür man dieses Leben nutzen will, welchen Missionen man seine Zeit und Energie widmen möchte. Setzen Menschen diese Erkenntnis dann real um, empfinden sie meist Sinnerfüllung in ihrem Tätigsein. #Purpose

Bei allen Menschen, die wir in den letzten Jahren begleitet haben, die ihr Leben als gelingend bezeichnen, die ihre Orientierung zu behalten scheinen und Umbrüche immer wieder meistern, als seien sie von einem inneren Kompass gesteuert, alle, die nicht wie ein Blatt im Wind schweben, die nicht lediglich reagieren auf äußere Einflüsse, sondern ihr Leben proaktiv gestalten, bei all diesen Menschen wurde uns deutlich, dass sie über ein angemessenes Idealbild von sich selbst verfügen. Wir meinen damit eine durchaus erreichbare Vorstellung davon, wer sie in der Welt gern sein würden. Sie würden es wohl auf diese Weise nie aussprechen, aber diese Menschen stellen sich im Grunde bei allen rufenden Verlockungen Fragen wie diese: Passt das zu mir? Will ich denn so ein Mensch sein, der dies tut, der so handelt, der diesen Weg geht? Wie will ich denn mit anderen und mir selbst umgehen? Und letztendlich fragen sie sich so oder so ähnlich: Was für ein Mensch würde ich eigentlich sein, wenn ich vollends mit mir zufrieden wäre?

Indem wir Menschen persönliche Werte als ethische Größen übernehmen und sie im Lauf unseres Lebens zurechtrücken, definieren wir unsere Vorstellung davon, wer wir in dieser Welt sein wollen, wofür wir in ihr stehen und wodurch wir uns in ihr ausdrücken wollen. Vielleicht kennen Sie das aus Ihrem eigenen Leben: Oft merken wir erst nach gewissen Situationen, dass wir nicht zufrieden sind mit der Art, wie wir uns in einem bestimmten Moment verhalten haben. Wir wollen das dann nächstes Mal besser machen – nicht für jemanden anders, sondern für uns selbst. So formen wir auf längere Zeit ein gewisses Idealbild von uns selbst. Daran können wir uns ausrichten und messen. Wir erkennen im Abgleich mit diesem Bild, wie zufrieden wir mit uns selbst bereits sind. Im Anstreben dieses Bildes formen wir unser äußeres Verhalten, unseren Stil, die Art, wie wir anderen gegenübertreten, man könnte auch sagen: unsere persönliche Marke. Dieses Idealbild lässt uns spüren, was wir wollen und was wir nicht wollen. Es anzustreben bietet uns Orientierung im Ungewissen und gibt uns Erwachsenen beispielsweise die Kraft, besseren Umgang, neue Arbeitsbedingungen oder Gehaltserhöhungen einzufordern.

Heranwachsende brauchen ihrerseits kein maßlos überhöhtes, sondern ein angemessenes, einigermaßen erreichbares Idealbild als Leitplanke in die Zukunft. Die große Idealbild-Hausaufgabe im Bildungsprozess lautet daher: »Schau in den Spiegel und frag dich, was für ein Mensch du sein willst in dieser Welt. Formuliere die Antwort, und daran orientiere fortan deine Entscheidungen!« Diese Erkenntnisschritte verleihen Kids und Jugendlichen ihre Selbstgewissheit und letztlich ihre innere Orientierung im Leben. Was braucht es nun, um solche Selbstgewissheit zu

2. Aufwachsen mit Umhang

ermöglichen? Wir haben bisher sechs Momente beobachtet, durch die Heranwachsende gewisse Aha-Erlebnisse erhalten und Selbstgewissheit erlangen können. Diese sind:

1. Resultate erhalten

Immer wenn Heranwachsende tätig sind, etwas unternehmen, um etwas zu erschaffen, zu erzeugen, auszurichten oder zu bewältigen, erleben sie Gelingen und Misslingen. An den Resultaten erkennen sie dann unmittelbar, was sie gut können, was nicht, wo sie Brillanz erschaffen, wo nicht, was ihnen leichtfällt, was schwer, welche Herangehensweise ihnen liegt, was sie blockiert oder verwirrt.

2. Empfindungen wahrnehmen

Auch anhand der Tätigkeiten, die ihnen am besten gelingen und die ihnen die größte Freude bereiten, erkennen Heranwachsende, wie sie beschaffen sind. Denn das Gelingen und die empfundene Freude sind unserer Erfahrung nach deshalb so groß und so hoch, weil diese Tätigkeiten stark mit ihrer Beschaffenheit, ihrem Wesen harmonieren. Sie fühlen sich dadurch erkannt, angesprochen.

Sämtliche Empfindungen bei ihren Erfahrungen sind für Heranwachsende Quellen für Selbstgewissheit. Indem sie etwas in Verbundenheit mit einer bedeutsamen Sache – und bestenfalls auch in Verbundenheit mit anderen Menschen – erleben, spüren sie sich selbst. Sie empfinden körperlich, was sie glücklich macht, was sie brauchen, was ihnen nicht guttut. Ihre Körperwahrnehmung ist der Schlüssel zu diesen Empfindungen. In unseren Schulen verkümmert diese allerdings zunehmend. Eine Stunde Sport und zwei Hofpausen können viele Stunden verkopften Stillsitzens nicht ausgleichen. Je mehr wir unseren Kindern diese körperliche Entfremdung ersparen, je aufmerksamer wir bleiben, wenn sie Schmerzen beklagen, einen flauen Magen oder einen Kloß im Hals haben, desto achtsamer können sie für sich selbst bleiben und ihre Empfindungen im Tätigsein und in ihrem Umfeld als Momente der Selbstgewissheit ernst nehmen.

3. Erwartungsfrei beobachten

Resultate und Empfindungen allein erschaffen allerdings noch nicht ausreichend einschneidende Momente der Selbstgewissheit. Wir haben jedenfalls noch keinen Heranwachsenden getroffen, der nur lang genug vor sich hin zu werkeln und in sich hinein zu spüren brauchte, um eine Selbstgewissheit zu erlangen, mit der er sich im Leben orientieren kann. Wer wir sind, kriegen wir Menschen bekanntlich nicht auf einer einsamen Insel heraus, sondern nur in Resonanz zu anderen Menschen. Das, was wir aus dem Zusammenwirken mit anderen über uns selbst erkennen, ist deshalb so wichtig für uns, weil die zwischenmenschliche Verbundenheit ein essenzielles menschliches Grundbedürfnis ist.

Momente der Selbstgewissheit entstehen für Heranwachsende daher oft im Austausch mit einer Vertrauensperson. Wir Erwachsenen können sie ihnen also ermöglichen, in-

2. Aufwachsen mit Umhang

dem wir ihnen diesen Austausch bieten. Unser erster Schritt dazu ist, sie zu beobachten. Dies tun wir auch bei der Hero Society in unserer Arbeit mit jungen Menschen von der ersten Sekunde an. Wir sprechen nicht vom bloßen Hinsehen und toll oder niedlich finden, nicht vom Versuchen, uns selbst in ihnen wiederzuerkennen. Wir sprechen davon, einen Schritt zurückzutreten, erwartungsfrei und mit offenem Blick zu forschen: Woran haben die einzelnen jungen Menschen Freude, was gefällt ihnen, wohin drängen sie, bei welchen Tätigkeiten zeigt jemand Zuneigung, wo Abneigung. Wie geht ein Kind vor, was gelingt einem Jugendlichen leicht, was fällt ihm schwer? Es geht uns darum, das zu sehen, was ist, anstatt das zu sehen, was wir gern hätten. Als Eltern dürfen wir verstehen: Mein Kind ist nicht mein Klon, im Sinne von »ganz der Papa, ganz die Mama«. Es ist eine eigene Person mit ihrer eigenen Beschaffenheit in ihrer eigenen Zeit. Beginnen wir damit, es so zu sehen, wie es ist. Dann zeigt sich uns etwas Besonderes und Einzigartiges.

4. Feedback geben

Der nächste Schritt nach dem Beobachten ist das Feedback-Geben. Alle Vertrauenspersonen, Eltern, Lehrer, Mentoren, die den Heranwachsenden als Subjekte begegnen, können ihnen ihre Beobachtungen mitteilen. Sie geben ihnen Rückmeldung darüber, wie sie sie sehen: »Ich habe wahrgenommen dass du…«, »Ich habe den Eindruck, du kannst gut…«, »Du magst gern…«, »Dies und jenes fiel dir leicht …«, »Dir tat es gut, als …« Hier entsteht für sie die nötige Resonanz zu uns als Vertrauenspersonen, an der sehr junge Menschen über die Zeit ihrer selbst mehr und mehr gewiss werden.

5. Reflektieren

Ein hilfreicher Moment der Selbstgewissheit entsteht für Heranwachsende, wenn unser Feedback in gemeinsames Reflektieren übergeht. Wir Vertrauenspersonen erfragen und spiegeln deren Empfindungen. Dadurch vergewissern diese sich, was sie brauchen, was ihnen guttut und was nicht, was ihnen wichtig ist, worauf es ihnen ankommt. Anregen können Fragen wie: »Wie siehst du das, was ich beobachtet habe?«, »Wie hast du dich dabei gefühlt, als …?«, »Sehe ich es richtig, dass du …?«, »Was glaubst du, welches Bild der andere nun von dir hat?« Beim Reflektieren formulieren und erkennen Heranwachsende schärfer und schärfer, wie sie beschaffen sind und was für Menschen sie sein wollen. Das Gleiche bewirken Momente, in denen wir Heranwachsende dazu anregen, Stellung zu beziehen. Erinnern wir uns an Linus mit dem Feuerwehrauto im Kindergarten.

6. Einladen und Ermuntern

Wenn sie Umfelder, Tätigkeiten, Begabungen und so weiter erkannt haben, die ihnen guttun und sie ausmachen, dann können Heranwachsende manchmal unseren Zuspruch, unsere Bestärkung gebrauchen, in dieser Richtung weiterzumachen, sich hier tiefer zu involvieren, vergleichbare

Herausforderungen zu wählen, die hinter der nächsten Ecke warten. Ab und an braucht es jemanden, der kommt und an sie glaubt, damit sie sich neue Etappen zutrauen. »Ich sehe, du liebäugelst mit dieser Sache. Das liegt dir, trau dich. Wir wissen beide, dass du das kannst, weil so was genau dein Ding ist.«

Die Aufwärtsspirale zum Selbstexperten

Wenn Heranwachsende im Tätigsein und im Dialog mit Vertrauenspersonen solche Momente der Selbstgewissheit erfahren und daraufhin ermuntert werden, weitere stimmige Herausforderungen zu wählen, sie dabei wiederum neue Momente der Selbstgewissheit erfahren und so weiter, dann entsteht in ihrer Biografie eine Aufwärtsspirale der Selbstverwirklichung und Gewisswerdung. Mit jeder Schleife, die sie darin drehen, entfalten sie ihre Potenziale ein Stück mehr, werden sich ein Stück klarer darüber, wie sie beschaffen sind und was für Menschen sie in der Welt sein wollen.

Wir haben es mehrfach live erlebt: Diese Spirale kann zu einem Höchstmaß an Selbstgewissheit führen, das wir Selbstexpertise nennen. Dies meint eine dermaßen ausgeprägte innere Klarheit, dass sie nahezu jeden Umbruch übersteht. Im Gegensatz zu Fachexperten, die sich besonders gut in einer Disziplin, einem Thema oder einem Beruf auskennen und daraus oft ihren Selbstwert beziehen, definieren sich

Teil II   Der Anfang von Bildung fürs Leben

Menschen mit einem Höchstmaß an Selbstgewissheit nicht über ihre Fachrichtung, ihr Thema oder ihren Job. Sie sind kaum abhängig von den meisten äußeren Umständen. Sie stehen so souverän in der Welt, sind sich so bewusst, wer sie sind, was sie draufhaben und was sie dafür brauchen, dass sie der Wandel oder Wegfall äußerer Rahmenbedingungen kaum erschüttern kann. Erleben sie beispielsweise einen Jobverlust, fallen sie in kürzester Zeit zurück auf ihren Kern, besinnen sich auf ihr Wesen und ihre Ideale und finden von dort aus rasch einen neuen Rahmen mit ähnlichem Sinn, angemessenen Anforderungen und Arbeitsbedingungen.

Für trügerische Verlockungen sind sie unterdes kaum anfällig. Sie lassen sich nicht verführen oder »vor den falschen Karren spannen«. Ihre Präsenz strahlt auf andere Menschen aus, sodass sich ihnen Türen öffnen. Sie finden dadurch ihren neuen Platz vielleicht in einem völlig anderen Metier, in einer neuen Branche oder in einem anderen Kulturkreis. Aber sicher ist, dass er in seinen Grundmustern, auf die es dabei im Kern ankommt, wieder sehr mit ihrem Wesen, ihren Begabungen, ihren Idealen harmoniert. Sie übertragen es leichtfüßig auf neue Felder. So finden selbstgewisse Menschen immer wieder Wege, ihre Lust am Lernen und Gestalten sinnerfüllt zu entfalten. Deshalb sind die Momente der Selbstgewissheit so wertvolle Bildungserfahrungen für Menschen in diesem Zeitalter. #SelfExpert

Die Begabungen eines Menschen, seine Motive und Wünsche, Wahrnehmungs- und Verarbeitungsmuster, seine Bedürfnisse und Wertvorstellungen, seine Neigungen, Inte-

2. Aufwachsen mit Umhang

ressen und Vorlieben – das sind allerhand Erkenntnisse für einen jungen Menschen auf dem Weg zur Selbstgewissheit. Und sicher sind das nur einige Kategorien, die ihm helfen können, sich im Leben zu orientieren. Die westliche und auch die fernöstliche Literatur ist voll von weiteren Erklärungsmodellen und psychologischen Strömungen, die dem Menschen zur Selbstgewissheit verhelfen sollen. Aus all dieser Fülle hat es sich für uns besonders bewährt, in der Begleitung junger Menschen auf deren Begabungen zu achten. Einmal angelegte Begabungen sind nämlich verhältnismäßig stabil im Leben. Sie bilden unser Denken, Fühlen und Handeln ab. Daher geben sie uns oft die belastbarsten Auskünfte. Und deshalb kann es Ihnen nützen, wenn Sie Eltern sind oder anderweitig junge Menschen begleiten, dass wir sie ihnen hier genauer vorstellen.

Begabungen zeigen die Richtung

Jeder Mensch verfügt über Begabungen. Sie sind kein Privileg besonders talentierter Sportler oder virtuoser Künstler. Das, was uns vom Lebensbeginn an begegnet, bewältigen wir. Irgendwie. Der eine so, der andere so. Und je nachdem, mit welchen Strategien uns das besser oder schlechter gelingt, prägen wir bestimmte Begabungen aus und andere eben nicht. Das, was geklappt hat, nutzen wir wieder. So wird dieses Muster stärker und stärker. Das nennen wir die Entfaltung einer Begabung.

Teil II   Der Anfang von Bildung fürs Leben

In unserer Arbeit mit jungen Menschen ist uns aufgefallen, dass Kinder, die mit ihren Familien regelmäßig den Wohnort wechseln – zum Beispiel in Botschafter- oder Schaustellerfamilien –, anhand ihres wiederkehrenden Problems, sich in einem neuen sozialen Umfeld zurechtfinden zu müssen, besonders deutlich zweierlei Begabungen ausgeprägt haben. Entweder haben sie das Problem eher dadurch bewältigt, dass sie offensiv auf fremde Menschen zugegangen sind, sich vorgestellt und rasch neue Freundschaften geschlossen haben, oder sie haben den größeren Erfolg damit gehabt, ihr Umfeld zunächst aus der zweiten Reihe zu beobachten und zu analysieren. Im ersten Fall wurden die Kinder äußerst kontaktfreudig und prägten eine Begabung aus, die künftig immer dann aktiv wurde, wenn es darum ging, auf fremde Leute zuzugehen. Im zweiten Fall wurden die Kinder äußerst empathisch, da sie durch ihre Beobachtungen zu erkennen gelernt hatten, wie Menschen sich fühlen. Diese Begabung ermöglichte ihnen fortan zu jeder Zeit, die Gefühle ihrer Mitmenschen wahrzunehmen und einzuordnen.

Begabungen sind ausgeprägte neuronale Netzwerke in unserem Gehirn. Sie entstehen bereits vor der Geburt im Mutterleib und sind im Leben essenzielle Bestandteile unserer Persönlichkeit. Sie prägen sich in jedem Menschen unterschiedlich aus, und zwar genau so, wie dieser sein Gehirn benutzt, um Probleme zu lösen. Wenn beispielsweise ein Dreijähriger plötzlich Zwillingsgeschwister bekommt, entsteht für ihn eventuell das Problem, seine Stellung im

2. Aufwachsen mit Umhang

Familienalltag angesichts dieser Übermacht zu bewahren. Damit muss er irgendwie zurechtkommen.

Es gibt verschiedene Möglichkeiten, wie ihm das gelingen kann. Eine Möglichkeit ist, dass er gut damit fährt, seine Eltern und später auch seine wachsenden Geschwister taktisch klug für seine Vorhaben und Ausflugspläne zu gewinnen. Ist er damit weitgehend erfolgreich, prägt er die Begabungen aus, strategisch vorauszudenken und andere von seinen Plänen zu überzeugen. In seinem Leben kann ihm das in vielerlei Hinsicht nützen. Ähnlich wie beim Erlernen des Autofahrens laufen die anfangs holprigen Abläufe eines Tages nahezu automatisiert ab, sodass wir sie gar nicht mehr bewusst bemerken. Wie dieses Entstehen von Begabungen im Gehirn genau vonstattengeht, beschreiben die Hirnforscher inzwischen sehr nachvollziehbar. Sie können das zum Beispiel bei Gerald Hüther nachlesen, in seinem gemeinsamen Buch mit Uli Hauser *Jedes Kind ist hoch begabt. Die angeborenen Talente unserer Kinder und was wir aus ihnen machen.*

Nun ein praktisches Beispiel aus der Arbeit der Hero Society, dafür, wie wir Erwachsenen den uns anvertrauten Kids und Jugendlichen zu Momenten der Selbstgewissheit verhelfen, indem wir ihnen ermöglichen, ihre Begabungen zu erkennen. In der folgenden Geschichte sehen wir, wie eine Vertrauensperson durch erwartungsfreies Beobachten im Tätigsein die Begabungen einer Jugendlichen erkannt, sie ihr als Feedback geschenkt und sie damit zum Reflektieren angeregt hat.

Teil II   Der Anfang von Bildung fürs Leben

In unseren Schulprojekten sind neben Pädagogen auch Rapper, Streetartists und andere Künstler aus den Jugendszenen aktiv. Einer von ihnen ist unser Trainer Tom. An einer Schule sprühte er mit einer neunten Klasse deren Turnhalle bunt. Binnen dieser Graffitiwoche wurde mit Toms Hilfe die riesige Außenwand von den Schülern gestaltet. Nicht jeder von ihnen war Sprühdosen-affin.

Am Ende der Woche, als alle stolz waren, äußerte die Schülerin Lisa: »Na ja, von mir ist ja nichts in dem Bild.«

Tom antwortete ihr prompt: »Doch, Lisa, von dir ist eine ganze Menge in dem Bild.«

»Was denn bitte?«, fragte Lisa verwundert. »Ich habe keinen einzigen Strich gezogen. Ich kann das hier einfach nicht, auch wenn du noch so sehr versucht hast, mir Mut zu machen.«

Tom darauf: »Stimmt, du hast keinen einzigen Strich gezogen. Aber mir ist aufgefallen, dass du es warst, die die ganze Zeit über dafür gesorgt hat, dass jeder Sprüher die richtige Farbe zur richtigen Zeit am richtigen Ort hatte. Du hast dich um die anderen gekümmert, von Anfang an.«

»Ach so, das. Ja, das ist ja nichts weiter Besonderes.«

»Für dich ist es nichts Besonderes. Du machst das schon immer so, richtig?«, fragte Tom.

»Ja logisch«, antwortete Lisa. »Auch zu Hause kümmere ich mich halt um meine jüngeren Schwestern. So war ich schon als kleines Kind. Ich kann irgendwie nicht anders. Aber das hat ja nichts mit dem Bild zu tun.«

»Dachte ich mir. Schon als kleines Kind. Du bist einfach

2. Aufwachsen mit Umhang

so beschaffen. Und deshalb erscheint es dir ganz normal, ja fast schon lächerlich, das extra zu erwähnen. So ist das immer mit unseren Begabungen.«

»Begabungen?«

»Ja, genau, das, was in uns steckt, was wir von Haus aus mitbringen. Du bist begabt darin zu arrangieren, die passenden Sachen zusammenzubringen, damit die Dinge reibungslos funktionieren. Außerdem übernimmst du Verantwortung. Auch darin bist du begabt. Du kümmerst dich um andere und tust das, was nötig ist. Du erledigst die Dinge, die sonst keiner sieht. Das macht dir Spaß und fühlt sich ganz selbstverständlich an. Nix Besonderes. Deshalb empfindest du es auch nicht als Arbeit und glaubst jetzt, von dir stecke nichts in diesem Bild. Du hast gewiss noch andere Begabungen. Aber diese beiden sind mir in dieser Woche ganz deutlich aufgefallen.«

Lisa grübelte: »Ja, na gut, so gesehen habe ich natürlich schon mitgemacht an dem Bild.«

Tom setzte noch einen drauf: »Dein Drang, dich zu kümmern und zu arrangieren, ist sehr wohl etwas Besonderes, Lisa. Weißte, für so was werden da draußen in den Firmen Leute bezahlt.«

Lisa lachte: »Was?« »Ja, die nennen das zum Beispiel Projektmanagement oder auch Logistik. Kannst du als Beruf machen. Das würde gewiss gut zu dir passen.«

Lisa grinste: »Na geilo! Ich sag meiner Mutter nachher, dass ich dieses Projekt-Dingsbums als Beruf mache, weil sich das dann nie wie Arbeit anfühlt. Haha.«

Teil II   Der Anfang von Bildung fürs Leben

Was können wir an Lisas Beispiel erkennen?

Das Graffitiprojekt war für Lisa und ihre Klasse ein Erlebnis des Gelingens und Misslingens. Im Tätigsein hat sie erkannt, dass ihr der Umgang mit der Sprühdose nicht liegt, sie hat beim Ausprobieren keinerlei Freude entwickelt und somit auch nicht gelernt zu sprühen, obwohl sie ermutigt wurde und Hilfe bekam. Stattdessen brachte sie sich auf ihre ganz eigene Weise ein. Dass ihr selbst ihr »Kümmern« als »nichts Besonderes« erschien, war ein deutliches Zeichen für Tom, hier eventuell auf eine Begabung gestoßen zu sein. Also beobachtete er genauer, wie sich Lisa im Projekt verhielt, und erkannte das Muster ihrer Verantwortungsübernahme.

Und er erkannte noch ein zweites Muster: das Arrangieren. »Stets alle richtigen Farben zur richtigen Zeit am richtigen Ort« – dieses Resultat hat Lisa hervorgebracht, indem sie so handelte, wie sie beschaffen war. Erst im anschließenden Dialog mit Tom konnte Lisa ihre Begabungen erkennen, welche sie hier intuitiv geleitet hatten. Dazu brauchte es den Austausch mit Tom, einer Vertrauensperson, die sie erwartungsfrei beobachtet hatte und sie nun durch ihr Feedback zum Reflektieren über sich selbst anregte. So schenkte Tom Lisa einen Moment der Selbstgewissheit, indem er ihr eine bisher unbeachtete Seite ihres Wesens aufzeigte.

2. Aufwachsen mit Umhang

Impulse für den Alltag

Um die Begabungen von Kids und Jugendlichen im Alltag zu erkennen, ihre Entfaltung zu ermöglichen und sie in biografierelevante Entscheidungen einzubeziehen, zeigen wir nun praktische Möglichkeiten, die uns als wirksam aufgefallen sind. Wir beginnen beim kindlichen Spiel und landen schließlich bei der Frage der Berufsorientierung, in der aktuell vor allem Eltern händeringend nach Antworten suchen.

Begabungen erkennen

Wir erkennen die Begabungen eines Menschen nicht, indem wir über ihn nachdenken. Sie zeigen sich uns beim erwartungsfreien Beobachten, während er tätig ist – am allerbesten gemeinsam mit anderen an einer Sache, die ihm wichtig ist. Wenn er also spielt. Werden Begabungen aktiviert, während er mit einer Thematik oder Problematik in unserer Umwelt in Resonanz tritt, so erlebt der Mensch ein sogenanntes Flowgefühl, ein Gefühl der Freude und Leichtigkeit im Tun. Er empfindet dann das, was er da tun, als stimmig und erfüllend. Es ist keine Explosion, kein Feuerwerk, eher eine angenehme, natürliche Kohärenz. Von außen kann man einem Kind das ansehen, wenn man es erwartungsfrei beobachtet. Dabei ist wichtig, nicht das zu deuten, was das Kind tut, sondern vielmehr darauf zu achten, warum das Kind es tut. Was ist das dahinterliegende Muster? Sie können sich dazu folgende Fragen stellen:

Teil II   Der Anfang von Bildung fürs Leben

Wem oder was schenkt der junge Mensch seine Aufmerksamkeit? Was ist für ihn bedeutsam, und warum? Wobei hat er besonders viel Freude, und aus welchem Grund? Womit beschäftigt er sich ausdauernd, wovon spricht er unentwegt?

Begabungen zu Stärken entfalten

Nicht angesprochene Begabungen schlummern als Potenzial. Zu ihrer Entfaltung ist keine Förderung notwendig. Es genügt, wenn wir Heranwachsenden emotionalen und physischen Raum verschaffen, um ihre Begabungen auszuleben. Dann ist es die normale Folge, dass diese sich konstruktiv entfalten, sobald sie durch ihr Umfeld angesprochen werden. Falls dies nie passiert, weil ein Kind etwa nicht im entsprechenden Umfeld aufwächst, wird es keinen Zugang zu seinen Begabungen erhalten. Erst wenn sich im Umfeld etwas ändert und seine Begabungen schließlich doch angesprochen werden, können sie erkannt und ausgeprägt werden. Eltern, Lehrer und andere Erwachsene staunen dann oft und sprechen von schierer Verwandlung. Der Effekt im Leben der Kids und Jugendlichen, denen das widerfährt, ist immens. Fast so wie im wunderbaren Film *Alphabet* von Erwin Wagenhofer, als würde es im Death Valley regnen und dort mitten in der Dürre plötzlich überall Gräser und Blumen sprießen.

Die Entfaltung vorhandener Begabungen erfolgt durch Aneignung von Wissen und Können. Hier verwirklichen Kids und Jugendliche ihre natürliche Lust am Lernen und

2. Aufwachsen mit Umhang

Gestalten, hier haben Aus- und Weiterbildung ihren sinnvollen Platz. Begabungen allein sind nämlich noch zu ziemlich wenig zu gebrauchen. Sie weisen zwar in die entscheidende Richtung, sind aber noch keine Fähigkeiten, mit denen man etwas schafft. Erst wenn ein Mensch Wissen zu einer Sache erwirbt und wenn er sich dann auch das nötige Können dazu aneignet, entsteht eine Fähigkeit. Dies tut jemand nur dann, wenn er die betreffende Sache auch wirklich für bedeutsam hält. Treffen dieses Wissen, Können und Wollen nun auf die entsprechende Begabung, wird es sehr spannend. Dann nämlich entsteht eine Brillanz, die dieser Mensch in dieser Sache immer wieder abrufen kann. Die Leichtigkeit, mit der er brillante Resultate hervorbringt, bezeichnet man landläufig auch als Stärke.

Die Hobby-zum-Beruf-Verwechslung

Begabt oder auch talentiert ist im Volksmund derjenige, der Außerordentliches leistet. Begabungen sind jedoch weit mehr als das. Sie sind sehr vielfältig und zeigen sich in verschiedensten Ausdrucksformen, die beim Schulerfolg kaum eine Rolle spielen – fernab von verwertbaren Leistungsidealen. So schenken wir etwa einer außerordentlichen Empathiefähigkeit oder einem ausgeprägten Harmoniestreben keine besondere Beachtung. Schon gar nicht würden wir so etwas spontan Begabung nennen. Das liegt an der geringen Bedeutung dieser Fähigkeiten im vergangenen Jahrtausend. Heranwachsende, deren Selbstwert sich also noch immer vorwiegend an den Anforderungen des Schulerfolgs bemisst, erfahren demnach sehr wenig über ihre innewohnenden Begabungen. Je stärker sie danach streben, diesen äußeren Anforderungen zu entsprechen, desto weiter weg führt sie dies von ihren Begabungen. Genau deshalb stehen die meisten Schulabsolventen heute trotz eindeutiger Zeugnisnoten vollkommen orientierungslos am Beginn ihres Berufslebens. Sie verfügen über so geringe Selbstgewissheit, dass sie sich von außen – häufig sogar von völlig Fremden – sagen lassen, wo sie ihre »Karriere« am besten beginnen sollten und wie gut das für ihr Leben sei.

Noch immer meinen viele Erwachsene, Jugendlichen zu helfen, wenn sie sie ermuntern, ihren Einstieg in ihr Berufsleben anhand ihrer Hobbys und Interessen zu gestalten. Der Jugendlichen, die seit Jahren Reitsport betreibt, wird von ihren Eltern empfohlen, Tierpflegerin zu werden. Im Tourismusbetrieb ihres Ausbildungszoos spürt sie dann, wie wenig ihr Alltag mit ihrem inneren Wesen zu tun hat. Ihre Begabungen werden beim Ausüben der dortigen Arbeit kaum angesprochen. Was hier schiefläuft? Im wissenszentrierten Bildungsverständnis des 20. Jahrhunderts weiß man nur wenig von Begabungen. Stattdessen blickt man auf die Interessen. Dies erscheint deshalb sinnvoll, weil sie Fachgebiete simulieren, in denen sich die jungen Menschen ja schon ganz gut auskennen. Ein Beruf, der quasi »in der Nähe« liegt, sollte dann schon passen, so meint man landläufig. Ein riesiges Missverständnis, das im besten

2. Aufwachsen mit Umhang

Fall zu Ausbildungsabbrüchen und Jobwechsel führt, vielerorts aber leider der Beginn jahrzehntelanger frustrierender Berufsbiografien ist. Einmal im Hamsterrad, werden viele Jugendliche darin erwachsen und kommen im auszehrenden Alltag gar nicht mehr dazu, sich zu fragen, wie gut ihre Tätigkeit eigentlich überhaupt zu ihrer Lebensqualität beiträgt.

Das berufliche Leben kann für Menschen überhaupt nur dann erfüllend sein, wenn das, was sie dabei tun, ihre Gestaltungslust berührt und somit ihren Begabungen entspricht. Das, was sie dabei tun, ist allerdings nicht gleichzusetzen mit dem Themengebiet, in dem sie es tun. Ein Jugendlicher, der gern Gokart fährt, schraubt nicht automatisch gern an Autos. Eine Jugendliche, die gern Computer spielt, eignet sich nicht automatisch zur Programmiererin. Das wäre ebenso absurd wie anzunehmen, ein Profi-Rennradfahrer sei der geeignete Mechaniker in der Fahrradwerkstatt. Beides birgt völlig verschiedene Tätigkeiten.

Wenn wir stattdessen aber fragen, welche konkreten Tätigkeiten ein Heranwachsender in seinem aktuellen Interessensgebiet ausübt, wird schnell deutlich, was er hervorragend kann, was ihm guttut und welche Begabungen möglicherweise dafür verantwortlich sind. Nicht also die Hobbys und Interessensgebiete an sich, sondern die darin enthaltenen Tätigkeiten zeigen uns die zugrundeliegenden Begabungen des jungen Menschen und eignen sich zur beruflichen Orientierung. Wir können nicht alles werden, was wir wollen, auch wenn wir uns noch so sehr anstrengen, uns ausbilden und trainieren lassen. Aber indem wir unsere Begabungen erkennen und Beschäftigungen mit dazu passenden Tätigkeiten wählen, wenn wir stimmige Herausforderungen wagen, dann können wir viel stärker das entfalten, was wir im Wesen bereits sind. #Heldenreise

Berufsorientierung falsch verstanden

Beim Versuch, aus der Persönlichkeit von Jugendlichen deren berufliche Orientierung abzuleiten, entstanden um die Jahrtausendwende diverse sogenannte Potenzialanalysen und Berufsorientierungsprogramme, die seither in unseren Schulen kursieren. Sie werden meist ab der siebten Klasse in Form von Fragebögen, Schnupperwochen in Betrieben oder in Form jugendlich angepasster Assessment-Center durchgeführt. Sie zeigen Resultate, die ein Heranwachsender in einer bestimmten Momentaufnahme unter bestimmten Bedingungen generiert hat. Ähnlich dem Schulnotensystem machen sie Leistungen zwischen Mitschülern vergleichbar. Aus ihnen lassen sich daher keine Aussagen über die geeignete berufliche Richtung eines Jugendlichen ableiten. Sie dienen bei genauer Betrachtung oft nicht einmal den Jugendlichen, sondern den Arbeitgebern und Ausbildungsbetrieben für deren Nachschub an Fachkräften. Und sie finden obendrein zu einem ungeeigneten Zeitpunkt

2. Aufwachsen mit Umhang

statt, da sich das Gehirn von Jugendlichen während der Pubertät in einem derart starken Umbau befindet – vergleichbar mit einer Baustelle.

Ein wunderbarer Ausnahmezustand. Heranwachsende sind in dieser Zeit besonders risikobereit und abenteuerlustig, hin und wieder aber auch besonders scheu. Pubertät ist die Zeit des Ausprobierens, nicht die des Festlegens. Während dieser Umbauphase irgendwelche Aussagen aufgrund von Momentaufnahmen zu treffen, deren Auswirkung sich weit in das Erwachsenenalter hinein erstreckt, ist ein »Schuss ins Blaue«.

Auf Basis der dort generierten Ergebnisse werden die Jugendlichen dann einige Monate bis zwei Jahre später in sogenannte Werkstattwochen, Berufskarussells oder Schnupperpraktika geschickt. Dort verbringen sie im Schnitt zwei Wochen und durchlaufen in dieser Zeit eine Handvoll verschiedener Berufe, in denen sie sich ausprobieren und erleben dürfen. Die schmale Auswahl dieser Berufe basiert auf den Ergebnissen der vor einigen Monaten bis zwei Jahren durchgeführten Analyse. Weder war die damalige Aussage valide und treffsicher für den einzelnen Jugendlichen, noch repräsentiert die dortige Auswahl die beruflichen Möglichkeiten, die diese Jugendlichen in ihrem Leben zu erwarten haben. Sie ist lediglich eine schmale Teilauswahl jener »Jobs«, die in der jeweiligen Region in den dortigen Ausbildungsbetrieben angeboten werden. Genau genommen der Ausbildungsbetriebe, die in einer vertraglichen Beziehung mit dem jeweiligen Ausbildungszentrum und der

Schule stehen. Somit ist nicht einmal die regionale Bandbreite tatsächlich abgebildet.

Das berufliche Sichtfeld der Jugendlichen und ihrer Eltern wird damit also sehr eingeschränkt auf den Horizont weniger regionaler Akteure in der Nähe des Wohnorts. Eigentlich wäre dies nicht allzu schlimm. Eine berufliche Optionenvielfalt abzubilden kann man von den Bildungsinstitutionen ohnehin nicht erwarten. Das Problem daran ist jedoch die psychologische Macht, der ungleich hohe Stellenwert, den solche Analysen und Werkstattwochen in der Bildungslaufbahn junger Menschen haben. Sie finden in der gesamten Schulzeit nur ein-, höchstens zweimal statt. Vielerorts sind sie das nahezu einzige Erprobungsfeld, das die Heranwachsenden überhaupt betreten. Sie werden seitens der Schulen hochgradig mit Bedeutung aufgeladen, ihnen wird eine hohe Aussagekraft zugeschrieben. Daher üben sie einen starken Einfluss auf das Idealbild und die damit verbundenen beruflichen Perspektiven aus, die junge Menschen sich zutrauen.

Dass auf die scheinbare Erprobung dieser vermeintlichen »Jobauswahl« obendrein oft noch Zensuren erteilt werden, macht die biografische Verstümmelung komplett. Als Folge finden sich heute Abertausende fehlbesetzte »Fachkräfte« in der Arbeitswelt, die lustlos durch ihren Berufsalltag trotten und dem Märchen aufgesessen sind, dass sie nach ihrer Schullaufbahn im für sie geeigneten Beruf, im für sie angemessenen Leben gelandet wären. Jugendlichen können wir ersparen, dieses Märchen allzu ernst zu neh-

2. Aufwachsen mit Umhang

men, das in deren Auswertungsbögen und Analysen erzählt wird. Stattdessen können wir ihnen helfen, die Hand selbst am Hebel zu haben. Erst die individuelle Betrachtung durch erwartungsfreies Beobachten ermöglicht es, die tatsächlichen Begabungen bei Kids und Jugendlichen zu erkennen – ohne den Bezug zu bestimmten Arbeitsmarktbedürfnissen, ohne eine Erwartung an ein wünschenswertes Ergebnis, ohne den Vergleich zu anderen, ohne Benotung. Je besser junge Menschen um ihre Begabungen wissen, desto besser können und werden sie ihren Platz in der Welt finden und aus ihrem Wesen heraus einen dauerhaften Nutzen für andere stiften können. Einen Nutzen, dessen sie sich bewusst sind, den sie variabel einsetzen und mit wachsender Lebenserfahrung auch in monetären Gegenwert umsetzen können.

Als Eltern können wir Orientierungshelfer unserer Kinder sein, indem wir ihnen bereits frühzeitig zahlreiche Erprobungsfelder ermöglichen, ein geschütztes Austesten in neuen Gebieten, die ihren Horizont erweitern. Stellen wir ihnen Mentoren zur Seite, die sie nicht anheuern oder vermitteln, sondern die ihnen helfen wollen, ihre Erfahrungen zu reflektieren und daraus Selbstgewissheit zu ziehen. Vergleichen wir sie nicht mit anderen. Seien wir sparsam mit Bewertungen und großzügig mit Akzeptanz. Unterstützen wir sie dabei, ihre Resultate mit ihrem dafür eingesetzten Aufwand, ihren Strategien und Herangehensweisen abzugleichen. Spiegeln wir sie, wenn wir sie im Flow erleben. Versuchen wir, aus unseren Wahrnehmungen Muster zu erkennen und den Jugendlichen diese aufzuzeigen. Doch sollten wir dabei nicht allzu frühzeitig Aussagen über deren berufliche Zukunft ableiten.

Selbstgewissheit in Schule, Ausbildung und Familie ermöglichen

Wenn Sie Lehrer oder Ausbilder sind, können Sie Ihre Schüler oder Azubis erwartungsfrei betrachten und staunend akzeptieren, was Sie da entdecken. Besonders als Grundschullehrer können Sie die Schüler im Ausprägen eines positiven Idealbilds unterstützen, indem Sie Ihr Feedback nicht aus einem standardisierten Leistungsvergleich generieren, sondern ihnen helfen, die eigenen Gefühle und Bedürfnisse in Worte und Bilder zu fassen. Je achtsamer Sie in diesen frühen Jahren ihnen gegenüber sind, desto achtsamer können Ihre Schützlinge sich selbst und anderen gegenüber werden.

Auch als Eltern können wir im Alltag immer wieder auf diese Weise hinschauen und erkennen, wann unseren Kindern Dinge leicht von der Hand gehen, wann ihre Augen leuchten, wobei sie sich abmühen und lustlos wirken. Wir können aufmerksam dafür sein und das akzeptieren, was wir erkennen. Wir können ausblenden, was wir gern sehen würden. So können wir unsere Kinder erkennen und ihnen anschließend helfen, sich selbst zu erkennen. Indem wir ihnen Feedback geben, sie kurz und treffend spiegeln,

2. Aufwachsen mit Umhang

ihnen mitteilen, wie wir sie wahrnehmen, regen wir sie zum Reflektieren an. So verschaffen wir ihnen Momente der Selbstgewissheit und helfen ihnen jedes Mal ein klein wenig dabei, ihre innere Orientierung auszuprägen.

Weiterhin verhelfen jegliche Erlebnisse des Gelingens und Misslingens Heranwachsenden zur Selbstgewissheit. Sie entstehen in Schulprojektwochen, aber auch zu Hause bei kleinen Tätigkeiten, zu denen wir sie einladen und sie mitwirken lassen – einen Kuchen backen, eine Urlaubsroute erstellen, ein Modestück schneidern.

Verlangen sollten wir nichts. Betrachten wir die Begabungen besser als versteckte Möglichkeiten, die junge Menschen zu entfalten in der Lage sind. Für diese Entfaltung der persönlichen Potenziale können wir ihnen mit unserer größtmöglichen materiellen und ideellen Unterstützung ein Umfeld verschaffen, in dem sie ihre Begabungen anhand selbst gewählter Herausforderungen in ihrem eigenen Tempo erforschen und austesten können. Je mehr wir ihnen dieses Umfeld bieten, und je weniger wir Kinder in unsere Erwartungen und Ansprüche verwickeln, desto zeitiger können sie damit beginnen, ihre Begabungen zu entfalten. Was glauben Sie, wie selbstgewiss ein so aufgewachsenes Kind wohl im Alter von sechzehn, achtzehn oder zwanzig Jahren ist und wie gut es sich in seinem Leben orientieren kann!

Wunderbare Momente der Selbstgewissheit erleben Jugendliche in WalkAways. »WalkAway« ist der moderne Begriff für ein altes indianisches Übergangsritual, mit dem eine Initiation von einer Lebensphase in eine andere vollzogen wird. Weltweit wird es heute in pädagogisch begleiteten Camps durchgeführt, um den Übertritt von der Kindheit ins Jugendalter, von der Jugendphase ins Erwachsenenalter zu gestalten. Häufig koppeln Jugendliche dies zeitlich an öffentliche Rituale wie den Schulabschluss, die Jugendweihe, die Konfirmation oder den Beginn eines Gap Years.

Durch das Verlassen des gewohnten Lebensumfelds, durch ein Hinausgehen in die Natur und die Einsamkeit, ohne technische Geräte oder sonstigen Zeitvertreib, sind sie frei von allen Ablenkungen. Für die Dauer mehrerer Stunden bis Tage beschäftigen sie sich dann intensiv mit sich selbst, ihren Gedanken und Gefühlen. In einigen Fällen bekommen sie von den Pädagogen und Coaches persönliche Fragen zur Beantwortung mit auf den Weg. Bei der anschließenden Rückkehr in die Camp-Gruppe wird dann unter professioneller Moderation gemeinsam über das Erlebte reflektiert. Mindestens eine WalkAway-Erfahrung können wir allen Jugendlichen als Moment der Selbstgewissheit nur empfehlen.

Wenn Sie als Lehrer oder Eltern den Schülern Momente der Selbstgewissheit verschaffen wollen, können Sie die Berliner Initiative »Mehr als Lernen« oder das »Ministerium für Glück« aus Mannheim einladen. Mit interaktiven Workshops, die an Schulen stattfinden, werden Jugendliche angeregt, sich mit der eigenen Persönlichkeit zu beschäftigen, sich als ganzen Menschen wahrzunehmen,

2. Aufwachsen mit Umhang

Stärken zu finden und Schwächen zu akzeptieren. Die hier gemachten Erlebnisse helfen ihnen dabei, ihr Leben so zu gestalten, dass es ihren persönlichen Bedürfnissen, Möglichkeiten und Werten entspricht.

Theaterspielen erzeugt Lernen, Verstehen und Teilhabe und dabei ebenfalls zahlreiche Momente der Selbstgewissheit. »ACT!« ist eine grandiose Berliner Theaterinitiative. Sie ermöglicht Heranwachsenden solche Erfahrungen innerhalb und außerhalb von Schule in Form von Theater-Workshops.

Am Bodensee findet jährlich ein einwöchiges Kinder- und Jugendcamp statt, bei dem die Teilnehmer im Alter von drei bis achtzehn Jahren die Möglichkeit haben, in der Natur zu spielen, Abenteuer in der Gemeinschaft zu erleben und gleichzeitig eine ganze Menge über sich selbst zu erkennen. In Mitteldeutschland veranstaltet beispielsweise die Hero Society derartige Camps.

Teil II Der Anfang von Bildung fürs Leben

Ausgewählte Initiativen

Camps:
   www.constantinweimar.de/events
   www.hero-camp.org

Initiative für Schulen:
   www.ministeriumfuerglueck.de
   www.act-berlin.de
   www.mehralslernen.org
   Walk-Away-Anbieter:
   www.wildniswissen.de
   www.stillundwild.ch
   www.respectyournature.at

2. Aufwachsen mit Umhang

Befreiung vom Leistungsdruck: Wie wir uns von der Zukunftsangst lösen

So toll sie sich auch anhören, diese Erfahrungen – Mentoren, Herausforderungen, Erkenntnisse –, sie nützen nicht viel, solange Kinder und Jugendliche sich in der Schule und in ihrem Alltag nicht als Subjekte ihres Lebens wahrnehmen, sondern gezwungen sind, den Anforderungen, Abläufen und Bewertungen Erwachsener gerecht zu werden. Damit ist jede Form von externem Leistungsvergleich in fremdbestimmten Kategorien gemeint, zu der sie genötigt werden.

Wir wissen es alle: Wer unter Druck steht, möglichst gut abliefern zu müssen, der kann nur schwerlich Lust dabei empfinden. Wer fürchten muss, nicht gut genug zu sein, der hat Mühe, zu anderen in Beziehungen zu treten. Die wesentliche Bedingung für jede Lust am Lernen und Gestalten und für jede echte Verbundenheit mit anderen ist daher, sich selbst als Subjekt wahrzunehmen. Und deshalb ist es nötig, dass wir unsere Kinder von unfreiwilligem Genügen-Müssen befreien, so weit es nur geht.

Gezwungenermaßen verglichen zu werden verhindert die Wahrnehmung als Subjekt. Der seelische Schmerz, den das erzeugt, ist der Grund, weshalb Schüler sich vor Leistungskontrollen fürchten. Der Zwang, die Abrichtung und die Demütigung, die durch den Leistungsdruck in unserem

Bildungssystem entstehen, behindern die Wirkung der günstigen Erfahrungen, die wir hier beschreiben. Damit sie zum gelingenden Leben beitragen können, wollen wir Sie nun zur Befreiung vom Leistungsdruck einladen. Eine Befreiung der Schüler und ihrer Eltern sowie eine Befreiung der Lehrer. Wie diese Befreiung allen drei Gruppen gelingen kann, in welche Konflikte sie dabei eventuell geraten und wie sie diese handhaben können, darum geht es nun. Unsere Beobachtungen sind keine allgemeingültigen Wahrheiten, eher vorübergehende Überlebenshilfen. Sie können uns nützen, solange wir sie noch brauchen. #LifeHack

Der Konflikt vieler Eltern und ihrer Kinder

Der Schulerfolg hängt, zumindest in Deutschland, noch immer stark vom Elternhaus ab – so auch der Schulmisserfolg. Die wenigsten Kinder gehören zu den Glücklichen, denen der Schulstoff nur so zuzufliegen scheint. Die Demontage ihres Selbstwertgefühls, die Kids durch miserable Schulnoten erleiden, ist für liebende Eltern kaum auszuhalten. Damit das Kind auf dem geforderten Level mithalten kann, wird Nachhilfeunterricht veranlasst – Zeit, in der es entspannen und spielen sollte. Zudem übernehmen viele Mütter und Väter zu Hause einen Job als Zweitlehrer ihrer Kinder. Das entstehende Lehr-Lern-Verhältnis kann aber die hochemotionale Eltern-Kind-Beziehung und den Alltag enorm belasten. Hinzu kommt die Gestaltung der Schul-

2. Aufwachsen mit Umhang

karriere: Welche Schule wählen wir für unser Kind? Freie Schule? Staatliche Schule? Privat oder öffentlich? Gymnasium oder Realschule? Versetzen oder zurückstufen? Nachteilsausgleich ja oder nein? Jedes Kind hat nur dieses eine Leben, und dafür wollen wir Eltern keine falschen Entscheidungen treffen, die sich später zum Nachteil auswirken. Bei vielen entsteht dadurch ein psychischer Druck. Wir Eltern haben heute genauso viel Stress mit der Schule wie unsere Kids.

Bei den Kindern entsteht psychischer Druck, weil sie Angst haben, auf dem für sie gewählten schulischen Weg nicht zu bestehen. Sie werden ständig verglichen mit ihren Mitschülern und haben Angst, die Erwartungen nicht zu erfüllen, das Klassenziel nicht zu erreichen oder nicht gut genug zu sein. Sie wollen Mama und Papa nicht enttäuschen und weinen deshalb bei einer Note, die schlechter als gewünscht ausfällt. »Schon wieder nur eine Drei. Mama und Papa wollen doch, dass ich Arzt werde.« In Wahrheit wollen Mama und Papa vor allem, dass ihr Sprössling glücklich wird, dass ihm sein Leben gelingt. Dabei kann er auch gern Arzt werden. Aber das ist nicht das Wichtigste. Das gelingende Leben ist es, was wir Eltern uns für unsere Kinder wünschen. Aber wie soll denn ihr Leben gelingen, wenn sie der Leistungsdruck schon in ihrer Kindheit traurig macht?

An dieser Stelle geraten Eltern in einen Konflikt. Denn auch 2020 sind die Zugänge zu Laufbahnen noch immer limitiert. An Universitäten werden Studienplätze noch immer nach dem Numerus clausus vergeben. Natürlich braucht nicht jeder ein Abitur, aber die angesehensten Berufe unserer Gesellschaft sind noch immer den Besten der Besten, den Einserschülern an Gymnasien vorbehalten. Arzt kann eben nicht jeder werden, der Lust auf diesen Beruf hat.

Es gibt also noch eine Menge guter Gründe dafür, dass unsere Kinder unbedingt einen Schulabschluss – idealerweise das Abitur – machen sollten, und zwar mit einem möglichst guten Notendurchschnitt. Sei es auch auf Kosten der günstigen Erfahrungen. Und das, obwohl wir wissen, dass der Weg dahin auf täglichem Notendruck beruht, dass die Unterrichtsthemen standardisiert und fremdbestimmt sind. Alle Schüler an Regelschulen sind dem während ihrer gesamten Schulzeit ausgesetzt. Und wir Eltern wollen, dass sie es irgendwie meistern, obwohl wir verstanden haben, dass genau das unseren Kindern die Lust am Lernen und Gestalten verbaut, sie voneinander trennt und ihre innere Orientierung geradezu verhindert. Obendrein zwingt die Schulpflicht unsere Kinder körperlich in die Schule. Das ist doch ein riesengroßes Dilemma.

Wenn nun das, worauf wir Eltern bisher bei guter Bildung und Erziehung Wert gelegt haben, gar nicht zum gelingenden Leben führt, und wenn wir die Lern- und Gestaltungslust und die Verbundenheit als Voraussetzung für ein gelingendes Leben erkennen, dann erscheint es möglicherweise sinnvoll, ihrer Erhaltung und Entfaltung im Aufwachsen unserer Kinder höchste Priorität einzuräu-

2. Aufwachsen mit Umhang

men. In deren Schullaufbahn und auch im familiären Alltag würde sich eventuell einiges ändern. Unseren Fokus, all die Kraft, Zeit und materiellen Ressourcen würden wir dann viel mehr in diese Richtung lenken anstatt in Richtung der alten Kompetenzen und Lernziele. Die Nachhilfestunden müssten vielleicht einer größeren Freizeit weichen. Schließlich wollen wir alle nur das Beste für unsere Kinder. Aber fast automatisch weckt so ein Richtungswechsel unsere Sorgen um die Qualität der Zeugnisnoten und des Schulabschlusses.

Fragen wir Eltern uns doch mal: Was ist eigentlich dieses Beste, das wir für unsere Kinder wollen. Worum geht es beim Aufwachsen eigentlich? Welches Idealbild herrscht in der eigenen Familie? Ein Einser-Abi? Oder wäre auch ein Vierer-Abi okay? Oder gar kein Abi, sofern unsere Kinder wissen, was für Menschen sie in dieser Welt sein wollen? Oder legen wir sogar überhaupt keinen Wert auf Abschlüsse, solange sie sich mit anderen verbinden können und ihre Lernlust lebt? Müssen wir uns jetzt also entscheiden? Entweder Entfaltung oder ein gutes Zeugnis? Und: Geht denn nicht beides? Sollten wir unsere Kinder jetzt nicht mehr zur Mathe-Nachhilfe schicken, sondern zum Improvisationstheater? Oder auch das nicht? Sollten wir lieber mehr zweckloses Chillen mit Kumpels zulassen, statt auf erledigte Hausaufgaben zu drängen? Sollten unsere Kinder eher kreative GIFs für ihre Instagram-Storys anfertigen, statt für die morgige Klausur zu büffeln? Und überhaupt: Wer garantiert uns denn, dass die Zukunft auch wirklich so kommt, wie ständig behauptet wird? Wer weiß das schon? Sollten also nicht besser wir Erwachsenen der Kompass für unseren Nachwuchs bleiben? Schließlich ist aus uns doch auch etwas geworden.

Die Angst vieler Eltern, aus ihrem Kind könnte »nichts werden«, ist verständlich. Je ungewisser die Zukunft erscheint, desto geringer ist unser Vertrauen darauf, dass sie gut wird. Und da wir Erwachsenen den stärksten Einfluss auf die Zukunftschancen unserer Jüngsten haben, sollten wir sie auch möglichst früh fördern, mit all dem, was uns selbst bisher halbwegs vernünftig erschien. Oder?

Das sind nachvollziehbare Überlegungen. Wir können sie Ihnen nicht abnehmen. Aber vielleicht können wir Ihnen mit den folgenden Ausführungen die Auseinandersetzung erleichtern. Denn Sie stehen vor keiner »Entweder-oder-Entscheidung«. Vielmehr geht es darum, eine souveräne Haltung zu finden, die Ihnen im Familienalltag als Eltern, im Berufsalltag als Lehrer und vor allem im Schulalltag als Schüler Orientierung gibt und hilft, Prioritäten zu setzen.

Der Konflikt vieler Lehrer

Seit zwölf Jahren geben wir mit unserem Verein Eduventis Fortbildungen, Workshops und Coachings für Lehrer. Mittlerweile sind wir rund 10 000 Lehrern persönlich begegnet. Meistens stellen wir unseren Teilnehmern zum Anfang des gemeinsamen Tages die Frage, warum sie mit Kin-

2. Aufwachsen mit Umhang

dern und Jugendlichen arbeiten. Wir bitten alle, sich einige Minuten Zeit zu nehmen, in sich zu gehen und ihre Antworten auf Karten zu schreiben. Diese Karten sortieren wir dann nach Übereinstimmung und arbeiten weiter mit ihnen. Wir haben diese Antwortkarten in all den Jahren gesammelt, inzwischen ist der Stapel schon recht groß.

Es wird Sie nicht überraschen: Acht von zehn der Lehrer antworten sinngemäß, dass ihnen die Kinder und Jugendlichen menschlich am Herzen liegen. Sie wollen ihr Wohlergehen fördern und sie in ein bestmöglich gelingendes Leben begleiten. Einer von zehn nennt vorrangig eigennützige Gründe. Der Job hält jung und so weiter. Und ein weiterer von zehn mag vor allem, dass der Lehrerberuf ein sicherer Job mit gutem Gehalt ist. Diese zwei von zehn Lehrern lassen wir mal außen vor und konzentrieren uns auf diejenigen, die sich in erster Linie um ihre Schüler kümmern wollen. Sie stehen in einem Konflikt. Ihr Beweggrund widerstrebt ihrem Dienstauftrag. Sie haben zwar den Auftrag, die Schüler zum Klassenziel zu führen, jedoch nicht alle mit Bestnoten. Sie sollen selektieren, in der Klasse möglichst die Normalverteilung nach Gauß im Notenspektrum herstellen. 25 Prozent Einserschüler, 50 Prozent Zweier- und Dreier-Durchschnitte und 25 Prozent schlechter als Drei. Zudem sitzen ihnen mitunter noch Eltern im Nacken, die ihnen, was den Schulerfolg ihrer Kinder betrifft, nicht würdevoll, sondern fordernd bis übergriffig begegnen. Dabei wünschen sich nahezu alle Lehrer nichts mehr als ein gelassenes Verhältnis zu den Eltern ihrer Klasse.

Mit anderen Worten: Die meisten Lehrer können also im Alltag gar nicht das ausleben, worum es ihnen persönlich eigentlich geht. Sie müssen in zu knapper Zeit mit zu vielen Schülern unter zu schlechten Bedingungen ihren Stoff schaffen und dabei den fremdbestimmten Notenspiegel berücksichtigen. Die Diskrepanz zwischen dem Bild, was für Lehrer sie in ihren Schulen gern wären, und ihrem erlebten Berufsalltag erzeugt einen Schmerz. Viele schildern uns diesen Schmerz ganz direkt, anderen sieht man ihn an. Er steht geschrieben in ihrer Körperhaltung, ihrem Gesichtsausdruck, ihren etlichen Krankmeldungen mit mannigfaltigen Diagnosen. Wenn Menschen sich nicht mehr als Subjekte ihres Herzensberufs erleben, kann das tatsächlich krank machen. #BurnOut

Die Befreiung

Zunächst: Der Konflikt ist kleiner, als er erscheint. Für Schüler, Eltern und auch Lehrer. Aus der Nähe betrachtet steht nämlich nicht das Abschlussziel an sich dem Erhalten und Entfalten der Lernlust und Verbundenheit im Wege, sondern der Alltag, den Kinder und Jugendliche bis dahin erleben. Das Trimmen auf ein Leistungsideal, das Vergleichen zwischen »besseren« und »schlechteren« Schülern, das Pauken von Themen, die sie nicht interessieren, der Mangel an informellen Begegnungen im durchgetakteten Wochenplan, das Genügen-Müssen, die Gewohnheit,

2. Aufwachsen mit Umhang

sich an äußeren Ansprüchen zu messen. Würde es gelingen, diese psychologischen Abrichtungsmuster abzumildern oder gar aufzulösen, stünde die Schulzeit gar nicht so arg im Konflikt zu den günstigen Erfahrungen für ein gelingendes Leben. Im Gegenteil, dann könnte sie sie nicht nur nicht verhindern, sondern sie möglicherweise sogar unterstützen. Wir sehen drei Wege der Befreiung: die Befreiung durch Weggang, die Befreiung durch Umbau und die Befreiung durch Haltung.

Die Befreiung durch Weggang

Schüler und ihre Eltern können natürlich die Schule wechseln. Zu Bildungseinrichtungen, die die günstigen Erfahrungen von vornherein schon auf ihrer Agenda haben. Die Evangelische Schule Berlin Zentrum, die Aktive Schule Potsdam, alle Waldorfschulen oder andere anthroposophische und reformpädagogische Ansätze leben allesamt ein Grundverständnis vom Kind als Subjekt und Gestalter. Weitaus schwieriger, aber nicht unmöglich wären auch Formen der Homeschooler oder der Freilerner. Lehrer können in solchen Kontexten ihren Beruf noch mal neu lieben lernen und sich besser entfalten. Natürlich sind nicht für jeden Lehrer und jeden Schüler ausreichend Plätze an solchen Schulen verfügbar. In ländlichen Regionen ist die Auswahl ohnehin begrenzt.

Teil II   Der Anfang von Bildung fürs Leben

Die Befreiung durch Umbau

Schüler, Eltern, vor allem aber Lehrer können an ihrer bisherigen Schule bleiben, diese aber umgestalten, ihre alten Bildungsziele, Inhalte und Strukturen in Bewegung bringen. Elternrat und Lehrerkollegium können hier viel bewirken. Der Nationale Aktionsplan zur Bildung für nachhaltige Entwicklung (BNE) bietet in Deutschland die Gesetzesgrundlage, nach der sich allerhand günstige Erfahrungen für unsere Erwachsenen von morgen umsetzen lassen. Der BNE ermöglicht auch finanzielle Mittel, um diesen Umbau zu unterstützen. Erfahrene Bildungsakteure wie der Eduventis e. V. eignen sich als externe Partner beim Umbau. Der größte Hebel dafür liegt nicht bei den Zielen und Inhalten, sondern im Verändern der Organisationsstruktur. Ein Wandel der täglichen und wöchentlichen Abläufe, der Stundentafel, eine Neudefinition der Lehrerrolle – all das kann einen Wandel der Kultur und des Miteinanders bewirken.

Die Initiativen »Schule im Aufbruch« in Deutschland und »Schulen der Zukunft« in der Schweiz haben sich zu diesem Zweck gegründet. Sie inspirieren und begleiten Schulen, ihre Kollegien und Träger beim Struktur- und Kulturwandel. In Deutschland haben sich bereits etwa 200 Schulen auf diesen Weg begeben. In Österreich sind es an die 300 Schulen, und auch in der Schweiz gibt es zahlreiche Schulen, die entsprechende Prozesse in Gang gesetzt haben. Jede Schule, die offen dafür ist, kann sich hier Unterstützung holen.

Für die Befreiung durch Umbau braucht es unbedingt

mehrere Mitwirkende. Schulleitung, Lehrerkollegen, Eltern und Schüler sollten an einem Strang ziehen. Der schnellste und effektivste Weg der Befreiung, den Sie sofort und ohne Mitwirkung anderer gehen können, ist jedoch der dritte Weg: die Befreiung durch Haltung. Da dieser Weg auch den meisten Mut erfordert, widmen wir ihm etwas mehr Aufmerksamkeit.

Die Befreiung durch Haltung

Der Leistungsdruck und all seine Folgen gründen auf dem Mythos vom Schulabschluss als Weichenstellung in die Zukunft. Eine gute Zukunft, so heißt es, hängt stark von den Berufschancen ab. Und diese hängen vermeintlich vom Schulabschluss ab. Ein gutes Abitur bietet also eine bessere Zukunft als ein Abi mit Ach und Krach. Ein Abi mit Ach und Krach ist aber immer noch besser als ein Real- oder ein Hauptschulabschluss. Viele glauben, wer ein schlechtes oder gar kein Abitur hat, dessen gute Zukunft sei schon halbwegs eingeschränkt. Der kann zumindest kein Arzt werden. Weniger angesehene Berufe mit geringerer Vergütung und geringeren Karrierechancen bleiben letztlich übrig.

Diese Berufe muss zwar auch jemand ausüben, aber kein Kind soll hinter seinen Möglichkeiten zurückbleiben. Die richtig gute Zukunft gibt's letztlich nur mit richtig gutem Schulabschluss. Der Schulabschluss wiederum hängt von den Schulnoten ab. Und die wiederum hängen von den Klausuren und Tests ab. Die Klausuren und Tests hängen von den Unterrichtsstunden und den Hausaufgaben ab.

Und deshalb muss jedes Kind in den Unterrichtsstunden aufmerksam aufpassen, alle Hausaufgaben sorgfältig erledigen, zu Hause büffeln und in den Tests und Klausuren hervorragende Noten schreiben. Wer das verbockt, hat im Endeffekt fast keine Chance auf eine gute Zukunft. Also: Unterricht, Büffeln, Hausaufgaben, Klausuren, Noten, Abschlussprüfung! Das Dogma der Kindheit.

Dieser Mythos vom Schulabschluss als Weichenstellung in die Zukunft prägt das bisherige Motto elterlicher Lernfürsorge: »Schule geht vor!« Er erzeugte und erzeugt noch immer all den Druck, der die günstigen Erfahrungen im Aufwachsen verhindert. Doch so überraschend es klingen mag, bereits heute lassen sich Schulbesuch und Erhaltung der Lernlust einigermaßen vereinbaren. Dazu ist es nötig, den Mythos aufzulösen und die mentale Macht des Leistungsdrucks zu verringern, indem wir Schulerfolg nicht mehr mit gelingendem Leben gleichsetzen. Schule als Abbild der Lebensrealität hat längst ausgedient. Sollte dies überhaupt jemals gestimmt haben, so ist diese Episode vorbei.

Ohne diesen Mythos wird die Schulzeit handhabbar für Kids und Eltern. Schule verliert dann ihr Monopol auf Bildung. Sie wird zu einer von mehreren Notwendigkeiten, die es im Leben zu vereinbaren gilt. Die Schulzeit wird dann zu einer Lebensphase, die es zu nutzen gilt, ohne unterwegs die Lust am Lernen und Gestalten zu verlieren. Sie wird zu einer Chance. In ihr kann man lernen, wie man die eigene Begeisterung beschützt und mit Konflikten um-

2. Aufwachsen mit Umhang

geht. Und für Lehrer eröffnet sich ohne diesen Mythos ein Berufsalltag, in dem sie beides schaffen können: Lern- und Gestaltungslust entfalten und ihren Dienstauftrag erfüllen. Lehrer wie auch Schüler und Eltern können dann viel leichter und spielerischer mit schulischen Angelegenheiten umgehen. Aus einer druckfreien Haltung heraus können wir Erwachsenen den Kindern dann helfen – solange die Schulstrukturen noch ihre psychologischen Abrichtungsmuster zelebrieren –, unbeschadet durch das alte Gewässer zu schippern und in ihrem Aufwachsen die günstigen Erfahrungen zu sammeln.

Das angstbesetzte Streben nach einem guten Schulabschluss und der daraus entstehende Schulstress sind schon heute vollkommen unnötig, nicht nur für ein gelingendes Leben, sondern auch für den Zugang zu angesehenen Berufen. Dazu gleich ein paar unpopuläre Fakten. Also, Achtung: In wenigen Minuten stirbt ein Mythos.

Leute, schaut mal, sie bauen den Zirkus ab

Wir werden den Mythos jetzt Schritt für Schritt abbauen. Wir demontieren ihn wie ein riesiges Zirkuszelt. Zirkus Mythos. Hier werden die Löwen dressiert, gelobt und bestraft. Sie tanzen in der Manege, und das Publikum klatscht. Sie entfremden sich ihrer eigenen Natur, ihre wahre Stärke tritt dabei kaum zutage. Aber die Show geht weiter, muss weitergehen. Mitunter vollbringen sie wahre Kunststücke. Draußen in der freien Wildbahn aber könnten sie mit ihrer speziellen Ausbildung mittlerweile kaum überleben. Der Zirkus selbst besteht aus nichts weiter als einer Zeltplane, einem Gerüst und Seilen, die ihn halten. Zuerst kappen wir die Seile.

Glauben Sie wirklich, ohne Erfolg im Schulunterricht blieben Kinder »dumm«, nicht lebensfähig? Wir wissen inzwischen: Die Arbeitswelt von morgen rekrutiert nicht mehr nach Schulerfolg und Schulabschlüssen, sondern nach Persönlichkeit, Können und Wollen. In unserer Arbeit mit Ausbildungsbetrieben bewegen wir uns in verschiedensten Branchen. Wir haben mit der Industrie ebenso zu tun wie mit Handel und IT. Seit mehreren Jahren erleben wir bei der Bewerberauswahl dieser Unternehmen flächendeckend eine deutliche Tendenz hin zur Persönlichkeit der Bewerber und deren Fähigkeiten im Umgang mit anderen Menschen – und weg von der Bedeutung von Schulnoten im Abschlusszeugnis.

Die Deutsche Bahn schaut bereits seit 2013 nicht mehr auf Schulnoten. Stattdessen führen die Bewerber einen Online-Test durch, der zeigen soll, wie sie so drauf sind, wie engagiert und interessiert sie sind. Das geht schnell und macht jeden Bewerber interessant. Zwar sollen sie noch einen Schulabschluss nachweisen. Es spielt aber keine Rolle, wie gut oder schlecht die Noten darin sind.

Auch bei Siemens setzt man auf sogenannte Online-Assessments. Zeugnisnoten haben daneben zwar noch eine gewisse Relevanz, sind aber schon seit 2009 immer weiter in den Hintergrund getreten.

Die Drogeriemarktkette dm gilt aktuell als einer der be-

2. Aufwachsen mit Umhang

liebtesten Ausbildungsbetriebe Deutschlands. Als wir nachfragen, worauf bei ihrer Auswahl von Nachwuchskräften der größte Wert gelegt wird, verrät man uns: »Die Ansprüche der (jungen) Menschen an die Arbeitswelt ändern sich, und die Persönlichkeit der Mitarbeiter sowie deren soziale Kompetenzen erlangen immer mehr Wichtigkeit. Diese Eigenschaften sind für unsere Kernaufgaben, besonders in den dm-Märkten, ein wesentlicher Bestandteil, daher wird im Rahmen unserer Bewerberauswahl darauf viel Wert gelegt. Zudem stellt die Persönlichkeit eine gewisse Grundausstattung eines jeden dar und kann nur schwer verändert beziehungsweise erlernt werden, im Gegensatz zu Fachkenntnissen, die bei Bedarf grundsätzlich leichter erworben werden können.« Statt Eignungstests werden bei dm Gruppengespräche geführt, um einander kennenzulernen. Die passenden Bewerber werden dann zu einem Schnuppertag eingeladen. Danach treffen beide – Bewerber und Betrieb – ihre Entscheidung.

Die Bahn, Siemens, dm, das sind drei große deutsche Arbeitgeber. Mittlere und kleine folgen ihrem Beispiel. Sie achten auf Interesse und Engagement der jungen Nachwuchskräfte. Sie suchen Leute, die wollen. Das ist es, was in Unternehmen heute und ganz sicher auch in Zukunft zählt. Motivation, Persönlichkeit und zwischenmenschliche Fähigkeiten werden im Berufsleben unserer Kinder die größte Bedeutung haben. Und so etwas lässt sich nicht von Zeugnissen ablesen. Zensuren gelten deshalb in einigen Unternehmen schon heute nur noch als informatives Beiwerk im Bewerbungsverfahren. Und der Trend, weg von Schulnoten, geht rasant voran. Die sich wandelnde Arbeitswelt braucht nämlich mehr Gestalter als Wissensträger. Noch wichtiger als Fachwissen und spezielles Können sind ihnen die Fähigkeiten der Bewerber im Umgang mit sich selbst, mit ihren Aufgaben und mit ihren Mitmenschen. Um ihre Geschäftsmodelle in die digitale Zeit zu transferieren und ihre globalen Probleme in den Griff zu kriegen, suchen Unternehmen Leute, die ihre Ellenbogen einfahren und miteinander ko-kreieren können, Leute, die mutig um die Ecke denken, die proaktiv handeln, anstatt zu fragen, welche Seite sie als Nächstes aufschlagen sollen. Unternehmen und Betriebe haben begriffen, dass heute niemand mehr »fertig ausgelernt« ist, sie ermöglichen deshalb ihrer Belegschaft lebenslanges Lernen. Sie entwickeln sich aus diesem Grund mehr und mehr zu Lernorten.

Dieser Wandel entsteht aus der Digitalisierung des Arbeitsmarkts. Im ersten Teil wurde gezeigt, wie relevant menschliche Eigenschaften für das Arbeiten im 21. Jahrhundert werden. Doch noch eine zweite Schere ist am Werk, die die Seile am Zirkuszelt durchtrennt: Sie hat mit Demografie und Fachkräftemangel zu tun. Weil es nicht genügend Bewerberinnen und Bewerber gibt, verlieren Schulnoten als Auswahlkriterium an Bedeutung. Große und kleine Ausbildungsbetriebe können es sich nicht mehr leisten, Bewerber voreilig wegzuschicken. Statt zu prüfen: »Ist der Bewerber gut genug?«, fragen Personalverantwortliche sich daher eher: »Passt er zu uns, könnte er hier zu

2. Aufwachsen mit Umhang

der Fachkraft werden, die wir suchen? Und kann es uns gelingen, dass er lange bei uns bleibt?«

So, die Seile sind ab. Als Nächstes demontieren wir im Zirkus Mythos das Gerüst. Stange für Stange ziehen wir unter der Plane hervor. Oder anders gesagt: Selbst bei den angesehensten Berufen unserer Gesellschaft ist das Abitur unbedeutender, als Sie vermutlich glauben. Es kann nämlich jeder Arzt werden, wenn er es denn wirklich will. Oh doch. Wer diesen Beruf inständig ergreifen will, der kann dies heute tun. Das geht sogar mit einem Vierer-Abitur. Dafür gibt es verschiedene Wege. Einer davon ist eine Bewerbung an der privaten Universität Witten/Herdecke. Mit einem außergewöhnlichen Auswahlverfahren betrachten sie dort jeden Studienbewerber individuell und vergeben ihre Studienplätze ohne Numerus clausus. Ein anderer und kostenfreier Weg ist der Zugang zum Studium über Wartesemester. Zwischen sechs und acht Jahren seit Schulabschluss dauert aktuell die Wartezeit in Deutschland. Dann kommt jeder, auch mit einem Vierer-Abitur, zum Zug.

Eine dritte Alternative ist ein Studium im europäischen Ausland, etwa in der Slowakei. Auch hier wird kein bestimmter Abiturdurchschnitt vorausgesetzt. Nach dem ersten Staatsexamen ist oft der Wechsel an eine Universität in Deutschland möglich. Er ist nicht ganz einfach, gelingt aber meist. Wenn nicht, dann wird im Ausland zu Ende studiert. Für die anfallenden Studiengebühren und den Lebensunterhalt helfen relativ hoch verzinste Studienkredite. Diese können Auslandsstudierende bei der ein oder anderen Bank in Deutschland erhalten und später von ihrem relativ hohen Arztgehalt zurückzahlen.

Sie sehen, entscheidend ist der Wille, es wirklich durchzuziehen. Viele von Ihnen wurden bestimmt schon von Ärzten behandelt, die einst ein Vierer-Abitur hatten. Haben Sie es jemals bemerkt?

Das waren noch halbwegs bekannte Nachrichten. Was aber wirklich wenige Leute, ja, oft nicht einmal Ärzte wissen: Ihr Kind kann in Deutschland auch ohne Abitur Arzt werden. Ja, Sie lesen richtig, das geht. Im Jahr 2017 haben laut dem Online-Portal »Studieren ohne Abitur« bundesweit 14 595 Personen ohne Abitur oder ohne Fachhochschulreife ein Studium begonnen, 1679 davon in Humanmedizin und Gesundheitswissenschaften.

Die Variante wird Dritter Bildungsweg genannt und heißt, dass der Zugang zum Studium möglich ist, wenn jemand eine Berufsausbildung abgeschlossen, einen Meisterabschluss oder gleichwertige Aufstiegsfortbildung erlangt hat.

Der Arztberuf ist nur ein Beispiel von vielen begehrten Professionen, die heute auf mehr Wegen als weithin bekannt ergriffen werden können. Nichts ist also dran an der verbreiteten Annahme, nur mit Abitur hätten unsere Kinder eine freie Berufswahl. Die Wahrheit ist: Egal, mit welchem Abschluss sie die Schule verlassen – solange sie eine innere Orientierung haben und wissen, was sie aus ihrem Leben machen wollen, können sie nahezu jeden Beruf erlangen, den sie sich wünschen.

2. Aufwachsen mit Umhang

Und nun, nachdem wir auch das Gerüst entfernt haben, fegen wir noch die schlaffe Zeltplane des Zirkus Mythos vom Boden.

Viel Druck entsteht nämlich auch durch die Bildungsempfehlung, die in Grundschulen ausgesprochen wird. Eltern betrachten sie noch immer als Weichenstellung für spätere Zukunftschancen. Leistungsdruck entsteht außerdem dadurch, dass die zentralen Schulabschlussprüfungen vom Staat festgelegt werden und Eltern der Meinung sind, ihre Kinder müssten bis dahin alles auf dem Kasten haben, um eine solche Abschlussprüfung zu bestehen. Einteilung des Lernens im eigenen Tempo ist nicht möglich. Mithalten ist angesagt. Wir bieten eine andere Sichtweise an, um uns alle auch von diesem Druck zu befreien.

Klar ist nun, keiner braucht zwingend das Abitur, um zu studieren. Wer es aber doch haben will, kann sich entspannen: Auch hier bestehen mehrere Möglichkeiten. In Deutschland gilt eine gesetzliche Schulpflicht von elf bis zwölf Jahren, je nach Bundesland. Nach Ende dieser Schulpflicht können alle Abschlüsse allgemeinbildender Schulen selbstständig erworben werden. Das steht seit vielen Jahren im Schulgesetz und wird in den verschiedenen Bundesländern Externenprüfung, Schulfremdenprüfung oder auch Nicht-Schülerprüfung genannt. Zuständige Ansprechpartner dafür sind die jeweiligen Schulämter. Die Kosten für solch eine externe Prüfung liegen zwischen null Euro und 350 Euro. In der Regel kostet eine externe mittlere Reife weniger als ein externes Abitur. Die Vorbereitungen, um diese Prüfungen zu bestehen, sind Sache des Prüflings. Er kann drei Wochen, drei Monate oder auch drei Jahre damit zubringen, ganz wie es ihm beliebt.

Falls Sie die Externenprüfung in Erwägung ziehen, hier ein paar Worte zum rechtlichen Rahmen, bezogen auf Deutschland. Nach neun bis zehn Jahren Vollzeit-Schulbesuch – meist sind die Schüler dann fünfzehn Jahre alt – besteht in allen Bundesländern nur noch eine Teilzeitschulpflicht. Diese dauert je nach Land zwei bis drei Jahre oder bis zum achtzehnten Lebensjahr an. Sie kann auf vielfältige Weise erfüllt werden. Klassische Wege sind die Berufsausbildung mit Besuch der Berufsschule, das Berufsvorbereitungsjahr, das Berufsgrundjahr und, Achtung, das Gymnasium. Ja, auch nach Abschluss der mittleren Reife besteht die Variante zum Abitur an einem Gymnasium. Außerdem erkennen die Behörden auch den Bundesfreiwilligendienst #BuFDi, das Freiwillige Soziale Jahr #FSJ, #FSJKultur, das Freiwillige Ökologische Jahr #FÖJ oder Praktika im In- oder Ausland an. Diese Formate lassen sich auch hintereinanderknüpfen.

Wenn Ihr Kind kein Gymnasium, kein Berufsgymnasium, keine Fachoberschule oder Ähnliches besucht, dann spart es seine zwei Abiturversuche eben für später im Leben auf. Wir haben mit zahlreichen jungen Menschen gesprochen, die diesen Weg im eigenen Tempo beschreiten. Sie alle wählten eine der genannten Möglichkeiten, um nicht in Konflikt mit der Teilzeitschulpflicht zu geraten. Nach

2. Aufwachsen mit Umhang

dem Ende der Schulpflicht, also zum Beispiel mit neunzehn Jahren, kann jeder Mensch, der nicht Schüler einer Schule oder anerkannten Ersatzeinrichtung ist, ein externes Abitur ablegen, auf das er sich in der für ihn passenden Weise und Dauer vorbereitet. Man meldet sich in dem Land, in dem man wohnt, zur Prüfung an, geht am betreffenden Tag hin, beantwortet dort die Fragen auf dem Zettel und geht anschließend wieder hinaus. Und falls es nicht geklappt hat, gibt es noch einen zweiten Versuch. Die Details lassen sich bei den jeweiligen Schulbehörden erfragen.

Insgesamt können wir sagen: Jedes Kind hat die Option, das Abitur auch nach der Schulzeit zu machen und danach direkt zu studieren. Es ist nicht an den Besuch des Gymnasiums gekoppelt. Schüler können beispielsweise den gymnasialen Unterricht auch bis zum Ende der zehnten Klasse mitnehmen, die mittlere Reife erwerben, das Gymnasium verlassen, zwei bis drei Jahre lang etwas anderes machen und sich dann selbstständig auf das Abitur vorbereiten. Den richtigen Zeitpunkt dafür können Menschen frei wählen. Worauf wir hier hinweisen, ist kein Trick, sondern simples deutsches Recht. #LifeHack

Das mag nun gut klingen. Aber schaffen sie das Abitur dann auch? Wenn sie sollen, sicher nicht. Aber wenn es ihnen etwas bedeutet, sie die Herausforderung selbst wählen, dann stehen die Sterne günstig. Wer keine Kindheit unter Druck verbracht hat, sondern seine Lernlust bis ins Jugendalter bewahren konnte, wer hier und da gelernt hat, ein Thema zu recherchieren und Dinge durchzuziehen, auch wenn es mal schwierig wird, der wird als Jugendlicher auch in der Lage sein, sich dieses Abitur zu holen.

Wer dies nicht allein machen will, dem sei der Verein »ABINOM« im baden-württembergischen Freiburg empfohlen. Jugendliche zwischen siebzehn und einundzwanzig haben sich hier vor einigen Jahren zu einer Lerngemeinschaft zusammengeschlossen, um sich gemeinsam auf ihre externen Prüfungen vorzubereiten. Sie nehmen sich dafür zwischen einem und drei Jahren Zeit. Dafür haben sie nebenberufliche und pensionierte Lehrer engagiert, die sie von Herzen gern und achtsam unterstützen. Sie treffen sich in kleinen Gruppen in ihren Vereinsräumen, arbeiten in familiärer Atmosphäre und motivieren sich dabei gegenseitig. Die Organisation übernehmen die Jugendlichen komplett selbst. Neben dem Abi-Stoff lernen sie dabei noch, Verantwortung zu tragen. Sie finanzieren das alles über Spenden und Mitgliedsbeiträge, die weit unter den Beiträgen freier Schulen liegen.

Auch »Methodos« in Freiburg bietet solch eine Lerngemeinschaft an, weitere etablieren sich derzeit in ganz Deutschland. Methodos und ABINOM sind wunderbare Beispiele dafür, wie Jugendliche ihr Ziel selbst in die Hand nehmen, ganz ohne Gymnasium. Wer selbst so eine Lerngruppe gründen möchte, kann sich für Tipps gern an die Mitglieder von ABINOM wenden. #Nachmachen

2. Aufwachsen mit Umhang

Impulse für den Alltag

Erkennen Sie als Eltern hier die Ähnlichkeit zum Führerschein? Niemand von uns würde im Grundschulalter einen Gedanken daran verschwenden, ob das eigene Kind in sieben Jahren mal einen Führerschein erwerben wird, weil dieser so wichtig für sein späteres Leben ist. Wenn es dann eines Tages den Wunsch äußert, Auto fahren zu dürfen, unterstützen wir es und besprechen gelassen den geeigneten Zeitpunkt, die geeignete Lernform, den Ort, den Lehrer, die Dauer, den Turnus. Und drücken ihm die Daumen.

Genauso entspannt können wir es auch mit dem Abitur halten. Studieren geht auch ohne Abi, das Abi geht auch ohne Gymnasium. Ihrem Kind stehen in Deutschland alle Wege offen. Es gibt keinen Grund, die ausgesprochene Bildungsempfehlung in der vierten Klasse als wegweisend für das Leben zu erachten. Das ist vollkommen unnötig. Also geben wir ihr nicht länger diese große Bedeutung, die ihr in Wahrheit ja überhaupt nicht zusteht. So befreien wir uns Eltern und unsere Kinder von dem Leistungsdruck und von den negativen Auswirkungen auf das Selbstbild, die diese Bildungsempfehlung oft in der Kindheit erzeugt. Die Entscheidung über Schulart und Bildungsgang dürfen wir Eltern gemeinsam mit unseren Kindern nun statt nach Kriterien des Schulerfolgs mit freiem Blick auf sein gelingendes Leben treffen. Kein Schulabschluss wird das Leben eines Kindes so stark beeinflussen wie das Selbstbild, das es bis dahin von sich erschaffen hat, die Art, in der es sich in

Teil II Der Anfang von Bildung fürs Leben

die Gemeinschaft eingebunden fühlt, und die Leichtigkeit, mit der es dann neue Herausforderungen anpackt.

Wir dürfen seine Schulzeit daher beruhigt gestalten, seine Schulart und seinen Bildungsgang anhand dessen wählen, wo es voraussichtlich die entspannteste Kindheit, die meiste Freude, die stabilsten Freundschaften und die größten Gestaltungsmöglichkeiten (Projektarbeit, Exkursionen, Feste) haben wird. Wie gelassen wird es die Zensurengebung in der jeweiligen Schulform erleben? Gibt es ältere Schüler, die für jüngere da sind? Wie viel Raum für Spiel gibt es im Leben des Kindes, wenn es diesen oder jenen Bildungsgang besucht? Die erhaltene Bildungsempfehlung brauchen wir zu Hause nicht mal zu erwähnen – höchstens beiläufig, als weiteren Impuls, nachdem wir mit unserem Kind, mit den Eltern seiner Freunde und auch mit seinen Mentoren gesprochen haben. Wir können ihm eine wunderbare Kindheit während der Schulzeit ermöglichen. #HalbSoWild

Gute Schulabschlüsse sind eine gute Sache, wenn Schüler sie entspannt erreichen. Niemals sollten solche Abschlüsse auf Kosten ihrer Lernfreude, ihres Selbstwertgefühls oder ihrer Verbundenheit gehen. Es ist absolut unnötig und schädlich, unsere Kinder entsprechend zu trimmen. Die Qualität des Miteinanders und der Zeit, die sie in ihrer Schulzeit erleben, ist relevanter für deren Zukunft als gute Prüfungsergebnisse. Und wenn unsere Kinder dann »groß« sind und sie es als junge Erwachsene für sinnvoll halten, einen besseren Abschluss zu erlangen, können wir sie dabei

2. Aufwachsen mit Umhang

unterstützen, dieses Projekt zu realisieren. Haben sie bis dahin ihre innere Orientierung ausgeprägt und ihre Lust am Lernen erhalten, werden sie sich jedes benötigte Wissen und Können aneignen können und passende Zugänge zu beruflichen Chancen finden. Ganz gleich, welche Noten da einst auf einem Zettel standen.

Natürlich können wir es weiterhin für wichtig erachten, unseren Kindern in jungen Jahren möglichst viel Nützliches zu vermitteln, damit sie sich in verschiedenen Wissensgebieten auskennen. Dieses Ausbildungsideal ist legitim. Aber es wird nur wenig zu einem gelingenden Leben beitragen. Dieses wird eher wahrscheinlich, wenn wir ihnen ermöglichen, sich darüber bewusst zu werden, wie sie beschaffen sind und wie sie sich auf eine ko-kreative Weise mit anderen verbinden können, um gemeinsam Großes zu vollbringen. Erst nachdem unseren Kindern diese Vorbildungsleistung ermöglicht wurde, können wir uns auf Wissen und Können konzentrieren. Ohne den ersten Schritt kann ihre Bildung und Erziehung nur ein Unterfangen von Anpassung und Normierung bleiben. Und als normierte, angepasste Bewerber haben sie am Arbeitsmarkt immer weniger Chancen.

Ihren normierenden und entfremdenden Schulalltag können Kinder mit Bestnoten bewältigen. Dass sie danach aber um 15:00 Uhr nach Hause kommen und sich vor lauter Ermattung so leer und stumpf fühlen, dass sie keinerlei Antrieb mehr verspüren, sich schöpferisch zu betätigen, widerstrebt ihrer Natur. Die Arbeitswelt, die sie erwartet, braucht kaum mehr angepasste Pflichterfüller. Die Gewöhnung an solch einen Alltag verbaut unseren Kindern schon heute ihre beruflichen Perspektiven, keine Bestnote kann das mehr wettmachen. Wenn wir ihnen aber ein neues Aufwachsen im Alltag ermöglichen, erschafft das für sie auch eine neue gesellschaftliche Realität. #Heldengesellschaft

Ein Beispiel (wenn Sie Eltern von Fünft- oder Sechstklässlern sind, kennen Sie vielleicht Situationen wie diese):

Die ganze Familie kommt nach einem langen Tag relativ spät nach Hause. Die Eltern haben ihr Kind noch von seinen Freunden abgeholt. Der Tag neigt sich dem Ende zu. Ein kurzes Abendbrot, danach bereiten sich alle allmählich darauf vor, ins Bett zu gehen. Kurz vor dem Zudecken fällt dem Kind ein, dass am nächsten Tag eine Klausur ansteht, für die es noch gar nicht gepaukt hat.

Wie würden Sie damit umgehen?

Sie könnten sofort Ihren Unmut äußern, sich aufregen, Ihr Kind für seine Schusseligkeit kritisieren. Sie könnten mehr Disziplin und Verantwortungsbewusstsein von ihm einfordern. Sie könnten die Situation eskalieren lassen. Sie könnten Ihr Kind dazu zwingen, und sei es noch so müde, vor dem Einschlafen noch eine Stunde lang zu pauken. Den Tag würden Sie auf diese Weise entzweit beenden. Ihr Kind würde wahrscheinlich mit einer negativen Stimmung einschlafen und sich alleingelassen fühlen. Am nächsten Morgen könnten Sie es noch mit einem strengen Blick und dem Appell, sich aber ja ordentlich anzustrengen, auf seinen Schulweg verabschieden.

2. Aufwachsen mit Umhang

Sie könnten das Ganze aber auch anders gestalten. Sie könnten die Sache »klein halten«, sich mit ihrem Kind für fünfzehn Minuten konzentriert zusammensetzen, um die wesentlichen zwei bis drei Klausurfragen herauszufinden. Diese könnten Sie dann kurz und in guter Stimmung gemeinsam pauken, um eine realistische Mindestnote zu erreichen. Die Angst vor einer schlechten Note wird Ihrem Kind damit genommen. Sie geben ihm einen Gutenachtkuss, sagen ihm, dass Sie immer zu ihm halten, komme, was wolle. Ihr Kind wird einigermaßen gut und mit dem Gefühl von Sicherheit einschlafen. Am nächsten Morgen könnte es halbwegs entspannt zur Schule aufbrechen. Es wäre so fähig, sein Bestmögliches in der Klausur abzurufen.

Eine dritte Möglichkeit wäre, noch am Abend eine Betreuung für den kommenden Tag zu organisieren, sodass Sie Ihr Kind im Rahmen der rechtlichen Möglichkeiten von der Schule freistellen können. So verschaffen Sie ihm Zeit, um mit Online-Lernplattformen wie Khan Academy oder Schlaukopf in aller Ruhe zu Hause für die Klausur zu trainieren. Zusätzlich könnten Sie auch einen Lernbegleiter engagieren, der das Ganze ein wenig unterstützt. In der Schule könnte sich Ihr Kind dann später selbstständig um einen Nachschreibetermin für die Klausur kümmern, den es gut vorbereitet wahrnimmt.

Fallen Ihnen noch weitere Wege ein, um mit dieser Situation umzugehen? Nur zu. Jede Möglichkeit, Ihr Kind vom Leistungsdruck zu befreien, begünstigt seine Bildung für ein gelingendes Leben.

Teil II   Der Anfang von Bildung fürs Leben

Aufgrund der gesetzlichen Schulpflicht ist es in Deutschland noch nötig, dass wir unsere Kinder in Schulen mit dem alten preußischen Bildungsideal schicken. Das müssen wir tolerieren. Aber die innere Haltung, mit der wir sie dorthin schicken, ist der Hebel zur Veränderung. Die körperliche Anwesenheit in den Schulgebäuden bedingt kein Mitlaufen im Leistungsdruck. Unseren Fokus können wir auf eine gute Kindheit legen, ein gelingendes Leben und die günstigen Erfahrungen, die dazu beitragen. Kurz gesagt, es geht beim Aufwachsen um nichts Wichtigeres als um die positiven Aspekte von Gemeinschaft, Lernfreude und Gestaltungslust und die Ausprägung von innerer Orientierung. Die Bildungsempfehlung für das Gymnasium und gute Vornoten beim Abi sind dafür nicht relevant. Kultivieren wir diese Haltung in unserer Familie, ist der Leistungsdruck für unsere Kinder Schnee von gestern. Genau wie ein abgebauter Zirkus.

Schule mit anderen Augen sehen

Jetzt, wo der Mythos begraben ist, können wir unsere alte Schule ganz neu betrachten. Jetzt, wo wir den ganzen Zirkus vom Schulerfolg nicht mehr mitmachen, können wir in aller Gelassenheit neu bestimmen, welchen Stellenwert wir der Schule im Leben unserer Kinder einräumen. Wie wollen wir diese Schulzeit gestalten? Was an unserer Schule halten wir für wertvoll?

Betrachten wir die Schule nicht mehr unter dem Leistungsaspekt, erkennen wir an ihr einige Aspekte, die zu

2. Aufwachsen mit Umhang

einem gelingenden Leben durchaus beitragen können. Diese können wir verstärken, mehr Wert auf sie legen, sie vervielfältigen. Damit verschaffen wir unseren Kindern ein günstigeres Aufwachsen, als wenn wir einzig das System kritisieren. Denn ohne den Zirkus um den Schulerfolg hat die Institution Schule ihr Monopol auf die Bildung unserer Kinder verloren. Nun bestimmen wir selbst, worum es beim Aufwachsen geht. Schule ist nun eher eine Ergänzung auf diesem Weg. Ein zwar etwas in die Jahre gekommener, aber wohlwollender Partner, der unseren Kindern trotz aller Kritikpunkte noch eine Menge Gutes zu bieten hat.

Es ist nämlich eine große Errungenschaft, dass es überhaupt Orte gibt, wo unsere Kinder zusammenkommen können – meist kostenfrei –, wo sie andere Kinder und Jugendliche verschiedenen Alters treffen, Freundschaften schließen und Konflikte austragen können, wo sie Klassenfahrten und Wandertage erleben, Projekttage mit Auftritten und Kuchenbasaren, Schulfeste und Weihnachtsfeiern. Es sind Orte, wo sie Verantwortung übernehmen können, etwa im Schulsanitätsdienst oder in Schülerfirmen, Orte, wo für alle eine Verpflegung organisiert wird, wo es Licht, Heizung und irgendeine Form von Möblierung gibt sowie Personal, das auf allgemeine Sicherheit achtet. Weiterhin gibt es in Schulen viele gute Fachleute, die sich mit einzelnen Kindern befassen, die ihr Wohl im Blick haben, die bei besonderem Bedarf sogar in interdisziplinären Teams zusammenkommen und darüber beraten, was ein Kind braucht. Sie können staatliche Hilfen mobilisieren und sogar Eltern bei

Problemen unterstützen. Vor allem an Förderschulen wird in dieser Hinsicht vielerorts wertvolle Hilfe geboten.

Und das ist noch nicht alles, was wir an Schule wertschätzen. In den letzten Jahren haben wir immer wieder Schüler und Eltern erlebt, die die Schule gerade aufgrund ihrer Rückschrittlichkeit als Erfahrung zum Ausprägen einer inneren Orientierung nutzen. Das klingt zunächst erst mal widersprüchlich. Wir meinen das so: Schule als hierarchische Institution, die in ihren Mustern noch immer einer gut funktionierenden Anstalt ähnelt – lange Gänge, abgeteilte Zimmer und Kabinette, portionierte Aufmerksamkeit –, bietet einigen Kids einen extremen Gegensatz zu ihrer außerschulischen Lebenswelt. In den Familien, von denen wir hier sprechen, erleben die Schüler zu Hause kaum eine Ähnlichkeit mit den schulischen Alltagsmustern. Nicht im familiären Umgang, nicht in den Berufstätigkeiten ihrer Eltern. Den Schultag erleben sie als Blase, die nur noch wenig mit ihrem Leben zu tun hat.

Diese Familien kultivieren den Unterschied und begreifen Schule als Erprobungsfeld für das Ausgestalten der inneren Orientierung ihrer Kinder. Die Kids sagen offen ihre Meinung, sie unterlaufen die Anpassungstendenzen dieser veralteten Institution – nicht aggressiv, sondern indem sie eine eigene Haltung einnehmen, ihre Schülerrechte kennen und wahrnehmen, Stellung beziehen. Auf diese Weise kanalisieren sie ihre jugendliche Rebellion, indem sie lernen, eigene Werte zu formulieren.

Gelten solche Schüler als unbequem? Bei einigen Lehrern

2. Aufwachsen mit Umhang

sicherlich. Andere wiederum bestärken ihren heranreifenden Mut. Bei Mitschülern stehen sie meist hoch im Kurs. Weil sie »ihr Ding machen«, sich nicht alles gefallen lassen.

Wie schaffen die Schüler das? Woher nehmen sie die Kraft? Ganz klar: Sie haben das Gefühl, nichts befürchten zu müssen. In einer Zeit des Freiwerdens, wie sie im ersten Teil beschrieben wurde, ist der Schulbesuch ein Zwangskontext, der aber mehr und mehr aufweicht. Diese Schüler wie auch ihre Eltern sind sich bewusst über das Gewaltverbot an Schulen, das in unserer Gesellschaft inzwischen flächendeckend gilt. Auch seelische Gewalt ist keine Option mehr. Die Eltern informieren sich und ihre Kinder gründlich darüber, welchen Handlungsspielraum Schulleitungen und Lehrer haben und welchen nicht. Häufig pflegen sie zudem gute Beziehungen zu einigen Lehrern ihrer Kinder. Ein solches Maß an Aufgeklärtheit macht es einer Institution aus dem alten Jahrtausend sehr schwer, ihr Korsett aufrechtzuerhalten.

Noch eine zweite Komponente fiel uns in diesen Familien auf. Die Eltern bieten ihren Kindern zu Hause einen absolut sicheren Hafen. Sie geben ihrem Kind bedingungslose Liebe, die es sich nicht zu verdienen braucht. Ihr Credo lautet: »Wir halten immer zu dir, auch wenn du Fehler gemacht hast. Denn wir lieben dich.« Durch diesen Rückhalt werden Kinder mutig, sie mischen sich ein, wenn sie sehen und erfahren, wie sie oder andere gedemütigt oder unfair behandelt werden. Familien, die so gestrickt sind, kommunizieren viel auf der Gefühlsebene. Statt zu fragen: »Und, wie war die Schule heute?«, erkundigen sich die Eltern auf diese Weise: »Ging es heute fair zu?«, »Hattest du Spaß?«, »Was hast du erlebt auf dem Weg zur Schwimmhalle?« Gab es Ärger, so fragen sie: »Wie zufrieden bist du damit, wie du in diesem Moment gehandelt hast?« Nach geschriebenen Tests interessiert die Eltern nicht so sehr die mögliche Note, eher: »Und, wie entspannt bist du heute im Test geblieben?«, »Was hat dir Druck gemacht? Wie hast du versucht, den loszuwerden?«, »Was ging dir leicht von der Hand?«, »Welche Vorgehensweise hat dir genützt?« Das Kind spürt durch solche Fragen das Interesse der Eltern an seinem Befinden und seinem Zurechtkommen. Der Notenvergleich hat in diesen Familien, wenn überhaupt, nur untergeordnete Relevanz. #Nebensache

Entfalten ohne Leistungsdruck

Viele Familien ermöglichen ihren Jugendlichen nach Beendigung der Schulpflicht heute ein Gap Year. Das Gap Year ist die elterliche Erlaubnis, einige Zeit der eigenen inneren Orientierung zu widmen – befreit von allen Karriereerwartungen. Die Jugendlichen nutzen diese Zeit ganz verschieden, mit Reisen, Work and Travel oder Au-pair. Sie produzieren einen Film, besuchen eine Kunstschule oder jobben. Wenn uns auch der Begriff der »Lücke« (Gap) unangemessen erscheint, kann so eine Phase eine wunderbare Sache sein. Nämlich dann, wenn die Jugendlichen, eingebunden in eine Gemeinschaft, sinnstiftenden Aufgaben nachgehen. Hier können sie selbst gewählte Herausforderungen

2. Aufwachsen mit Umhang

anpacken, einschneidende Erfahrungen sammeln und vor ihrem Einstieg ins Berufsleben ihre Lern- und Gestaltungslust wiederentdecken, erstes eigenes Einkommen generieren, innere Klarheit erlangen, Lebensentwürfe vergleichen. Die Gap-Year-Jugendlichen und ihre Familien lassen das Dogma vom nahtlosen Lebenslauf los. Genießen, Sich-Vergnügen und Lernen sind in dieser Zeit genauso wertvoll wie Kontakte knüpfen und Dinge erschaffen.

Suchen Sie als Eltern für Ihre jüngeren Kinder einen nicht formalen, aber dennoch betreuten Rahmen zum Ausleben ihrer Schöpferkraft, können Sie zum Beispiel fündig werden bei Malorten. Hier können sich Kinder mit Farben spontan ausdrücken, ihre Ergebnisse spielen dabei keine Rolle; sie werden weder bewertet noch kommentiert. Beim Malen leben sie ihre Freude am Spielen aus. Malorte können Sie vielerorts im deutschsprachigen Raum finden. Und dort, wo Sie keinen finden, können Sie selbst einen eröffnen und sich vom Gründer Arno Stern dafür ausbilden lassen. Wenden Sie sich dazu an den Malort e.V.

Durch die Schulzeit schippern

Die Zeit einer Schule, die für ein gelingendes Leben stark macht, wird kommen. Bis dahin können wir Eltern unseren Kindern die Schulpflicht und die Zustände in den Bildungseinrichtungen nicht ersparen. Aber wir können dafür sorgen, dass sie nicht mehr dem Leistungsdruck ausgesetzt sind, dass seine selektierende Wirkung größtenteils verpufft. Die Schulzeit kann so auch heute zu einer guten Sache wer-

Teil II Der Anfang von Bildung fürs Leben

den. Kritisieren, rügen, loben oder lieben wir unsere Kinder nicht wegen ihrer Noten. Zeigen wir bedingungslose Liebe und Akzeptanz. So helfen wir ihnen, ihre Lust am Lernen und Gestalten zu bewahren. Dann schippern wir Hand in Hand mit unseren Kindern durch die Schulzeit. Begreifen wir sie in erster Linie als soziales Erprobungsfeld. Auf diesem können Kinder herausfinden, was für Menschen sie in dieser Welt sein wollen und was für welche nicht. Lassen wir sie in ihren Einrichtungen anecken, mitreden, sich einmischen und dabei ihre Würde bewahren. Stärken wir sie, wenn's draußen stürmisch zugeht, und lassen wir sie ausruhen im sicheren Hafen. Vertrauen wir auf ihre Schöpferkraft. Dann kann Schule wenig Schaden anrichten, ihnen sogar nützen für ein gelingendes Leben.

Ausgewählte Initiativen

Schulentwicklung:
  www.schule-im-aufbruch.de
  www.schulen-der-zukunft.org
  www.eduventis.org

Externer Schulabschluss:
  www.abinom.de
  www.methodos-ev.org

2. Aufwachsen mit Umhang

Schulen:
- www.waldorfschule.de
- www.montessori-deutschland.de
- www.aktive-schule-potsdam.de
- www.ev-schule-zentrum.de

Freilerner:
- www.freilerner.de
- www.schulfrei-community.de

Homeschooling:
- https://de.khanacademy.org
- www.schlaukopf.de

Entfaltungsräume:
- www.malort-verein.de

Gap-Year-Optionen:
- www.solidaritactskorps.de
- www.weltwaerts.de
- www.afs.de
- www.yfu.de
- www.aupair.com

Teil II   Der Anfang von Bildung fürs Leben

Die Befreiung für Lehrer durch Haltung

Die Schule mit anderen Augen zu betrachten lässt uns allerhand Gutes an ihr erkennen. Dazu gehören vor allem auch die Lehrer, zumindest ein großer Teil von ihnen. Wir wissen, wovon wir sprechen, und haben höchste Wertschätzung für das, was Lehrer täglich leisten. Wir brauchen sie dringend, und sie verdienen unsere größte Unterstützung. Für das Fortbestehen unserer Demokratie sind sie entscheidend. Erst recht in Zeiten gesellschaftlicher Umbrüche sind sie wichtige moralische Instanzen für die junge Generation.

Besonders hervorheben möchten wir die »analogen« Lehrer, die wenig technikaffin sind und sich im Digitalisierungswahn mitunter als »altes Eisen« wahrnehmen. Gerade sie sind jetzt gefragt, um zwischenmenschlichen Umgang zu kultivieren, um ethische Folgen abzuschätzen. Zum Verständnis von Massenbeeinflussung, Mitbestimmung und Minderheitenschutz bedarf es keiner Programmiersprache. Ihre Lebenserfahrung aus dem 20. Jahrhundert ist ein rares Gut. Es wird heute und in den nächsten zehn Jahren dringender gebraucht als je zuvor. Denn wird diese Quelle einmal versiegt sein, wird keine Generation diesen Schatz jemals wieder bergen können. Digitale Bildung muss aktuell in einem Zusammenhang mit gesellschaftlicher Ethik und Demokratie gesehen werden. Deshalb braucht sie jeden Lehrer, ob mit oder ohne Tablet. Die Technik sollte den Kollegen überlassen werden, die sich dafür begeistern können. #Scharnierphasenlehrer

2. Aufwachsen mit Umhang

Das öffentliche Bild des Lehrers hierzulande ist schlechter, als es sein sollte. Viele Lehrer leisten gute Arbeit aus guten Gründen. Das einzige Problem ist nur der schon erwähnte Konflikt: Der Auftrag, die Schützlinge zu selektieren, und der geringe soziale Freiraum im straffen Alltag widerstrebt vielen. Jene, die glauben, aufgrund der Strukturen ständig gegen ihr inneres Anliegen handeln zu müssen, werden selbst zu Objekten dieser Strukturen. Und das macht auf Dauer krank. Die meisten Lehrer starten mit Idealen. Viele geben sie jedoch irgendwann auf.

Zum Glück ist aber längst ein Paradigmenwechsel im Gange. Mehr und mehr Lehrer erkennen, dass diese Strukturen nicht starr sind. Und mehr und mehr Lehrern gelingt es, ihre Ideale zu bewahren. Sie verfügen über eine innere Klarheit darüber, was für Lehrer sie sein wollen. Ständig treffen wir sie in unserer Arbeit an Schulen. Wir nennen sie Lehrer mit Begeisterung. Trotz aller Widrigkeiten halten sie am Kern ihrer Ideale fest. Sie sind hungrig geblieben. Sie geben Schülern intellektuelle und emotionale Anstöße und dämmen die abrichtenden Effekte der Schulstrukturen auf ein Mindestmaß ein. Ihnen ist es zu verdanken, dass dieses veraltete Schulsystem immer noch halbwegs verantwortungsvolle Menschen hervorbringt. #LehrerMitBegeisterung

Teil II   Der Anfang von Bildung fürs Leben

Impulse für den Alltag

Wie steht es eigentlich um Ihre Ideale? Sind Sie so ein Lehrer mit Begeisterung? Wären Sie es gern? Waren Sie es mal?

Bis unsere Schulen flächendeckend dem Wandel in die Freiheit folgen, brauchen wir alle Geduld. Wie bleiben Sie als Lehrer bis dahin bei Kräften? Wie schaffen Sie Ihren Stoff, kommen zu den Noten in all der knappen Zeit und beschützen dabei noch Ihre berufliche Begeisterung? Wenn Sie Lehrer sind und sich das gerade fragen, hilft Ihnen vielleicht folgende kleine Gedankenübung: Stellen Sie sich vor, Sie blicken am Ende Ihrer Tage auf Ihr Leben zurück – wie gelungen werden Sie das Gelebte empfinden? Was werden Sie hinterlassen, bewirkt, erschaffen haben? Wie viel Sinn werden Sie erkannt, wie viel Freude geteilt, wie viel Tiefe werden Sie empfunden haben? #MomentderWahrheit

Sie können sich jetzt entscheiden: Wollen Sie in diesem Moment der Wahrheit auf ein Leben zurückschauen, in dem Sie dem Bewahren gedient haben? Oder wollen Sie Entwicklung und Veränderung ermöglicht, junge Menschen für ihre abenteuerliche Zukunft stark gemacht haben?

Vor keiner geringeren Frage stehen Sie heute als Lehrer. Sie können die Antwort beispielsweise vor Ihrem Spiegelbild formulieren. Und die Entscheidung können Sie nur persönlich treffen. Keine Schulbehörde, keine Schulleitung, keine Kollegin wird sie Ihnen abnehmen. Sie können sich entscheiden, jetzt den Stress, ihren »Stoff zu schaffen«, los-

2. Aufwachsen mit Umhang

zuwerden. Sie können die Dehnbarkeit der Lehrpläne ausschöpfen, Sie können vernachlässigen, was nicht zwingend prüfungsrelevant ist. Sie können sich entscheiden, Ihren Schülern stattdessen die günstigen Erfahrungen für ein gelingendes Leben zu ermöglichen. So entstehende Lücken im Stoff werden Ihre Schüler bei Bedarf später selbst füllen, da auf diese Weise ihre Lernlust erhalten bleibt.

Sie können sich auch dazu entscheiden, die Wege einfallsreich zu wählen, auf denen Sie zu den Noten gelangen, die man von Ihnen verlangt. Diese Wege können Sie Ihren Schülern transparent machen. Falls jemand Sie damit konfrontieren sollte, dass der Notenspiegel Ihrer Klasse nicht der Gauß'schen Normalverteilung entspricht, erzählen Sie diesem Menschen, worum es Ihnen geht – und schenken Sie ihm dieses Buch. Sie können auch Ihren Umgang mit der Anwesenheit von Schülern bewusst abwägen. Denn Fehlen ist nicht immer gleichbedeutend mit Schulverweigerung, und Schulverweigerung ist nicht immer gleichbedeutend mit Kindeswohlgefährdung. Wenn heute bundesweit freitags Schüler streiken und demokratisches Engagement ausüben, geraten einige Lehrer und Schulleiter in einen Gewissenskonflikt. Für viele fühlt es sich richtig an, was die Schüler tun, für einige nicht. Hier zeigt sich das Auseinanderdriften gesellschaftlicher Realität und staatlicher Ordnungssysteme.

Wir wollen Sie ermutigen. Als Lehrer haben Sie das Kindeswohl im Blick. Sehen Sie das gefährdet, melden Sie natürlich sofort jedes Fernbleiben vom Unterricht. Erkennen Sie

Teil II   Der Anfang von Bildung fürs Leben

jedoch, dass ein Schüler, dem es offensichtlich gut geht, dessen Elternhaus stabil und liebevoll ist, der nicht versetzungsgefährdet ist, einige Male im Unterricht fehlt, weil er sich für seine Zukunft einsetzt oder mit seinem Großvater einen Steinofen im Garten fertig mauert, ist die Lage eine andere. Fühlen Sie sich ermuntert, Ihren Entscheidungsspielraum maximal auszunutzen, bevor Sie blind Anweisungen befolgen und Meldung machen. Sie könnten den Schüler bitten, einen kleinen Aufsatz über die Statik beim Ofenmauern zu schreiben, der ihn zu seiner Note bringt. Im Schulalltag halten Sie als Lehrer (und auch als Schulleiter) mehrere solcher Hebel in der Hand. Als Lehrer können Sie also durchaus Ihren Dienstauftrag erfüllen, Zensuren pünktlich zur Notenkonferenz beisteuern, ohne die Schüler ihrer Lernlust zu berauben. Sie können einen Schulalltag erschaffen, der Schülern hilft, ihre Lernlust zu behalten. Die erwähnten acht von zehn Lehrern können dann endlich alle wieder das machen, worum es ihnen eigentlich geht. Informieren Sie auch Ihre Schüler, Ihre Schulleitung und die Eltern Ihrer Klassen darüber, was für Sie zählt. Dann wissen diese, woran sie bei Ihnen sind. So können Sie aufrecht durch Ihren Schulalltag gehen.

Damit wir uns richtig verstehen: Dies hier ist kein Aufruf zum dienstlichen Ungehorsam. Vielmehr eine Einladung zu einer neuen pädagogischen Ethik. In Zukunft werden wir mehr Lehrer mit Begeisterung brauchen, die bei Kräften sind und ihren Job lieben. Sehen Sie in den Spiegel und entscheiden Sie selbst. Wenn Lehrer und Schulleiter bewusst

2. Aufwachsen mit Umhang

souverän mit der Überwachung der Schulpflicht umgehen, wenn sie autonom entscheiden, gleicht das einem historischen Moment, als schon einmal staatliche Systeme nicht mehr zur Lebensrealität der Bevölkerung gepasst hatten.

Bei den Montagsdemonstrationen 1989 in Leipzig, als Menschenmassen auf die Straße drängten, hatten viele Polizisten ihre Mitbürger nicht gewaltsam aufgehalten und verhaftet, obwohl sie an einigen Montagen dazu angewiesen worden waren. Unsere heutige Situation in den Schulen ist weit weniger brenzlig. Doch was die persönliche Ethik betrifft, ist die Lage sehr ähnlich. #Emanzipation

Wenn Sie sich den Zwängen und Regularien Ihres Alltags ausgesetzt fühlen, so liegt die Befreiung daraus in Ihrer Emanzipation. Schauen wir uns dazu den Lehrermarkt an. Der Fachkräftemangel im Lehrerberuf gleicht dem der Programmierer in Wirtschaftsunternehmen. Personalabwerbung mit allen erdenklichen Methoden ist im »War for Talents« an der Tagesordnung. IT-Spezialisten können wahnsinnige Forderungen stellen, die Arbeitgeber auch bereitwillig erfüllen. Sie können sich im Arbeitsleben ziemlich viel erlauben, bevor sie abgemahnt, gerügt oder auch nur schräg angesehen werden. Die Schule ist ein komplett anderes Metier, hat aber ähnliche psychologische Muster. Schulbehörden sind dermaßen in der Bredouille, dass sie in einigen Bundesländern begonnen haben, Lehrer von freien Schulen anzurufen und abzuwerben – Zustände wie in der Wirtschaft.

Als Lehrer befinden Sie sich nicht in einer unterlegen

Position, das können Sie getrost vergessen. Sie können Ihre persönliche Haltung an Ihrer Schule realisieren, auch wenn veraltete Strukturen dem augenscheinlich im Weg stehen. Wenn Sie begründen können, warum bestimmte Dinge Ihnen so viel bedeuten, werden Sie in den meisten Fällen auch den Freiraum dafür erhalten. Und falls nicht, können Sie jederzeit zur nächstbesten freien oder staatlichen Schule wechseln. Sie können freie und staatliche Schulen gegeneinander ausspielen. Die Schulbehörden und -träger wissen das. So radikal das auch klingen mag: In Zukunft werden Menschen nur noch dort arbeiten, wo sie sich wohlfühlen. Besonders gilt das im Lehrerberuf. Und wie jedes Wirtschaftsunternehmen wird auch jede Schule an Qualität und Größe verlieren, die es nicht schafft, dass die dortigen Lehrer sich wohlfühlen – in materieller wie ideeller Hinsicht. Wirtschaftsunternehmen haben das alles längst begriffen. Die Schulen beginnen gerade damit, es zu begreifen. Denken Sie als Lehrer daran: Sie sind der Gestalter Ihres Berufs. Nur Mut. #TrauDich

2. Aufwachsen mit Umhang

Ausgestattet mit Umhang: Wie die Reise gelingt

Fünf Erfahrungen haben wir mit Ihnen geteilt, die uns als günstige Ausstattung für ein gelingendes Leben aufgefallen sind. Wenn Heranwachsende sich als Subjekte ihres Lebens wahrgenommen fühlen, wenn ihnen in ihrem Aufwachsen hin und wieder Mentoren zur Seite stehen, die an sie glauben, wenn sie die Herausforderungen, mit denen sie ihre Zeit verbringen, selbst wählen können, bedeutsame Anliegen formulieren und sich zu Anlässen mit anderen zusammenschließen können, sodass sie gemeinsam über sich hinauswachsen, und wenn sie durch diese Herausforderungen und durch das Feedback anderer Menschen ab und an Momente der Selbstgewissheit erfahren – dann hüllt sich dieser reichhaltige Erfahrungsschatz wie ein schützender Umhang um ihre Schultern.

Was die Zukunft unseren Jüngsten bringt, wissen wir nicht. Wer aber so aufwächst, dass er solche günstigen Erfahrungen in seiner Kindheit und Jugend befreit von äußerem Leistungsdruck sammeln kann, dessen natürliche Lust am Lernen und Gestalten wird ihn beflügeln, dessen innere Orientierung wird ihn leiten, dessen Verbundenheit mit sich selbst und anderen wird ihn tragen. #BildungFürsLeben

3. Wahre Geschichten: Bildung mitten im Leben

Nachdem wir Ihnen die fünf günstigen Erfahrungen vorgestellt haben, wollen wir Ihnen auch zeigen, wie diese sich im wahren Leben darstellen. Dafür haben wir drei wahre Geschichten* von Menschen aufgeschrieben, die wir in den letzten Jahren kennenlernen oder begleiten durften. Sie alle sind keine Ausnahmegestalten, sondern ganz normale Menschen. Ihre Geschichten sind mitten aus dem Leben gegriffen, und in den letzten Jahren haben wir etliche ähnliche Biografien miterlebt.

Wir erzählen Ihnen diese drei Geschichten und betrachten anschließend, welche der günstigen Erfahrungen wir daran erkennen können, wie es dazu kam und wie sie sie in ihrem Leben genutzt haben. Dabei tauchen wir mitunter tief in einzelne Entwicklungsschritte dieser Menschen ein. Hinter der Fassade ihres Verhaltens erkennen wir ihre Bildungsprozesse, die stattgefunden haben oder noch immer stattfinden. So können Sie sich eine möglichst konkrete

---

* Die meisten Namen der beteiligten Personen und Institutionen haben wir aus Rücksicht auf Privatsphäre und Ruf geändert.

3. Wahre Geschichten

Vorstellung davon machen, welche »gute Bildung« sich in diesen Geschichten ereignet und wie Sie Ihrerseits solche Erfahrungen bei Kindern und Jugendlichen erkennen und ermöglichen können.

Teil II   Der Anfang von Bildung fürs Leben

Konstantin

An einem späten Nachmittag treffe ich (Mitch Senf) im Büro der Hero Society unseren Kollegen Konstantin. Er kommt gerade von einem Schulworkshop zurück und hat mir zugesagt, mir heute seine Geschichte zu erzählen.

Als Konstantin elf war, besuchte er die sechste Klasse am Gymnasium. Seine Mutter war Verwaltungsangestellte, sein Vater Chirurg. Er war ein wohlerzogener Junge, tat stets das, was sich gehörte, lieferte überall gute bis sehr gute Leistungen ab. Seine typische Woche bestand damals aus Schule, Hausaufgaben, zweimal wöchentlich Fußball, Klavier- und Akkordeonunterricht, samstags dann Punktspiel, sonntags Gottesdienst mit der Familie. Seine einzige ungeplante Tätigkeit waren Computerspiele. Online-Games. Hier gab es Überraschendes zu erleben, hier galt es, Missionen zu erfüllen, Schlachten zu schlagen, Land zu erobern, Siedlungen und Städte zu errichten, Paläste zu bauen. Seine Strategie und sein Mut zum Risiko waren hier gefragt. Er spielte das so gern. Und er erreichte dabei Top Levels und Scores.

Jedes Mal, wenn er eine Schlacht gewonnen, eine Stadt errichtet hatte, fühlte er sich so wohl wie damals im Kindergartenalter, als er am Strand Sandburgen gebaut hatte. In diesem Wohlgefühl konnte er stundenlang am Computer versinken. Und das tat er auch. Immer wenn »Zeit war«,

3. Wahre Geschichten

vor allem abends vor dem Zubettgehen. »Ich zockte länger und länger. Ab und an stand ich nach dem Gutenachtsagen heimlich wieder auf und zockte weiter.« Im Alter von zwölf Jahren spielte er dann so lange, dass er zu wenig schlief, unkonzentriert und aggressiv wurde. Seine Eltern begannen, sich Sorgen zu machen. #Suchtverhalten

Eines Tages lud ihn ein Klassenkamerad ein, mit zum Breakdance zu kommen. Was war das? Nie gehört. Neugierig begleitete Konstantin ihn, und gemeinsam gingen sie nach Schulschluss in die benachbarte Turnhalle, wo Mike – ein sportlicher Typ Anfang zwanzig mit Basecap und blitzblanken weißen Sneakers – eine Handvoll Jungs zum Breakdance einlud. Was Konstantin dort sah, veränderte sein Leben. Die Beats, die Stimmung, die Gemeinschaft. Bewegung, Salto, Freeze. Beine über Kreuz. Mike drehte auf dem Kopf. Die Jungs um ihn herum hockten am Boden, Hände nach vorn, begannen zu toben, alle im Takt. »Go Mikey! Go Mikey!« O mein Gott, der Typ war echt krass. Dann sein Kumpel mitten im Kreis, stand auf der Schulter, Beine ganz hoch. Fiel. Drehte sich. Die anderen grölten. Wechsel im Takt. Der Nächste klatschte ab.

So etwas hatte Konstantin noch nie zuvor erlebt. Im Rausch der Musik waren hier alle miteinander verbunden. »Ich raffte das nicht. Woher wussten die, was als Nächstes kommt? Wer dran ist? Mike war der Kern. Doch es gab keinen Plan. Es flutschte einfach irgendwie.« Jeder gab hier jedem Anerkennung. Ging etwas schief, schien das überhaupt keinen zu stören. Konstantin war baff. Von diesem

Teil II   Der Anfang von Bildung fürs Leben

Moment an wollte er nichts sehnlicher, als Teil dieser Gemeinschaft sein. »Immer dienstags. Immer hier in der Turnhalle.«

Konstantin erzählte zu Hause seinen Eltern davon. Es sprudelte nur so aus ihm heraus. Er handelte aus, von nun an dienstags, sein einziger terminfreier Nachmittag der Woche, zu Mikes Session gehen zu dürfen, solange die Schulnoten nicht darunter »litten«. In der Session bei Mike konnte er selbst bestimmen, was er lernen wollte.

Das Training in der Fußballmannschaft hatte ihm auch Spaß gemacht. Aber das hier war noch viel besser. Keiner triezte ihn, außer er sich selbst – und zwar so richtig. Konstantin übte die Bewegungen so oft und ausgiebig, bis sie ihm gelangen. Niemand brauchte ihn dazu aufzufordern oder zu loben. Er tat es für sich selbst, aus eigenen Stücken. Jedes Mal, wenn etwas gelang, fühlte er sich erfüllt. So motiviert war er lange nicht mehr gewesen. Er hatte das Breakdance für sich entdeckt, richtig Feuer gefangen. Er bat Mike um Breakdance-DVDs, um zu Hause in seinem Kinderzimmer zu üben. Dort trainierte er täglich. Dienstags, zur Session, zeigte er Mike und den anderen, was er Neues draufhatte. In den nächsten Monaten wurde er dadurch immer besser.

Eines Tages verletzte er sich beim Fußballtraining den Knöchel. Sein Bein musste geschient werden. Während der Wochen der Heilung konnte er nicht tanzen. Dennoch spielte er kaum Computer, sondern sah sich Tanzvideos an und ging dienstags mit seinem geschienten Bein und den

3. Wahre Geschichten

Gehhilfen weiterhin zu den Sessions bei Mike, um zuzusehen und dabei zu sein. Computerspiele spielte er inzwischen nur noch selten. Seiner Mutter fiel das auf, und sie freute sich darüber. »Schön, dass der Junge etwas hat, das ihn rausholt aus dem Zimmer. Dass er wieder weiß, wo am Computer der Aus-Knopf ist.«

Breakdance war unwiderstehlich geworden. »Dabei habe ich mich so frei gefühlt, so lebendig. Und das verdrängte all den anderen Kram.« Mehr und mehr vernachlässigte Konstantin das Fußballtraining und die Musikschule. Schließlich gab er beides ganz auf. Seine Eltern konnten das akzeptieren, solange es in der Schule lief. Und das tat es. Zwar hatte er in Klasse sechs auch während des Unterrichts mehr und mehr Tanzbewegungen im Kopf, träumte und schweifte gedanklich ab. Aber seinen Noten tat das noch keinen Abbruch. Hin und wieder breakten die Jungs nun auch in der Schule, in den Hofpausen. In den anderen Klassen sprach man seither über sie.

Seine Mutter erkannte ihn nicht wieder und fragte ihn eines Tages: »Mensch Junge, was ist denn mit dir passiert? So zielstrebig habe ich dich noch nie erlebt.« Er begann es zu lieben. Training. Erschöpfung. Erfüllung. Mike erkannte, dass er mehr wollte. Im Alter von dreizehn Jahren ließ er Konstantin über den Tellerrand blicken und nahm ihn mit in die Szene. Zu Shows, zu Battles, zu offenen Trainings anderer Crews. Hier entdeckte Konstantin rasch neue Vorbilder. Er war fasziniert von jedem, der besser tanzte als er. So bewunderte er zwei achtzehnjährige Breaker. »Eines

Tages wollte ich so tanzen können wie sie.« Seine Augen funkeln, als er das sagt. »Weißte, zum ersten Mal wusste ich, was ich wirklich selber wollte. Ein richtig guter Breaker sein. Ich sah das vor meinen Augen und wollte einfach nur dahin.« Zu dieser Zeit ahnte er nicht, wie sehr er dieses Wollen einmal brauchen würde.

In der Schule ließ seine Konzentration nach. Er interessierte sich nicht mehr sehr für Brüche und Prozente. Fliehkräfte, Takte und Anatomie lockten ihn mehr. Seine Eltern mahnten ihn hin und wieder. »Deine Turnerei ist okay. Aber behalte die Schule im Blick, Junge!«

Konstantin hatte gerade von den Atzen drüben aus dem Osten der Stadt gehört. »Die hatten dort im Jugendclub angeblich ein paar echt krasse Breaker am Start. Auch Newcomer, ungefähr in unserem Alter, vielleicht schon eine Liga drüber, aber darauf wollten wir es ankommen lassen. Ein eigenes Battle anzetteln. Das war was. Ich hab Tornado dann einfach über SchülerVZ angeschrieben und den und seine Crew direkt herausgefordert.« Freitag. 17:00 Uhr. Jugendclub. »Bringt Leute mit. Ihr werdet sie brauchen. Solche Töne hab ich gespuckt. O Mann. Was hatten wir uns da nur eingebrockt!« Dann kam der Freitag. Jetzt war Battle. Zwei Crews. HipHop-Tempel. Vierzig Leute. Wilde Meute. Geile Moves. Hexenkessel. Das Publikum wählte den Sieger.

Als ich frage, wie es ausging, grinst Konstantin und winkt ab. »Na ja. Sie waren eine Liga drüber. Aber egal, das war ein Wahnsinnserlebnis für uns. Und die ganze

3. Wahre Geschichten

Szene sprach drüber. Haufenweise Gerüchte gingen rum. Wir waren auf der Landkarte.«

Von da an gab es kein Halten mehr. Von dem Battle angestachelt meldeten sich Konstantin und seine zwei Freunde zum Breakdance Championship für nächstes Jahr an, einem der größten Ereignisse für junge Breaker in Deutschland, mit mehr als einhundert Tänzern aus verschiedenen Städten. »Und damit war auch klar, wir brauchten einen Namen. Einen richtigen. Wir waren die Neuen, die von außen kamen.« Moves from the Outside – so ein grandioser Name würde sie in alle Ewigkeit tragen. Ihr Training wurde in den kommenden Monaten fokussierter, konkreter, sie waren motivierter denn je. »Wir mussten unbedingt synchron werden. Es war fast so, als lebten wir fürs Training.«

Die Sessions bei Mike konnten Konstantins Hunger inzwischen nicht mehr stillen. Neue Kids waren dazugekommen, die erst am Anfang standen. Eine ganze Weile ging er noch hin. Nicht um zu lernen, sondern um anderen Kids zu helfen, ihre Moves zu verbessern. Konstantin war inzwischen vierzehn, und mehr und mehr zog es ihn hinaus in die Szene, wo eigene Schlachten auf ihn und seine Crew warteten. Auch innerhalb der Crew unterstützte er seine Freunde in deren tänzerischer Entwicklung. So wurden sie gemeinsam besser und besser, und Mike verstand nur zu gut, dass die Jungs irgendwann nicht mehr zu den Sessions kamen. Sie trafen ihn jetzt bei den Battles, an den Treffpunkten des harten Kerns. Dort, wo die Lokalmatadore waren. Konstantin und seine Jungs waren hier mittlerweile akzeptiert, hatten schon mehrere kleine Auftritte. »Wir rockten auf Jugendweihen und Geburtstagen und so. Mit eigenen Choreografien und eigenen Sounds.«

Die Crew florierte. Sie waren ein aufstrebender Stern in der Stadt. Sie teilten sich die Aufgaben, denn jeder von ihnen hatte eine bestimmte Superkraft. Einer klärte die Termine ab, sprach mit den »Veranstaltern« und dealte die Gagen – ja, sie bekamen manchmal sogar Geld fürs Tanzen. »Er blieb voll hartnäckig, um immer noch 'nen Zehner mehr auszuhandeln.« Der andere kümmerte sich um Fotos und Videos. Er filmte ständig und lud ihre Aktionen sogar auf YouTube hoch. »Damit hatten wir damals voll die Nase vorn.« Und Konstantin wählte die Musik aus. Er schnitt sie zusammen und dachte sich ihre »Choreos« aus. Fünf, sechs, sieben, acht, Beats schneiden bis Mitternacht, die Choreo sitzt im Takt, der Junge ging richtig ab. Wahre Theaterszenen schwirrten den halben Tag lang durch seinen Kopf. Er hatte seine reinste Freude daran zu erspüren, wie die Zuschauer in einen erregten Zustand versetzt werden konnten.

Der große Termin nahte. Ihre Musik war fast fertig, die Moves hatten sie drauf. Alle wussten, dass sie als Newcomer teilnehmen würden. In diesen Wochen trainierten sie härter denn je. Sogar seinen fünfzehnten Geburtstag verbrachte Konstantin weitgehend mit Training. Er und die Jungs zahlten täglich mit Blut und Schweiß für ihren Traum, beim Breakdance Championship einen der vorde-

3. Wahre Geschichten

ren Plätze zu belegen. Richtig gute Breaker sein. In diesem Sommer ging es um alles.

Dienstag vor dem großen Tag flogen zu Hause die Fetzen. Konstantin hatte in der Schule Fünfen in Folge kassiert und war nun versetzungsgefährdet. Deshalb hatte ein Lehrer seinen Vater angerufen. Der war außer sich. »Schluss mit dem Unsinn… Schlag dir die Flausen aus dem Kopf… Erst die Schule, dann… Mit dem Turnkram kriegst du keinen Job, Junge.«

Der Tag, an dem das Breakdance Championship 2009 stattfinden sollte, war angebrochen. Die Jungs waren in Bestform. Neue Sneakers. Fresher Look. Das Event war der Hammer. So viele Crews aus so vielen Städten, Lokalmatadore und landesweite Berühmtheiten. Alle waren hier. Auch Mike. Er hing bei der Jury ab, kannte einfach jeden. Der Moderator ließ die Menge einzählen: »Three, two, one, let the Battle begin.« Und schon pumpte der Beat jeden Rest von Lampenfieber beiseite. Etliche Runden wurden getanzt. Crew gegen Crew. Triumph und Niederlage. Ringsum alle Breaker im Kreis. Von jung bis alt. Anfänger und Profis. Dazu Muttis, Vatis, kleine Minis mittendrin. Es war eine herrliche Stimmung im Saal. Als der Tag sich dem Ende neigte, fieberten alle der Siegerehrung entgegen. Die Crews lechzten nach ihren Platzierungen, und jeder war gespannt, wem die Jury in diesem Jahr den Titel des »Besten Tänzers« verlieh.

Teil II   Der Anfang von Bildung fürs Leben

Diese jungen Talente hatten alles gegeben. Der DJ stoppte die Platte. Der Beat verstummte. Die Menge starrte auf den Moderator. Gebannte Stille in der Halle. Die Matadore standen wie Säulen im Kreis. Sie verschränkten die Arme, fixierten ihren Blick. Vor ihnen kauerten die Jüngsten mit aufgerissenen Augen. Der Moderator schritt zur Jury und übernahm den Zettel, auf den alle hier warteten. Auf ihm stand der Name des besten Tänzers 2009 und wartete darauf, verkündet zu werden. Konstantin hatte auf diesen Tag seit vier Jahren hingearbeitet. Sein Herz pulsierte.

Der Moderator waltete seines Amtes. Er faltete den Zettel auseinander und führte sein Mikrofon zum Mund. »Bester Tänzer« – alles schwieg – »des Breakdance Championship 2009« – die Spannung stieg – »ist« – Pause. Lange Pause. Nun sag schon – »Kon-stan-tin!« Der Moderator schmetterte seinen Namen so fanfarenhaft heraus, dass es alle bis in die hintersten Winkel der Halle hören konnten.

Konstantin sprang auf. Seine Freunde umarmten ihn von allen Seiten. Freudentränen. Der Moderator zog ihn ins Rampenlicht und riss seinen Arm nach oben. Der DJ droppte den Beat. Die Menge tobte wie wild. All der Jubel galt ihm, und jedem war klar, was diese Ehrung bedeutete. Konstantins Herz pochte vor Stolz und pumpte sein Blut mit Hochdruck durch die Adern. Er begriff kaum, wie ihm geschah, und für einen kurzen Moment dachte er: Wenn doch meine Eltern das jetzt sehen würden …

3. Wahre Geschichten

Als Crew waren Konstantin und seine Freunde schon im Halbfinale rausgeflogen. Sie hatten alles gegeben, gut harmoniert. Doch für die vorderen Plätze hatte es nicht gereicht. Jetzt aber freuten sich alle einfach nur mit ihm. Bester Tänzer des Jahres war der Ritterschlag für jeden Newcomer in der Szene.

Auf der After-Show-Party lernte Konstantin Franzi kennen. Sie bewunderte ihn für das, was er war, und binnen kurzer Zeit kamen die beiden zusammen. Die folgenden Wochen waren ein einziger Rausch für ihn. Er war beliebt, fühlte sich selbstsicher, brachte die Leute andauernd zum Lachen. Auf jede Party wurde er eingeladen, und nicht nur Franzi schien seine Gegenwart zu genießen. »Ich lief wie auf Wolken. Konstantin hier, Konstantin da. Alle feierten mit mir, ich hatte 'ne Menge Spaß.«

In seiner Breakdance-Crew wurde es währenddessen still. Das gemeinsame Ziel hatten sie nicht erreicht. Allein Konstantin hatte den Zenit erklommen. Was konnte jetzt noch kommen? Nächstes Jahr erneut antreten? Einer der Jungs zog dann mit seinen Eltern in die Nachbarstadt. Seine Mutter hatte dort einen neuen Job angenommen. Der zweite Freund kam seitdem immer seltener zum Training. Und da war ja auch noch Franzi. Allmählich zerbröselte die Crew.

Durch Franzi kam Konstantin mit ihrer Clique in Kontakt. Er lernte dort neue Leute kennen, und gemeinsam verbrachten sie nun mehr und mehr Zeit in diesem Kreis. Ein paar Leute nahmen andauernd dieses Zeug. Crystal

Teil II   Der Anfang von Bildung fürs Leben

Meth. Sie luden ihn ein, und ohne viel zu überlegen, zog er mit. Franzi gefiel das zwar nicht, aber was war schon dabei. »Das machten doch alle.« Und was dann kam, hatte Konstantin noch nie erlebt. Auf Crystal empfand er »eine tiefe Geborgenheit. So, als ob das Universum dich liebt und dich in seinen Schoß bettet. Es gab mir das Gefühl, alles erreicht zu haben. Jedes Streben nach Zielen und Zufriedenheit erledigte sich damit. Ich fühlte, ich bin der Geilste. Ich kann alles. Ich bin gut so, wie ich bin. Auf Crystal hatte ich keinen Antrieb mehr, irgendetwas zu wollen oder für irgendwas zu ackern.«

Kein Wunder, dass in dieser Zeit auch seine Leistungen im Breaken abfielen. Er tanzte schlechter, verlor öfter Battles, nahm mehr Crystal, erzählte mehr und mehr erfundene Geschichten in seinem Tänzerkreis, um sein Ansehen zu wahren. Seinen engsten Tanzfreunden erschien er suspekt, und sie begannen sich deshalb allmählich von ihm abzuwenden. Die Schule vernachlässigte er inzwischen komplett. Seine Eltern gängelten ihn damit, dass sein Abitur ins Haus stünde, machten Druck, wie er das kannte. Doch Konstantin hörte ihnen mittlerweile nicht mehr zu. Im Unterricht schlief er mit dem Kopf auf dem Tisch, nachdem er die Nächte auf Crystal durchgemacht hatte. Verwarnungen von Lehrern und der Schulleitung und selbst die Zeichen von Franzi tangierten ihn nicht. »Ich war der Geilste.«

Ein ganzes Jahr verging, in dem er immer mehr wegkam vom Breaken und in den Crystal-Sumpf geriet. Mehrfach ging er zugedröhnt in die Schule. Er wurde von Lehrern

3. Wahre Geschichten

darauf angesprochen. Ohne Effekt. Nach mehreren Monaten boykottierte er den Unterricht komplett. Alle Maßnahmen der Schule liefen ins Leere. Er war zwar körperlich anwesend, schlief aber in fast jeder Unterrichtsstunde. Nach Ausschöpfung aller Möglichkeiten drohte die Schulleitung ihm schließlich mit dem Schulverweis. Er bekam die letzte Chance einer Anhörung. »Ich sollte mit meinen Eltern gemeinsam antreten und denen allen dann erklären, wie ich mich wieder auf Spur bringen wollte.« Konstantin wusste, würde er nichts unternehmen, so würde er tatsächlich von der Schule fliegen. Der Einladungsbrief hatte zu Hause Streit ausgelöst. »Um an der Schule bleiben zu dürfen, hätte ich meine Karten auf den Tisch packen müssen. Und ich wollte Mutter und Vater auf keinen Fall von den Drogen erzählen.«

Die Anhörung schob er lange vor sich her. Am letzten Abend vor dem gesetzten Termin stand er jedoch kurz davor, sich seiner Mutter anzuvertrauen. Er fühlte sich gerade so allein in der Welt wie noch nie zuvor. Sollte er ihr davon erzählen? Was würde sie von ihm denken? Er holte tief Luft und setzte zum Sprechen an, als sie ihm zuvorkam. »Morgen Klausur… Bla Bla… Zensur… Wie oft willst du es noch vermasseln, weil du zu spät übst? Junge, Vater und ich wollen das Beste für dich. Damit aus dir was Vernünftiges wird. Du bekommst alles, dafür musst du aber schon ein bisschen mehr mitziehen. Du musst einfach in der elften Klasse mehr ranklotzen für die Noten. Von nix kommt nix.« Die Mutter platzte rein. Machte Druck. Und platzte wieder raus. »Ja, Mutsch, ich …« Seine Mutter verließ das Zimmer. »Das war der Moment, als mir klar wurde, dass ich wirklich komplett allein mit der Scheiße war.«

Er erschien nicht zum Termin, und das Ganze eskalierte. Wie befürchtet erhielt Konstantin einen Schulverweis. An einer fremden Schule am Rande der Stadt sollte er seine zwölfte Klasse verbringen. »Ich wusste zu dieser Zeit gar nicht mehr, wer ich eigentlich war.« Konstantin wog inzwischen noch fünfzig Kilo. Ein knochiges Gesicht. Er sah übel aus. Franzi konnte nicht mehr ertragen, wer er jetzt war. Sie machte Schluss mit ihm.

Das war der Nullpunkt. Nach diesem Tag lag er die ganze Nacht lang wach. Ihm graute davor, nach den Sommerferien in einer völlig neuen Schule, in einer völlig neuen Klasse zu beginnen. Höchstwahrscheinlich würde man ihn am ersten Schultag auffordern, sich der neuen Klasse kurz vorzustellen. Was könnte er dann über sich sagen? Die Wahrheit? »Ich bin von meiner alten Schule geflogen. Ich bin auf Crystal und wiege noch fünfzig Kilo. Ich hab so gut wie alles verloren, was mich in den letzten Jahren ausgemacht hat. Ich weiß im Grunde nicht, wer ich eigentlich bin.«

In diesem Moment wurde ihm schlecht. So wollte er keinesfalls gesehen werden, und so wollte er sich auch selbst nicht sehen. Niedergeschlagen durchstöberte er alte Videos seiner Break-Vorbilder und auch seiner eigenen Battles aus den letzten Jahren. Er erinnerte sich, wer er einmal gewe-

3. Wahre Geschichten

sen war. Ein Entertainer, zu dem die Leute aufschauten, einer, der die Menge mitreißen konnte, der von Battle zu Battle besser wurde, jemand, der Ziele hatte. In diesem Augenblick zogen Erinnerungsfetzen an ihm vorbei. Als er Sandburgen gebaut, Computerstädte errichtet hatte, wie ihm seine ersten Moves gelungen waren und wie Mike und alle Kumpels mit ihm darauf abgeklatscht hatten. Als er bester Tänzer wurde! Wie wohl er sich in seiner Haut dabei gefühlt hatte. Er hatte ein richtig guter Breaker sein wollen. #Glory

Er beschloss, seinen alten Mentor Mike anzurufen. »Ich erzählte Mike, dass ich am Arsch war, mich nicht mehr kannte. Der verstand mich und sagte etwas Entscheidendes zu mir: ›Konstantin, ich hab erlebt, wie du dich reingehangen hast. So hart. Bis zur Bestform. Und am Ende hast du gestrahlt. Das hier ist auch so ein Training. Stell dich der Sache. Wenn einer die Kraft dazu hat, das zu meistern, dann du.‹«

Die Sommerferien würden sechs Wochen dauern. Konstantin verkündete Mike gegenüber, dass er in diesem Sommer seinem Bild wieder so nah wie möglich kommen würde. Dann würde er am ersten Schultag in der neuen Klasse aufstehen und sagen können: »Hey, ich bin Konstantin. Ich hatte an meiner alten Schule ein paar Probleme, deswegen mache ich jetzt hier bei euch mein Abi fertig. Ich wohne drüben in Süd, und in meiner Freizeit bin ich Breaker. Ich tanze in Battles und versuche, dabei immer besser zu werden. Ich freu mich, hier zu sein.«

Teil II   Der Anfang von Bildung fürs Leben

In den folgenden Tagen suchte er die alten Trainingsorte auf, traf seine Breaker-Kumpels. Die freuten sich, ihn wiederzusehen, und rasch hatte er seinen früheren Platz in der Gemeinschaft eingenommen. Hier war er jemand. Auch wenn er zuletzt schräg drauf gewesen war, noch immer betrachtete man ihn hier als den mitreißenden, strebsamen Typen, der die Menge begeistern konnte, wenn er tanzte. »Das tat so was von gut.«

Konstantin fand seinen Weg zurück in die Szene, verbrachte wieder viele Tage mit dem Breaken. Um Battles zu bestehen, ließ er auch nach und nach die Finger von dem Zeug, wandte sich von den Crystal-Leuten ab. Nach den Sommerferien begann er seine zwölfte Klasse an der neuen Schule. Und er blieb clean. »Was anderes kam einfach nicht in Frage«, sagt er und grinst mich an. So schaffte er schließlich sein Abi.

Konstantin wurde achtzehn, und tänzerisch war er bald besser drauf als je zuvor. »Männermuskeln, weißte.« Er lacht mir ins Gesicht. »Jetzt ging's mit den Moves erst so richtig ab.« In der Szene war er bald eine feste Instanz, auch begann er, sich überregional zu verknüpfen und sich einen Namen zu machen. So eine Crew wie damals fand er nie mehr, aber in wechselnden Teams und als Solotänzer wurde er ständig gebucht. Er nahm an Battles teil und genoss das Leben als Breaker.

Nach einer Elternberatung und in der großen Erleichterung darüber, dass Konstantin sich wieder gefangen hatte,

3. Wahre Geschichten

überdachten die Eltern ihre Erwartungen und ermöglichten ihm ein Gap Year, als er sein Abi in der Tasche hatte. Sie sagten: »Du kannst ein weiteres Jahr bei uns wohnen. Versuche, einen Kostenbeitrag beizusteuern. Nutze die Zeit, um dich zu orientieren und herauszufinden, was du beruflich machen willst.«

Konstantin wusste, was er wollte: tanzen. Und ein richtig guter Breaker sein. Er wollte aber auch kein Jahr länger seinen Eltern auf der Tasche liegen. So sehr ihm ihr Gap-Year-Angebot half, so sehr wollte er doch unabhängig werden und sein eigenes Geld verdienen. Er begann, in einer Bar zu jobben. Mit wenig Freude. »Für ein paar Kröten servierte ich den Druffis ihre Shots und Energydrinks. Noch vor einem halben Jahr wäre ich da auf der anderen Seite des Tresens abgestürzt. Diese Sinnlosigkeit. So platt und leer. Das widerte mich echt voll an.« Befreundete Breaker erzählten ihm, dass sie zweimal pro Woche in Schulprojekten mitwirkten, dort als Workshop-Leiter Kids mit dem Breaken ansteckten. »Sie begeistern, anzünden und wachrütteln, weißte. Hero Society heißt das. Komm mal mit dahin, das rockt.« Der Gedanke gefiel Konstantin auf Anhieb. Er ließ sich nicht bitten und ging mit zur Hero Society.

Und so kam er zu uns. Seine Begeisterung haben wir damals schnell erkannt. Er erhielt die Möglichkeit, ein paar Schulprojekte als Workshop-Assistent zu begleiten und sich das Ganze anzuschauen. »Das war echt krass. Hier bei der Hero Society waren plötzlich Musiker, Rapper, Fotografen, Modeleute, Artisten, Schauspieler. Kreative aus sämtlichen

Richtungen. Und alle brannten genauso für ihre Sache wie ich. Und alle wollten ihre Begeisterung an Jüngere weitergeben. Das war was völlig Neues, und doch irgendwie vertraut.«

Konstantin fühlte sich schnell wohl in diesem Umfeld. Ziemlich schnell leuchteten seine Augen, nachdem er zwei Kids einen Move ermöglichte und die sich so richtig darüber freuten. Wir boten ihm an, als Lizenztrainer in der Hero Society mitzuwirken. Er sagte zu und nahm an unserer Schulung teil. Nun war er Teil der Sache. Von diesem Zeitpunkt an begann er morgens um sechs aufzustehen, um mit dem Team zu den Schul-Workshops zu fahren. Er schaffte das, weil er es liebte, Breakdance-Workshops zu geben. »Ich wohnte damals noch zu Hause. Als meine Eltern mitbekamen, wie ich wiederholt so zeitig aufstand, um zu diesen Workshops zu fahren, begannen auch sie zu begreifen, dass das hier kein Halligalli war.«

Neben der Schulung durchlief er unser Coaching. Dabei erkannte er, dass er besonders dafür begabt war, vertrauensvolle, tiefe Beziehungen zu Menschen aufzubauen und sich in andere einzufühlen. Bindung, Empathie sowie Kommunikation, gepaart mit einem starken Leistungsdrang, wurden ihm als seine größten Begabungen bewusst. Kaum verwunderlich, dass er rasch brillant wurde im Leiten der Jugendgruppen.

Weil er die Arbeit mit jungen Menschen vertiefen wollte, wünschte er sich einen eigenen Schulkurs. Und mit der nächsten Erfahrungsstufe bekam er ihn. Das Arbeiten mit

3. Wahre Geschichten

Jugendlichen machte ihm große Freude. Wieder konnte er andere in ihrer Entwicklung unterstützen. Wieder hatte er dieses Leuchten in den Augen. Er erhielt regelmäßig Feedback über sein Wirken, lernte die Kunst des Gruppenführens, und er begegnete Menschen, die ähnlich unterwegs waren wie er. Ihm wurde klar, dass sein Beruf mit dem zu tun haben sollte, was ihm so viel Freude bereitete.

Nach anfänglicher Unklarheit beschloss er das Naheliegende: Er wollte studieren, Soziale Arbeit. »Durch die Tätigkeit bei der Hero Society habe ich Klarheit gewonnen und zwei Wartesemester sammeln können. Ich habe mich dann an unzähligen Unis für Soziale Arbeit beworben, weil ich einfach 'ne Zusage wollte. Zwei Unis hatten mir zugesagt.« So zog Konstantin von zu Hause aus, wechselte in eine andere Stadt und begann, auf der Grundlage seiner Begabungen zu studieren. Die Praxiserfahrungen wurden ihm während des Studiums sehr nützlich. Ihm wurde ziemlich schnell bewusst, dass er sich innerhalb des Berufsfelds auf die Arbeit mit Jugendlichen spezialisieren würde.

Heute ist Konstantin fünfundzwanzig und staatlich anerkannter Sozialarbeiter und Sozialpädagoge. Er lebt wieder in Leipzig, gemeinsam mit seiner Lebensgefährtin. Er ist weiterhin Jugendtrainer bei der Hero Society. Die Kids und Jugendlichen lieben ihn. Er betreut unsere Jugendcamps und geht mittlerweile auch an seinen ehemaligen Schulen beruflich ein und aus. Weil er dort Workshops leitet. »Mein Vater hat gegrinst und mir sogar gratuliert, als er das gehört hat.« Konstantin lächelt.

Teil II   Der Anfang von Bildung fürs Leben

Was uns Konstantins Beispiel zeigt

Mutter und Vater wollten das Beste für ihr Kind. Dieses Beste legten sie aus ihrer Weltsicht heraus für ihn fest. Konstantin versuchte wie jedes Kind, den Erwartungen der Eltern gerecht zu werden. Er ging brav zu allen Kursen, funktionierte bei allen Vorführungen und Schularbeiten. Eigene Gestaltungsspielräume kannte er, seit er den Kindergarten verlassen hatte, kaum noch. So machten die Eltern bei aller Liebe ihren Sohn versehentlich zum Objekt ihrer Erwartungen. Sein durchgetakteter Alltag als Kind ließ kaum Raum für selbstbestimmte Gestaltungsmöglichkeiten. Da war nichts, das er entscheiden konnte, nichts zu erobern, kaum Abenteuer, die der Junge doch so sehr gebraucht hätte. Die einzig wahrgenommene Gefahr in seinem Leben bestand darin, den Erwartungen nicht gerecht zu werden. Daher hatten Computerspiele solch hohe Bedeutung für ihn. Hier konnte er ein Held sein, in einer Welt ohne Mami und Papi, ohne Lehrer und Übungsleiter. Ohne äußere Forderungen, die zu erfüllen waren. Bis dato der einzige Weg, den sich seine natürliche Gestaltungslust hatte bahnen können.

Abgelöst werden konnte das Computerspielen erst, als er eine noch bessere, noch direktere, spürbarere Möglichkeit entdeckt hatte. Im Breakdance hatte er die Freiheit, alles selbst zu bestimmen. Die Bewegungsabfolgen auf die Musik zu kreieren und diese dann anderen beizubringen, die Resultate zu sehen, dafür Anerkennung zu erhalten – dies

3. Wahre Geschichten

alles ließ ihn in einem Maße zum Helden werden, jedes Spiel am Computer wurde damit in den Schatten gestellt. Hier konnte er etwas ganz Neues erobern. Etwas, das ihm gehörte. Seine Lern- und Gestaltungslust hatte einen unmittelbaren Ausdruck gefunden.

Seine Eltern hatten dies erkannt und ihm das Breakdancen in ideeller und materieller Hinsicht ermöglicht. Angestoßen wurde dies durch den Mentor Mike, der ihm als Subjekt begegnet war, der keine Erwartungen an ihn gestellt hatte, sondern ihn lediglich immer wieder eingeladen hatte. Konstantin erlebte eine Freiheit in diesen Sessions, die ihm die Musikschule oder das Fußballtraining mit seinen Saisonzielen nicht hatten bieten können.

Er und seine Freunde wollten »richtig gute Breaker« werden. Das war ihr Anliegen. Indem sie sich einen Crew-Namen gaben und sich zu dem bedeutsamen Contest anmeldeten, verpflichteten sie sich einer gemeinsamen Mission – einer selbst gewählten Herausforderung. Die Termine zu Battles und Contests gaben ihnen Anlässe, die Herausforderung konkret anzupacken und umzusetzen, sich zu organisieren und Shows zu erschaffen. Die Breakdance-Szene war für diese Jungs der Türöffner zu ihrer natürlichen Lust am Lernen und Gestalten. Hier lernten sie nicht nur zu tanzen, sondern auch zu recherchieren, zu kopieren und zu modellieren. Indem sie Breakdance-Videos bis in die Nacht hinein analysierten, betrieben sie in jungen Jahren ein wahres Selbststudium. Sie lernten, erste Aufträge und Gagen zu verhandeln, sich zu organisieren, mehrere Personen unter einen Hut zu bringen. Sie lernten, ihren YouTube-Kanal zu gestalten und zu pflegen. Sie erlernten die Präsentation und Selbstdarstellung vor Publikum, lernten, Choreografien zu erfinden und gemeinsam einzustudieren, Musik und Sounds für die Shows zu schneiden, Rhythmen und Zählzeiten anzupassen.

Konstantin entwickelte sogar eine einfühlsame Begeisterung für Dramaturgie, damit »der Zuschauer in einen erregten Zustand« kommt. All dies taten er und seine Freunde aus eigenem Antrieb heraus. Es ging dabei um keine Note, keine Erwartungen Dritter. Es ging um das Erfüllen ihres Anliegens, »richtig gute Breaker« zu sein. Während er die Breakdance-Vorbilder gefunden hatte, dem Fußballverein und der Musikschule entsagt hatte, erschuf er seine Vorstellung davon, was für ein Mensch er in der Welt sein wollte. »Ein richtig guter Breaker« zu werden motivierte ihn intrinsisch und war stärker als alles zuvor, das er den Eltern zuliebe getan hatte. Weil der Moment der Selbstgewissheit seinen Raum bekommen hatte, konnte diese Vorstellung von sich selbst ihm später aus der Krise heraushelfen und ihn seine innere Orientierung wiederfinden lassen. Der Austausch und das gegenseitige Unterstützen mit anderen stillte zudem auch sein natürliches Bedürfnis nach Verbundenheit. Während er nicht allein war, sondern eingebettet in die Gemeinschaft, hatte Konstantin zum ersten Mal im Leben eigene Wege gewählt. Er hatte eigene Resultate auf seine eigene Art erschaffen. Dies führte ihn sogar zur Auszeichnung als bester Tänzer.

3. Wahre Geschichten

Dieses Erfahren von Selbstwirksamkeit war für ihn so einschneidend, dass er später, selbst als das Leben seine Tanz-Crew zerrissen hatte und er auf Abwege gekommen war, von sich aus über Breakdance den Weg zurück zur Gestaltung seines Lebens fand. Er hatte schließlich schon einmal erfahren, wie seine Gestaltungslust ihm gutgetan hatte. Also folgte er ihrem Ruf erneut und schloss sich wieder den Menschen an, bei denen er sich wohlfühlte.

Seine Eltern bemerkten nicht, wie ihr Fokus auf den Schulerfolg sie von ihrem Sohn trennte. Wohlmeinend und engagiert bemühten sie sich, für ihn da zu sein, darauf zu achten, dass aus dem Jungen »etwas Vernünftiges« wird. Aus bester Absicht verleugneten sie dabei, was ihr Sohn bereits war. Ein Junge, der in entscheidenden Momenten seines Lebens den sicheren Hafen des Elternhauses gebraucht hätte, um wieder Halt zu finden und größeren Schaden abzuwenden. Anstelle bedingungsloser Liebe und Akzeptanz kamen vielmehr Förderung, gepaart mit Erwartungsdruck, bei ihm an. Das Tanzen und die Szene-Begeisterung konnten die Eltern nicht als wertvolle Quelle für Perspektiven anerkennen. Sie ermöglichten es zunächst, erduldeten es später, und als es ihre Erwartungen verdrängte, werteten sie es als »Flausen« ab. Dabei waren es genau diese Flausen, die Konstantin eine innere Orientierung verliehen und ihn später sogar aus der Krise retteten. Als wertvoll konnten die Eltern das Tanzen erst Jahre später anerkennen, als Konstantin morgens um sechs aufstand, um zu Workshops zu fahren. Das Frühaufstehen nahmen sie ernst.

Teil II   Der Anfang von Bildung fürs Leben

Konstantins persönlicher Tiefpunkt, der Schulrauswurf, die Trennung der Freundin und der empfundene Verlust seines heimischen Hafens ermöglichen ihm einen Neustart. Nicht mehr zu wissen, wer er war, warf ihn komplett zurück auf die Frage, was für ein Mensch er eigentlich sein wollte. Der Gedanke, sich der neuen Klasse vorstellen zu müssen, nötigte ihn zum Reflektieren. Er musste Stellung beziehen, und hier meldete sich sein Idealbild zu Wort. Die große Diskrepanz zu seinem aktuellen Selbstbild, seine starke Entkoppelung, schmerzte ihn und öffnete ihm die Augen. Aus sich selbst heraus erlebte Konstantin hier einen einschneidenden Moment der Selbstgewissheit. Indem er sich verdeutlichte, wie er in der neuen Klasse auftreten würde, besann er sich darauf, was für ein Mensch er in der Welt sein wollte, auf sein Idealbild von sich selbst, das er in all den zurückliegenden Jahren ausgeformt hatte. Mithilfe alter Videos und dem Zutrauen seines alten Mentors Mike definierte er genauer, wer er sein wollte, und entschied sich für einen neuen Weg.

Solche Momente sind es, die unseren Kindern, wenn wir sie eines Tages nicht mehr beschützen oder retten können, inmitten aller Verführungen ermöglichen, ihre Würde zu bewahren oder wiederherzustellen. An Konstantins Geschichte wird die Bedeutung solch innerer Orientierung besonders deutlich.

In seinem Gap Year wirkte er mit in der Jugendarbeit der Hero Society. Als er hier die Augen zweier Kids zum Leuchten brachte, weil er ihnen einen Move ermöglichte, erlebte Konstantin auf völlig neuem Gebiet eine einpräg-

3. Wahre Geschichten

same Selbstwirksamkeitserfahrung. Wie damals in den Sessions mit seinem Mentor Mike und wie auch in seiner Crew konnte er hier andere in ihrer Entwicklung unterstützen. Das erfüllte ihn mit großer Zufriedenheit. Seinem inneren Antrieb, andere in ihrer Entwicklung zu unterstützen, begegnete er hier erstmalig bewusst. Dies gab ihm erste Auskunft über seine Begabungen.

Sich einen eigenen Schulkurs zuzutrauen war die größte selbst gewählte Herausforderung, die Konstantin sich seit seiner Krise suchte. Die positiven Anregungen als Workshop-Assistent hatten ihn dazu ermutigt. Er hatte erkannt, dass ihm diese Tätigkeit guttat. Eine Reifung seiner Selbstgewissheit, die zur beruflichen Orientierung führte. Zu seinem Anliegen, »ein richtig guter Breaker« zu sein, kam somit ein noch größeres hinzu: Menschen in ihrer Entwicklung zu unterstützen. Hier kann er seither seinen Hang zum Trainieren, zum Verbessern, zur Höchstleistung kombinieren mit dem Begleiten anderer in ihrer Arbeit an sich selbst.

Das Coaching verhalf ihm zur Einsicht, dass das Berufsfeld der Sozialen Arbeit mit Spezialisierung auf die Jugendarbeit ihm den Raum geben würde, sein Anliegen zu verwirklichen. Eine dermaßen scharfe und treffsichere Berufsorientierung hatte ihm erst die intensive Auseinandersetzung mit seinem Wesen und seinem Idealbild von sich selbst verschafft. Durch das Baden in seinem Element, durch zahlreiche Feedbacks aus seinem Umfeld sowie durch das Coaching erfuhr Konstantin sehr viel über sich. Er fand so die innere Orientierung, die ihn langfristig leiten kann. Nicht die Erwartungen seiner Eltern und Bezugspersonen, sondern sein Bild von sich selbst gab ihm die weichenstellenden Antworten.

Breakdance ins Erwachsenenleben zu übertragen gelang ihm später gemeinsam mit seinem Coach in einem Umfeld von Gleichgesinnten. Hier hat Konstantin letztlich seine Begabungen erkannt und innere Orientierung schließlich auch für sein Berufsleben ausgeprägt. Er verfügt nun über eine Vorstellung davon, wofür er dieses Leben nutzen will. Die Soziale Arbeit wird dafür vermutlich erst der Anfang gewesen sein.

Impulse für den Alltag

Wertschätzen wir die Flausen in den Köpfen unserer Kinder. Geben wir ihnen als Eltern selbstbestimmte Entfaltungsräume, in denen sie Selbstwirksamkeit erfahren können, fernab von Kursbetrieb und Unterricht. Jugendbewegungen und Jugendszenen sind solche Entfaltungsräume. Die Breakdance-, die Skate-, die Parkour-Szene sowie alle Musikszenen sind aus unserer Sicht wertvolle Bildungsorte und -gemeinschaften. Weil Jugendliche hier einander physisch begegnen, Blickkontakt pflegen und gemeinsam für ihre eigenen Anliegen tätig werden. Lernen und lehren verschwimmt in diesen Gemeinschaften. Jeder kann das einbringen, was ihm liegt, daran wachsen und dafür Anerkennung erhalten. Wir sollten diese Szenen als allgemeine Bildungsorte begreifen.

3. Wahre Geschichten

Jugendszenen sind momentan allerdings weitgehend zusammengeschrumpft. Die Jugendphase ist im Mainstream vereinheitlicht. Sie wurde gekapert von den Social-Media-Plattformen, ohne dass wir Eltern es bemerkt haben. Auf den ersten Blick findet dort zwar das gleiche schöpferische Gestalten statt wie in den Szenen. Wer eigene Kinder hat, bemerkt jedoch schnell, wie oberflächlich und unkonzentriert der Aufenthalt auf diesen Plattformen meist ist.

So real diese virtuellen Räume heute für Jugendliche auch sind – das physische Beisammensein, das gemeinsame Tätigsein und das Stiften von Sinn dahinter können sie nicht ersetzen. Stattdessen verhindert das parallele Starren auf Glasscheiben den Blickkontakt unter Gleichaltrigen, der doch zum Entstehen von Mitgefühl so wichtig wäre. Wenn Jugendliche bedeutsame eigene Anliegen haben, dann können ihnen die Social-Media-Plattformen als Resonanzräume helfen, ihre Anliegen voranzubringen. Wenn sie aber noch keine eigenen Anliegen haben, verhindern Social-Media-Plattformen, dass sie solche finden. Denn sie binden ihre Aufmerksamkeit und lenken sie auf das Leben der anderen.

Das, was von Jugendszenen heute übrig ist, sind schützenswerte Inseln der Begegnung, Überbleibsel der Gestaltungskraft Jugendlicher. Wenn Jugendliche das Glück haben, solch eine Insel zu entdecken und Zugang zu so einer Jugendszene zu finden, stehen wir ihnen um Himmels willen nicht im Weg. Trotz aller Besorgnis ermöglichen wir ihnen, sie zu betreten und auf ihnen zu wachsen.

Teil II   Der Anfang von Bildung fürs Leben

Als Politiker und Kulturschaffende können Sie das Fortbestehen und Wachsen solcher Szenen fördern. Sie können derartige Workshops und Projekte in den Schulen Ihrer Kommune ermöglichen. Als Immobilieneigentümer können Sie Kindern und Jugendlichen ermöglichen, sich Räume anzueignen, auf Hinterhöfen, in Garagen oder auf Freiflächen, solche Inseln der Begegnung zu gründen. Am allerwichtigsten aber: Als Eltern können Sie Ihre Kinder solange wie möglich von »Glasscheiben« fernhalten, indem Sie ihnen heldenhafte Erfahrungswelten im analogen Teil des Alltags ermöglichen. Und dann, wenn das Fernhalten nicht mehr sinnvoll ist, Ihren Jugendlichen helfen, einen maßvollen Umgang und die Fähigkeit zur Selbstregulierung zu kultivieren. #WerIstHierDasWerkzeug

3. Wahre Geschichten

Sophia

Schweißgebadet und aufgeregt steigen Sophia und ihre Freunde aus der Straßenbahn aus, schleppen den schweren Lautsprecher über die Gleise. Das Handy noch am Ohr. Der Reporter will sich sein Interview sichern. Sophia klopft das Herz bis zum Hals. Als sie um die Ecke gehen, traut sie ihren Augen nicht. So viele Leute. Polizei. Medien. Sie alle sind gekommen. Heute wird Sophia volljährig, und das hier ist nicht ihre Geburtstagsparty. Aber starten wir von vorn. Sophia ist eine junge Frau von achtzehn Jahren. Ich (Marcell Heinrich) treffe sie an einem sonnigen Tag im Juni 2019 in Leipzig. Sie hat ihr Abi frisch in der Hand, vor drei Tagen hat sie ihren Abiball gefeiert. Trotz ihres sehr guten Abiturdurchschnitts weiß sie aber noch nicht, wo es hingehen soll. Sophia beschreibt sich selbst als vielfältig interessiert, es fiele ihr schwer, sich auf eine Sache zu fokussieren. Sie ist aber überzeugt, dass sie das wohl müsste.

Sophia stammt aus einer Akademikerfamilie. Sie war früher ein ruhiges, schüchternes Kind gewesen, introvertiert und diszipliniert. Als Kind hatte sie Gitarre im Einzelunterricht gelernt und einmal wöchentlich das Tanztheater besucht. Als Sophia fünfzehn war, rief die Lehrerin ihre Schulklasse zur Klassensprecherwahl auf. Niemand wollte kandidieren. Die Mitschüler forderten Sophia auf, diese Funktion zu übernehmen. Sie ließ sich daraufhin zur Klassensprecherin wählen. Sie erklärt, sie habe sich geopfert, »weil sonst keiner wollte«.

Im selben Schuljahr war ihr von einem Zwölftklässler, der die Schule verließ, ungefragt der Schlüssel zum Redaktionszimmer der Schülerzeitung in die Hand gedrückt worden, begleitet von den Worten: »Hier, mach mal. Wir sind alle weg.« Sie wusste nicht, war sie bewusst ausgewählt worden, oder war sie diesem Schüler nur zufällig im falschen Moment über den Weg gelaufen. Wie auch immer, sie nahm die Aufgabe an, die Schülerzeitung zu retten. Ihr war klar, tat sie es nicht, würde es keiner tun.

Eine Redaktion zusammenzustellen, Themen zu finden, Texte zu schreiben, Fotos zu machen, zu layouten, Geld zu besorgen und schließlich alles in den Druck zu geben – damit war sie total überfordert. Aber sie schaffte all das und sagt heute: »Ich bin unglaublich daran gewachsen.« Durch die Schülerzeitung begann sie damit, sich kritisch mit dem auseinanderzusetzen, was an ihrer Schule geschah. Von ihren Mitschülern wurde sie daher bald zur stellvertretenden Schulsprecherin gewählt. Ebenfalls über die Schülerzeitung »rutschte« sie dann in den Verein Jugendpresse Sachsen hinein. Dort lernte sie, inzwischen siebzehn, Workshops mit Gleichaltrigen zu leiten. Kurze Zeit darauf wählte der Verein sie zu seiner Landesvorsitzenden.

Auf der Online-Pinnwand Pinterest stieß sie auf das Thema gesunde und nachhaltige Ernährung. Vegetarische und vegane Rezepte interessierten sie aus kreativem

3. Wahre Geschichten

Antrieb heraus. Davon angeregt legte Sophia eine lange Fleischpause ein. Und obwohl ihr Großvater Metzger war, akzeptierte die Familie ihre Entscheidung. »Meine Eltern verkrafteten das ganz gut. Opa fragte nur, was ich nun eigentlich esse.« Sie lacht.

Die Beschäftigung mit ihrer Ernährung weckte in ihr die Neugier für die Tierzucht und Fleischindustrie. Über eine Tierschutzorganisation wurde sie aufmerksam auf das Problem der Massentierhaltung. Grausame Zustände. Große Industrie. Innere Aufruhr. Sophia begann, sich nach einer Möglichkeit zu sehnen, etwas zu verändern an dem, was sie so anwiderte. »Ich hab mich so viel mit diesen Sachen auseinandergesetzt, aber irgendwie nie einen Weg gefunden, mich richtig zu engagieren. Tief drinnen wollte ich eine Plattform, wo ich meine Ideale äußern konnte«, erzählt sie mir leidenschaftlich.

Über Social Media erfuhr sie im Herbst 2018 von Greta Thunberg. Für den Dezember waren mehrere Demonstrationen in Deutschland geplant, die Gretas Anliegen verbreiten sollten – es waren die ersten großen Aktionen der aufkommenden Jugendbewegung Fridays for Future. Eine Freundin schickte Sophia einen Link zur #fff-Leipzig WhatsAppGruppe. Neugierig trat sie bei. Zehn Mitglieder. Zehn fremde Telefonnummern. Niemand, den sie kannte. Am Montag vor Weihnachten fragte sie: »Hey, ist denn am Freitag etwas in Leipzig geplant?« Niemand aus der Gruppe antwortete ihr. Das enttäuschte sie so, dass sie am Mittwoch eine weitere Nachricht schickte: »Was haltet ihr davon, wenn wir was starten? Ich überlege, etwas zu starten. Wer wäre denn dabei?« Eine Person, die sie nicht kannte, antworte ihr kurz und knapp: »Ich wäre dabei. LG Amelie.«

Am Donnerstagabend schaute Sophia mit ihrer Mutter die Tagesschau. In diesem Moment packte sie – wie sie es selbst nennt – »die Handlungswut«. Sie beschloss, die Demo am morgigen Freitag wirklich durchzuziehen. Wie so etwas geht, wusste sie damals nicht. Ihr fiel ein, dass man für eine Demo Plakate brauchte. Sie setzte sich also nach der Tagesschau in ihr Zimmer und malte zwei Plakate. Danach verfasste sie eine WhatsApp-Nachricht: »Das hier ist Greta Thunberg. Link zum Artikel. Es wird Zeit, dass auch wir in Leipzig etwas tun. Und deshalb startet morgen die erste Demo. Zeit- und Treffpunkt. Liebe Grüße, Sophia.« Anfangs klang die Nachricht noch zu förmlich. Aber sie hat lange am Text getüftelt, bis sie zufrieden damit war. Und dann raus damit. Zuerst in den Klassenchat, dann an alle privaten Kontakte, die ihr sinnvoll erschienen.

Es war Donnerstagabend 22:00 Uhr, als Sophia diese WhatsApp-Nachricht verschickte. Sie forderte die Leute auf, die Nachricht ihrerseits weiterzuleiten, ihr Aufruf sollte binnen der verbleibenden vierzehn Stunden so viele Menschen wie möglich erreichen. In diesem Moment fühlte sie eine Mischung aus Unsicherheit und Vorfreude. »Einerseits war ich aufgeregt, denn ich hatte so was ja noch nie gemacht. Das war völliges Neuland für mich. Gleichzeitig

3. Wahre Geschichten

träumte ich aber auch mit Bauchkribbeln davon, dass das hier wirklich etwas Größeres werden könnte – was es dann ja auch wurde.«

Kurz bevor sie zu Bett ging, kam Sophias Mutter in ihr Zimmer. Sie war leicht besorgt, hielt das Vorhaben ihrer Tochter für eine Schnapsidee und wies auf die Gesetzeslage im Versammlungsrecht hin. Versammlungen seien bei der Kommune anzumelden, sonst drohe Ärger. Außerdem war sie der Ansicht, Sophia habe mit den bevorstehenden Abiturprüfungen ohnehin genug um die Ohren und solle sich lieber auf das Wesentliche fokussieren, anstatt sich noch mehr aufzuhalsen.

Beunruhigt davon suchte Sophia im Netz Tipps, wie und wo man eine Demo anmeldet. Über Instagram schrieb sie nachts um 23:00 Uhr an das Profil einer lokalen Jugendinitiative und fragte einfach nach. Tatsächlich bekam sie prompt Antwort. Micha, der das Profil der Initiative betreute, schrieb ihr selbst noch zu dieser Uhrzeit zurück. »Ruf einfach kurz beim Ordnungsamt an und melde es als spontane Kundgebung an.« Micha gehört heute zu Sophias engsten Freunden.

Der darauffolgende Tag war Freitag, der 21. Dezember. Sophia wollte nach der vierten Stunde die Schule verlassen und zur Demo gehen. Zu ihrer Überraschung fiel der Unterricht ab der Fünften aus. Seit dem Morgen bekam sie viele Antworten auf ihre WhatsApp-Nachricht, meist im Sinne von: »Coole Sache, hab's weitergeleitet.« Solch positives Feedback freute sie sehr und machte Mut.

Teil II   Der Anfang von Bildung fürs Leben

In der Pause schnappte sie sich ihr Handy und meldete beim Ordnungsamt eine Spontankundgebung an. Der freundliche Herr am Telefon fragte, wie viele Personen sie erwarten würde. Ihre Antwort: »Ich hoffe auf mindestens fünf, auf keinen Fall jedoch mehr als 50.« Daraufhin wurde ihr gesagt: »Kein Problem, wir wissen Bescheid. Danke. Tschüss.« Sophia war erstaunt, »wie einfach das war«.

Gemeinsam mit ihrer Klassenkameradin Sandra machte sich Sophia dann auf den Weg und stand um 11:30 Uhr im Zentrum von Leipzig, am Wilhelm-Leuschner-Platz. Einzig ein weiteres Mädchen befand sich noch dort, das sie aber nicht kannte. Doch nach und nach trudelten immer mehr Leute ein, die über die WhatsApp-Nachricht von Sophias Aufruf erfahren hatten. Die spontane Versammlung wuchs auf siebenundzwanzig Personen an. Keiner von ihnen hatte vor vierundzwanzig Stunden damit gerechnet, sich hier zu versammeln. »Das Mädchen, das ich zu dem Zeitpunkt noch nicht kannte, war Ita. Als unsere kleine Gruppe anwuchs, hab ich mich so gefreut. Schüchtern standen wir auf diesem Platz rum. Keiner von uns hatte auch nur einen blassen Schimmer davon, wie man eine Demo veranstaltet. Es gab keine Route, keinen Lautsprecher und auch sonst nichts, was nach Demo aussah. Außer meinen zwei Plakaten.«

Siebenundzwanzig Vierzehn- bis Achtzehnjährige bildeten auf dem Platz einen Kreis und wussten nicht, was zu tun war. Peinliches Schweigen. Minutenlang. Jemand schlug eine Vorstellungsrunde vor. Gesagt, getan. Das brach vorerst das Eis. Danach folgte aber wieder peinli-

3. Wahre Geschichten

ches Schweigen. »Da kam Micha vorbei und staunte, wie fürchterlich unorganisiert diese kleine Demo war. Er versprach, uns ein Megafon zu besorgen. Das war irgendwie erlösend. Jetzt wussten wir alle, was wir zu tun hatten. Gemeinsam warteten wir auf das Megafon. Wir hatten keine Ahnung, wie es dann weitergehen sollte, aber das war jetzt schon mal der nächste Schritt.«

Die meisten blieben und lernten sich näher kennen, bis Micha mit dem Megafon zurückkehrte. Aber weder traute sich einer der Anwesenden, dort hineinzusprechen, noch gab es irgendwelche Parolen. »Was brüllen wir denn?« Erneutes Schweigen. Nach einigen Reim-Eskapaden war eine Parole gefunden. Zufällig kam eine lokale Bloggerin vorbei und bemerkte die Gruppe. »Sie fand das ziemlich cool. Sie durfte ein Foto von unserer Gruppe machen und postete dann direkt einen Beitrag in ihr Insta-Profil.« Da sie viele Follower hatte, erhielt die Aktion mehr Aufmerksamkeit als das reale Treffen samt Megafon. Welch glücklicher Umstand. #DigitalAge

Die Gruppe beschloss, nicht länger herumzustehen. 500-Meter-Marsch mit zwei Plakaten. Regen. »Vertrödelt im Regen zu laufen war doof.« Also ging die mittlerweile kleiner gewordene Gruppe in die Stadtbibliothek und setzte sich dort in den Vorraum. Nun brainstormten die Jugendlichen erste wilde Ideen, um bei den Leipzigern ein Klimabewusstsein zu wecken. Sie tauschten Handynummern aus und fügten alle in die WhatsApp-Gruppe ein. Auch beschlossen sie, sich fortan jeden Dienstag zu treffen.

Teil II   Der Anfang von Bildung fürs Leben

Den Raum dafür fanden sie in einem Jugendclub im Zentrum Leipzigs. Hier gab es Tische, Licht, WLAN und Klos. In den kommenden Wochen verknüpften sich die Leipziger Jugendlichen mit Ortsgruppen aus Kiel und anderen Städten. Zu zehnt starteten sie kleinere Aktionen, fertigten Plakate an und legten Social-Media-Profile an. Für Freitag, den 18. Januar 2019, plante dann die Fridays-for-Future-Bewegung ihren ersten bundesweiten Streik, für den es auch Werbematerial geben würde. Da wollten die Leipziger natürlich mitziehen. An diesem Tag hatte Sophia auch Geburtstag, achtzehn würde sie werden. »Im Nachhinein betrachtet war das der verrückteste Tag meines Lebens«, schildert sie mit breitem Strahlen.

Sophia und ein Mitstreiter meldeten gemeinsam die Demo beim Ordnungsamt der Stadt Leipzig an. Sie wurden zu einem offiziellen Kooperationsgespräch in die Behörde eingeladen, was auch ganz gut lief. »Wir sind nervös in diese Behörde rein, diese langen Flure entlang, Zimmer suchen...« Wieder lief alles glatt, einzig einige Auflagen wurden vereinbart. Auch eine offizielle Pressemitteilung musste her. Durch ihre Erfahrung bei der Schülerzeitung und der Jugendpresse benannte die Gruppe Sophia zur Pressesprecherin.

Dann war der große Tag da. Das erste Geburtstagsgeschenk: eine Konfrontation. »Ich wurde von meiner Schulleiterin ins Büro zitiert und musste mit ihr über den geplanten Streik diskutieren.« Die Schulleiterin machte unmissverständlich klar, dass sie den demonstrationswilligen

3. Wahre Geschichten

Schülern keine Freistellung für den Streik erteilen würde. Jedes Fernbleiben vom Unterricht würde als unentschuldigtes Fehlen gelten. Sophia blieb dennoch bei ihrer Entscheidung. Sie ging zu ihrem Englischlehrer und erklärte ihm ruhig und klar, was sie vorhatte. »Ich engagiere mich politisch bei Fridays for Future. Heute ist unser erster bundesweiter Streik. Ich habe die Demo angemeldet, und daher ist es auch wichtig, dass ich da vor Ort bin. Deshalb werde ich nachher in Ihrem Unterricht fehlen und nehme die Fehlstunden in Kauf.«

Ich bin beeindruckt, mit welchem Rückgrat Sophia mir von dieser Situation erzählt. Der Lehrer hatte ihre Erklärung zur Kenntnis genommen und – wie sich später herausstellte – die Entscheidung getroffen, die Fehlstunden nicht einmal ins Klassenbuch einzutragen.

Unterdessen hatten sich auf die Pressemitteilung bereits mehrere Medienvertreter (Zeitung, Funk und Fernsehen) per E-Mail gemeldet und wollten Interviews. Um 11:30 Uhr traf Sophia ihre Ortsgruppe im Jugendclub, sie schnappten sich ihre Plakate und einen Lautsprecher und stiegen damit in die Straßenbahn ein, um zur Demo zu fahren. In der Bahn telefonierte Sophia mit mehreren Journalisten. Eine halbe Stunde später, am Willy-Brand-Platz angekommen, begegnete Sophia zuallererst der Polizei. Das Ordnungsamt hatte seine Hausaufgaben gemacht. »Im ersten Moment waren wir ängstlich, als wir denen in ihren Uniformen begegneten, aber die waren cool. Wir haben dann den Auflagenbescheid verlesen.«

Teil II   Der Anfang von Bildung fürs Leben

Doch für Sophia blieb keine Zeit zum Durchatmen. Ein Mikrofon nach dem anderen wurde ihr von Presseleuten unter die Nase gehalten. Adrenalin. Die Demo wuchs und wuchs. Zuerst waren nur dreißig Leute da, am Ende waren es 700. Sophias größtes Geburtstagsgeschenk, wie sie mir verrät.

Die Demo dauerte zwei Stunden. Zur Abschlusskundgebung hielt Sophia eine Rede. In diesem Moment waren auch ihre Eltern anwesend und erlebten, wie ihre volljährige Tochter zu all den Menschen sprach. »Ich war einfach nur glücklich«, sagt Sophia, und ich kann fühlen, wie ihr dieser Moment immer noch unter die Haut geht. Im Anschluss überreichte ihr ein Freund zum Aufwärmen einen Glühwein, dann entließ die Gruppe Sophia und ihre Familie nach Hause zu Kaffee und Geburtstagskuchen.

Parallel hatten sich an diesem Freitag in mehr als fünfzig deutschen Städten rund 30 000 Menschen versammelt. Die Bewegung wuchs rasant weiter. Auch in Leipzig sind es inzwischen 25 000 Menschen geworden. Die Ortsgruppe um Sophia organisiert seitdem jeden Freitag Schülerstreiks und öffentlichkeitswirksame Aktionen. Dabei verteilen sie Dutzende Aufgaben analog und digital. Sie ko-kreieren lokal, regional, überregional sowie bundesweit, um ihr Anliegen zu verwirklichen. Sophia hat inzwischen einen vollen Terminkalender. Sie erzählt mir, wie sich ihr Leben durch Fridays for Future verändert hat. »Spontan bin ich geworden und flexibel. Mein Alltag ist jetzt extrem schnelllebig. Ich knüpfe viel schneller Kontakte. Allein im letzten

3. Wahre Geschichten

halben Jahr sind über 500 Leute auf meiner Kontaktliste hinzugekommen.« Sie pflegt die Social-Media-Kanäle der Gruppe. Regelmäßig übt sie sich darin, ein Plenum zu moderieren sowie auf einer Demo öffentlich zu Tausenden von Menschen zu sprechen. »Dabei ist in den letzten Monaten mein – sagen wir mal – politischer Verdruss gestiegen. Früher war Politik für mich so eine ehrenwerte Welt gewesen. Ich war fast blauäugig. Heute sehe ich, was in unserer Demokratie alles nicht in Ordnung ist. Das habe ich durch Fridays for Future mitbekommen.«

Sophia erzählt mir in unserem Gespräch auch, dass sie sich schon immer viel abverlangt hat. Doch seit sie bei Fridays for Future aktiv ist, fühlt sie sich hin und wieder erschöpft. »Ich habe dann Kopfschmerzen und bin einfach nur überreizt und erledigt«, sagt sie. »Von mir selbst und auch von anderen erwarte ich manchmal zu viel. Das zeigen die mir dann auch. Ich musste in letzter Zeit lernen, andere nicht zu überfordern. Jeder hat seine eigene Art, Einsatz zu zeigen. Wenn ich selbst in einer Weise super engagiert bin, kann ich das eben nicht genauso von anderen erwarten.« Was Sophia an der Bewegung besonders gefällt: »Hier kann jeder das einbringen, was er mitbringt. Zum Beispiel haben wir drei Computerfreaks, die ihre Designfähigkeiten für Fridays einsetzen. Sie erstellen unsere Share Pics. Dafür werden sie von uns allen voll gefeiert. Es ist so beeindruckend zu sehen, wie sich die Leute entfalten. Die Vielfalt der Menschen hier ist der Wahnsinn. Wir geben uns auch gegenseitig Kraft bei Ausgrenzungserfahrungen und so. Nach den Demos chillen wir oft im Park und knüpfen Freundschaften.« Danach berichtet Sophia von den Parents for Future, den Scientists for Future und von den Students for Future, die die Jugendlichen sehr unterstützen.

Auf meine Frage, was sie nach ihrem Abitur beruflich vorhabe, antwortet sie mir, dass ihr dies noch nicht klar sei. »Das Allerwichtigste ist«, sagt sie, »dass mein beruflicher Weg auf jeden Fall meine Ideale verkörpert.«

Was uns Sophias Beispiel zeigt

Brauchen wir in unserer Zivilgesellschaft solche jungen Menschen? Ja, unbedingt. Aber es geht uns hier nicht um die politische Wirkung der Fridays-for-Future-Bewegung. Es geht uns um die Lernerfahrungen, die diese Umstände für Sophia hervorgebracht haben. Fridays ist wohl Sophias größte selbst gewählte Herausforderung. Durch das gemeinsame Anliegen entwickelte sie in der Ortsgruppe mit ihren Mitstreitern eine Verbundenheit, sodass alle ko-kreativ agieren können. Sie sind dadurch imstande, zusammen etwas Großes zu erschaffen. Dies ist wohl der wertvollste Effekt für Sophia und ihre Leute.

Doch auch Sophias Lust am Lernen und Gestalten wird durch die Bewegung genährt. Indem sie etwas tut, das sich zu tun lohnt, erweitert sie, ohne es als lästige Pflicht zu empfinden, ihre Kompetenzen: Auf fachlicher Ebene lernte

3. Wahre Geschichten

sie politisches Verständnis und politisches Argumentieren. Sie ist in der Lage, Pressearbeit zu meistern, Marketingkampagnen aufzuziehen, Social-Media-Kanäle zu betreuen und mit der Stadtverwaltung und der Polizei zu kommunizieren. Auch auf der Arbeitsebene eignete sie sich verschiedene Fähigkeiten an, so kann sie inzwischen präsentieren, moderieren, recherchieren, Projekte managen und Aufgaben delegieren. Auf persönlicher Ebene lernte sie, Frustration auszuhalten, alles für eine Sache zu geben und dabei ihre eigenen psychischen und körperlichen Grenzen zu respektieren. Und auf zwischenmenschlicher Ebene erwarb sie die Fähigkeiten, offen auf Fremde zuzugehen, rasch neue Kontakte zu knüpfen, ihr Netzwerk ständig zu erweitern, andere zu mobilisieren und mitzureißen, jedoch auch deren Grenzen zu achten. Sie ist nun in der Lage, Menschen mit ihrer Begeisterung anzuzünden, ohne sie jedoch zu verbrennen.

All das eignete sie sich an, ohne darin unterrichtet zu werden. Sie lernte es, weil es nötig war, anhand ihrer selbst gewählten Herausforderungen. Schülerzeitung retten, fremde Leute zusammentrommeln, eine Demo organisieren – das alles fand außerhalb des Schulunterrichts statt und bildete Sophia fürs Leben.

Was sind Sophias Begabungen? Immer wieder zeigt sich in ihrer Geschichte ein Muster: Jedes Mal, wenn sie die Notwendigkeit einer Sache erkannte, die jedoch keiner übernehmen wollte, sprang sie in die Bresche. Sie ließ sich zur Klassensprecherin wählen, sicherte das Überleben der Schülerzeitung oder kümmerte sich um die Leipziger Beteiligung an Greta Thunbergs Mission. Immer wirkte das gleiche Muster: Die Welt braucht das. Keiner macht's. Dann mache ich's eben. Die Begabung, die wiederkehrend aus Sophia spricht, nennen wir Verantwortung. Gemeint ist hier aber nicht die gesellschaftliche Verantwortung beim Thema Klima, gemeint ist Sophias Bereitschaft, ja, ihr Drang, sich eigenständig für eine Sache einzusetzen, sie anzupacken und dranzubleiben. Diese Verantwortungsbegabung ist ihr intuitives Verhaltensmuster.

Sophia ist bei ihren selbst gewählten Herausforderungen stets dem Ruf einer anderen Person gefolgt – die Lehrerin ermunterte sie, sich zur Klassensprecherin wählen zu lassen, der Zwölftklässler übergab ihr den Schlüssel zum Redaktionsraum der Schülerzeitung. Sobald andere ihre Verantwortungsbegabung wahrnahmen, wählten sie sie in noch verantwortungsvollere Positionen: stellvertretende Schülersprecherin, Landesvorsitzende der Jugendpresse.

Erkennen Sie, wie Sophias Umfeld in Resonanz zu ihrer Begabung tritt? Innerhalb ihrer Funktionen setzte sie sich für Gerechtigkeit ein. Und hier erkennen wir ihre zweite große Begabung: die Gleichbehandlung. Menschen mit Gleichbehandlungsbegabung wollen Missstände und Ungerechtigkeiten aufdecken und beheben. Dort, wo sich diese beiden Begabungen trafen, nämlich als Sophia sich für nachhaltige Ernährung interessierte, wuchs in ihr ein Anliegen – und damit die Sehnsucht nach Verbündeten, die

3. Wahre Geschichten

dieses Anliegen teilen. »Ich wollte eine Plattform, wo ich meine Ideale äußern konnte«, sagte sie. Zunächst fand sie diese in der Jugendpresse, dann bei Greta Thunberg.

Gleichbehandlung und Verantwortung gaben sich fortan die Hand im Einsatz für die Klimagerechtigkeit. Ab diesem Moment hatte sie ein gemeinsames Anliegen mit anderen und fand in der Fridays-for-Future-Bewegung ein Zuhause für ihre Ideale. Der Aufruf zum Streik gab ihr einen Anlass, und während sie die Tagesschau mit ihrer Mutter verfolgte, wuchs in ihr die nötige Motivation, diesem Anlass zu folgen – ihre »Handlungswut«.

In diesem Moment stellte sich Sophia ihrer nächsten selbst gewählten Herausforderung: die Demo für kommenden Freitag zu verwirklichen. Jetzt war Sophia diejenige, die rief. Als siebenundzwanzig Personen ihrem Ruf gefolgt waren, erlebte sie eine starke Selbstwirksamkeitserfahrung. »Ich hab mich so gefreut, dass dann doch so viele kamen, nach nur dieser einen WhatsApp gestern.« Und in der Stadtbibliothek erlebte Sophia dann eine Verbundenheit, die nur wenige Wochen später 700 Menschen und ein Dutzend lokale Medien mitreißen sollte. Über die selbst gewählte Herausforderung, entstanden aus einem inneren Anliegen und einem Anlass, entwickelte Sophia echte Ko-Kreation und eine unbändige Schöpferkraft. Diese Verbindung mit ihren Mitstreitern bescherte den Jugendlichen weitere einschneidende Selbstwirksamkeitserfahrungen und neue Freundschaften. Eine Aufwärtsspirale.

Sophia wird diesen Moment niemals vergessen, als es ihr

Teil II   Der Anfang von Bildung fürs Leben

mit achtzehn gelang, 700 Leute in ihrer Stadt zu versammeln, als sie ein Dutzend Interviews gab und für sich erkannte: »Oh ja, ich kann viel bewegen, ja, ich kann Menschen mitreißen.« Wie auch immer sie ihr Leben weiter gestalten wird, dieser Moment wird stark zu ihrer inneren Orientierung beitragen.

Möglich wurde dies alles durch das Internet. Doch halfen ihr auch Erwachsene, ihre Eltern, die Mitarbeiter des Jugendklubs. Sie gaben ihr Tipps und emotionale Unterstützung, sie ließen sie Räume, Infrastruktur und technische Ausstattung nutzen. Ihr Anliegen, der Anlass und die Unterstützung durch Erwachsene verhalfen Sophia zu all diesen günstigen Erfahrungen, die sehr wahrscheinlich zu einem gelingenden Leben beitragen werden.

Und wie steht es um Sophias innere Orientierung? Werfen wir dazu einen Blick auf die Situation mit ihrer Schulleiterin. Augenscheinlich trat sie als Verhinderin auf. Sehen wir aber genau hin, stellen wir fest, was sie tatsächlich erzeugt hat. Die Schulleiterin hatte Sophias Fernbleiben nicht verboten oder ihr Vorschriften gemacht. Sie wies lediglich auf die Konsequenzen hin. Die Entscheidung überließ sie Sophia. So war sie der Schülerin als Subjekt begegnet. Nach dem Gespräch lenkte Sophia nicht ein. Sie ging geradewegs zu ihrem Englischlehrer und informierte ihn darüber, was sie vorhatte und warum. Indem sie das tat, zeichnete sie ihr inneres Bild weiter, was für ein Mensch sie in dieser Welt sein wollte. Man würde sie heute um 12:00 Uhr auf der Demo sehen und nicht in der Englischstunde.

3. Wahre Geschichten

Weil sie diese Stellung hatte beziehen müssen, war sie in der Lage, dem Englischlehrer nicht hysterisch und rebellisch, sondern ruhig und souverän gegenüberzutreten und ihre Ideale mit allen Auswirkungen zu vertreten. Sophia würde niemand sein, der auf einer eigenhändig angemeldeten Demo fehlt. Zu dieser inneren Klarheit verhalf ihr die Konfrontation im Sekretariat. So erzeugte die Schulleiterin in Sophias Leben einen Moment der Selbstgewissheit. Sie tat das nicht durch Zuspruch und wohlwollendes Feedback, sondern indem sie sie aufgefordert hatte, Stellung zu beziehen – nicht heimlich, sondern bewusst und mit den verbundenen Konsequenzen.

Besonders während der Jugendphase ist dies manchmal die hilfreichere Art und Weise, solche Erfahrungen zu erzeugen. Und wer weiß, vielleicht empfand die Schulleiterin Sophia gegenüber ja sogar Stolz, während sie sie konfrontierte. Gleichzeitig hat sie dabei gegenüber dem Schulgesetz und ihrem Dienstherrn ihr Gesicht gewahrt. Ein gelungener Balanceakt, an dem sich so mancher Schulleiter ein Beispiel nehmen kann.

Wird Sophia eines Tages womöglich auf der politischen Bühne stehen? Oder vielleicht Journalistin oder Unternehmerin werden? Wir wissen es nicht. Aber weil sie weiß, was für ein Mensch sie in dieser Welt sein will, kann sie heute schon klar äußern, dass ihr späterer beruflicher Weg unbedingt ihre Ideale verkörpern soll. Und dank der gemachten Erfahrungen wird sie dabei stets wissen, wie sie andere mitreißen kann, wie es ihr gelingt, sich mit ihnen zu verbinden, um dann gemeinsam etwas noch viel Größeres zu erschaffen, als sie einzeln imstande wären.

Die Klarheit, die sie bisher schon über sich selbst erlangt hat, sowie ihre Desillusionierung, was Politik betrifft, haben Sophia offensichtlich resistent gegenüber künftigen Scharlatanen und geistigen Rattenfängern gemacht, die ihr ihre Interessen unterjubeln wollen. Diese junge Dame ist längst in eigener Mission unterwegs.

Wir wünschen Sophia von Herzen, dass sie noch weitere Momente der Selbstgewissheit erlebt und dabei erkennt, was ihre Begabungen sind und wie diese mit ihren Anliegen zusammenspielen. Damit könnte sie ihre Potenziale weiter entfalten und für ihre Zukunft eine sehr klare innere Orientierung erlangen. #BestWishesForFuture

Impulse für den Alltag

Wie stehen Sie dazu, wenn Teenager sich »herumtreiben«, wenn sie Flausen im Kopf haben? Unabhängig von Sophias politisch eingefärbtem Beispiel laden wir Sie nochmals ein, alle Jugendsubkulturen als Lernorte zu begreifen. Sie sind für die Zukunft unserer Jugendlichen mindestens genauso nützlich wie die Schule. Wir wissen ja inzwischen, dass Bildung für ein gelingendes Leben längst nicht nur in Schulhäusern geschieht.

An Sophias Geschichte lässt sich einmal mehr der große Nutzen von Jugendsubkulturen als informelle Erprobungs-

3. Wahre Geschichten

räume erkennen. Unabhängig von Genre und Sparte können Jugendliche in diesen lokalen Gemeinschaften ihre Begabungen entfalten. Wir dürfen es also wertschätzen, wenn sie sich in solchen Gemeinschaften zusammenfinden. Darüber hinaus können wir ihnen helfen, ihre Anliegen zu erkennen, indem wir mit ehrlichem Interesse nach ihren Meinungen zu bestimmten Themen fragen. Und wir können Anlässe ermöglichen. Zeitpunkte. Räume. Kekse. Online ist eine solche Begegnungsqualität nicht zu erlangen, und nicht jede Kommune hat eine Stadtbibliothek mit viel Platz.

Weiterhin können wir Heranwachsenden die Ausstattung bieten, die sie zum Verwirklichen ihrer selbst gewählten Herausforderungen brauchen, WLAN, Technik und so weiter. Hier hapert es meist in Jugendsubkulturen. In Sophias Geschichte konnte dies alles der Jugendclub bieten. Kann das der in Ihrer Kommune nicht, können Sie ihn unterstützen. Im täglichen Umgang in der Familie und in der Schule können wir Heranwachsenden als Subjekte begegnen, wie Sophias Schulleiterin das getan hat. Wir können auf Drohungen und Bestrafungen verzichten und stattdessen auf Konsequenzen hinweisen. Das verschafft ihnen Momente der Selbstgewissheit und verhilft ihnen zur Klarheit, was für Menschen sie in dieser Welt sein wollen.

Und falls Sie jetzt nebenbei Lust bekommen haben, können Sie sich selbst einer Fridays-for-Future- oder Parents-for-Future-Ortsgruppe anschließen. Falls es in Ihrer Nähe keine gibt, können Sie selbst eine solche gründen. Dafür

Teil II   Der Anfang von Bildung fürs Leben

gibt es sogar eine Anleitung auf der Fridays-for-Future-Website. Der erste Schritt: eine Messenger-Gruppe gründen und Bekannte einladen.

3. Wahre Geschichten

Axel und Falk

Eltern, Lehrer und alle anderen Erwachsenen, die mit Kindern zu tun haben, die vehement die Schule verweigern oder gar abbrechen, können sicherlich mit folgender Geschichte etwas anfangen. Wir erzählen hier von einem jungen Mann mit starkem Willen, bei dem alle Bemühungen, ihn zum Schulabschluss zu führen, missglückten. Er flog von mehreren Gymnasien und erschien letztlich nicht einmal zur Hauptschulabschlussprüfung. In Sachen Schulerfolg war er ein hoffnungsloser Fall, keiner wusste mehr weiter. Man hätte plump behaupten können, bei ihm hat das Schulsystem völlig versagt, die Sozialarbeiter haben versagt, die Psychologen, das Elternhaus. Gemessen am klassischen Bildungsbegriff hätte man ihm eine gescheiterte Existenz voraussagen können. Und doch ist das hier eine Geschichte des Scheiterns und Gelingens zugleich.

Wir haben dieses extreme Beispiel gewählt, um alle Betroffenen zu ermutigen, deren Kinder dem heutigen Bildungssystem nichts abgewinnen können, die anecken und herausfallen aus dem Netz. Es soll ihnen Zuversicht geben und einige Gedanken anbieten, die womöglich helfen können, wenn alle konventionellen Deutungen auf der Strecke geblieben sind.

Und zugleich soll auch dieses Beispiel uns eine Vorstellung von Bildung vor Augen führen, auf die es im 21. Jahr-

Teil II Der Anfang von Bildung fürs Leben

hundert ankommt: Es geht um die Bildung für ein gelingendes Leben, darum, den Menschen als Autor seiner selbst zu sehen, um eine Bildung, die nicht in den Lehrplänen unserer Kultusbehörden vorkommt, die sich nicht vergleichen und benoten lässt, die wir uns alle aber intuitiv wünschen. Weil uns unsere Kinder am Herzen liegen. Und unsere Gegend, unsere Stadt, unsere Gesellschaft letztlich auch. Was eignet sich besser dazu, um das nachvollziehen zu können, als der Bildungsweg eines Schulverweigerers, dem die Lehrpläne so gut wie nichts gebracht haben, dessen Leben dennoch oder möglicherweise gerade deshalb zu gelingen scheint.

Schulverweigerer und Schulabbrecher gibt es in unserem Bildungssystem wirklich viele. Jeder Einzelne hat ein eigenes Schicksal und gute Gründe, aus denen es dazu kommt. Aber dass so viele von ihnen in ihrem Leben auf der Strecke bleiben, muss nicht sein, wenn wir unseren Blick auf deren Ressourcen und Gestaltungsmöglichkeiten zum gelingenden Leben lenken.

Ich (Marcell Heinrich) treffe Axel, einen erfolgreichen Musiker, der vor Jahren in der Hero Society als Rap-Workshop-Leiter mitgewirkt hatte. Nach seinem Konzert in Berlin sitzen wir in der Hotelbar und reden bis spät in die Nacht. Axel erzählt mir von Falk, einem Jungen, den er in einem unserer Schulprojekte kennengelernt und seit dessen zwölftem Lebensjahr ehrenamtlich begleitet hatte, über zehn Jahre lang.

Falk war ab der dritten Klasse verhaltensauffällig, störte

3. Wahre Geschichten

und versperrte sich im Unterricht. In der fünften Klasse schwänzte er zunehmend die Schule, und im Alter von zwölf Jahren war er bereits von drei Gymnasien verwiesen worden. Eltern, Lehrer, Schulleiter, Sozialarbeiter und Psychologen hatten ihr Bestes versucht. Sie alle waren nahezu am Ende ihres Lateins. Axel verrät mir die Hintergründe von Falks Schulverweigerung, wie der Junge aufgewachsen ist, was er erlebt hat. Vernachlässigung und Vereinzelung spielen eine Rolle. Und ohne dies hier im Einzelnen wiedergeben zu wollen, leuchtet mir vollkommen ein, warum er schließlich kaum mehr zur Schule ging.

In seiner Schulklasse fühlte Falk sich offensichtlich ziemlich allein. Er hatte keinen Notenerfolg und auch keine Anerkennung unter den Gleichaltrigen. Durch mehrere Wohnortwechsel der Familie, gepaart mit seinen häufigen Schulverweisen, fand sich der Junge ständig in neuen Schulklassen wieder. Er erfuhr wiederholt Beziehungsabbrüche und konnte dadurch keine bleibenden Freundschaften aufbauen. Lediglich vorübergehende Bekanntschaften hatte er knüpfen können. Auch daheim war er oft auf sich allein gestellt, und mit zunehmendem Alter und zunehmenden Neuanfängen fiel es ihm immer schwerer, sich auf andere einzulassen. »Der Junge war total entkoppelt«, berichtet Axel. »Er scannte seine Mitschüler, analysierte sie fast schon. Aber jemandem wirklich nahezukommen erschien ihm total sinnlos. Für ihn war jede Begegnung von vornherein sowieso nur von kurzer Dauer.« Schon früh entdeckte er die Stadt, denn er hatte häufig neue Schul-

Teil II Der Anfang von Bildung fürs Leben

wege zu fahren. »Tram, S-Bahn, Taxi, der Junge manövrierte sich durch die Großstadt wie ein Erwachsener.« #EinsamerReisender

Axel erzählt mir von seiner ersten Begegnung mit Falk. Der Junge war in den letzten drei Wochen kaum zur Schule gegangen. Doch weil unser Schulprojekttag angesagt war, tauchte er auf. Verschiedenste Workshops waren geplant. Modedesign, Fotografie, Videoproduktion, Breakdance, Parkour und Rappen mit Axel. Falk wollte Rappen. »Er war ein kompakter Junge. Untersetzte Statur, schlaffe Haltung, blasse Haut. Seine einsamen Augen wirkten auf mich, als könnten sie Ozeane füllen mit Geschichten von Enttäuschung und Leid. Er war nicht fähig oder nicht bereit, Blickkontakt zu mir oder zu irgendjemandem zu halten. Ich fand das halb so schlimm, denn er hätte mich wohl sofort traurig gestimmt.«

Sein Basecap hatte er so tief ins Gesicht gezogen, dass es seine buschigen dunklen Augenbrauen verdeckte. »Doch im Workshop«, erinnert sich Axel, »arbeitete er super mit. Er war still und ganz für sich, schliff aber hartnäckig, fast verbissen an seinen Rap-Texten. Meine Tipps nahm er dankbar an, und als wir einen gemeinsamen Song im Klassenzimmer aufnahmen, agierte er unglaublich zielstrebig. Er ließ nicht locker, bis jede Silbe im Takt saß. Der Schulsozialarbeiter und die Lehrerin gestanden, dass sie den Jungen so nie zuvor erlebt hatten. Der Schüler, mit dem sie nichts als Sorgen gehabt hatten, erschien ihnen plötzlich wie verwandelt. Dieses Rap-Ding war ihm eindeutig mega-

3. Wahre Geschichten

wichtig. Und die Erwachsenen sahen wohl einen Lichtblick darin und hatten die Idee, ihn über das Rappen mehr an Schule binden zu können.«

Der Schulsozialarbeiter buchte Axel für einen wöchentlichen Rap-Workshop. Sein Honorar konnte auf Basis des Kinder- und Jugendhilfegesetzes beschafft werden; es reichte für etwa drei Monate. »Der Junge fand die Idee cool, und ich auch. Er war hungrig nach Raps und Beats, das gefiel mir. Ich sollte auch immer mal mit dem Sozialarbeiter reden, wie's so läuft. Das gab mir das Gefühl, hier was richtig Gutes zu tun.«

So fing es an mit Axel und Falk.

Von jetzt an trafen sich die beiden wöchentlich. Axel war fasziniert von den Texten, die Falk schrieb. »Der Junge hatte schon viel erlebt, schon viel zu sagen und viel zu verarbeiten.« Rap war ihre gemeinsame Ebene. Doch schon nach drei Wochen geriet Axel in einen Konflikt. »Der Sozialarbeiter wollte, dass ich meinen Draht zu Falk nutze, um ihn zu überreden, weniger die Schule zu schwänzen. Ich hab das einmal versucht, nachdem wir einen guten Flow-Moment beim Rappen hatten. Denn ich wurde ja für diese Sache bezahlt. Also wollte ich meinen Auftrag auch erfüllen. Falk hat sich aber sofort verschlossen, als ich versuchte, ihn zu beeinflussen. Ich kam mir in diesem Augenblick vor wie ein Verräter. Ich wusste, wenn ich ihm so komme, verliere ich ihn. Daraufhin versprach ich ihm, das nie wieder zu machen. Zum Sozialarbeiter sagte ich, dass ich ihm nicht versprechen kann, Falk zurück an die Schule zu binden. Das fiel mir total schwer, ich kam da echt an meine Grenzen. Aber ich wollte mit Rap einfach kein verlängerter Arm des Jugendamts werden. Ich sagte: ›Solche Leute hat Falk doch schon genug um sich. Seine Eltern, die Lehrer, die Schulleitung, Schulamt, Jugendamt. Alle heben den Zeigefinger. Allen versperrt er sich. Ich bin keiner von der Sorte. Ich habe dank Rap einen megaguten Draht zu ihm. Und den werde ich für das nutzen, was ihn öffnet. Ich will einfach nur dieses Feuer bei ihm am Leben halten, das er noch hat.‹ Die wollten mich trotzdem für den Jungen buchen, ohne zu wissen, ob er dadurch wieder zur Schule geht.«

Axel schildert mir auch seine Sicht auf Falks Schulschwänzen: »Das Bemerkenswerte an Schulverweigerern ist doch, dass sie immerhin dem fernbleiben, was ihnen nicht guttut. Anstatt sich zu ritzen oder umzubringen oder sonst was. Vielleicht sollte man das nicht nur schlecht sehen. Ich jedenfalls sah in dem Jungen nicht nur einen Versager. Sondern jemanden, der sich beschützt. Und nachdem alle an ihm verzweifelt waren, hatte er hier etwas gefunden, wo er große Lust am Lernen hatte. Das durfte ich einfach nicht mit Ermahnungen kaputtmachen.«

Axel hat das Versprechen zur Schulrückführung bewusst verweigert. Und in der Tat hätte er es wahrscheinlich auch nicht halten können. Mit seiner Entscheidung löste Axel einen verständlichen Konflikt zwischen seinem staatlichen Auftrag und seiner Chance für Falk. Er hatte erkannt, wie gut seine Workshops dem Jungen taten, und fokussierte

3. Wahre Geschichten

sich seitdem darauf, seine Gestaltungslust zu erhalten. Indem er riskierte, den Auftrag zu verlieren, beschützte er die Beziehung zwischen den beiden. Eine wegweisende Entscheidung für die Bildungswirkung auf Falk und für dessen Biografie.

Der Auftrag durfte aber weiterlaufen. »Als er dann aber nach drei Monaten endete, war der Kerl mir so ans Herz gewachsen, dass ich weitergemacht hab. Falk war hungriger denn je und inzwischen auch richtig heiß aufs Beat Producing. Die Musik für seine Raps zu programmieren begeisterte ihn fast mehr als die Raps an sich.« Zu den Eltern hielt Axel ebenfalls guten Kontakt. Sie unterstützten das Rappen und zeigten sich dankbar dafür, dass Axel ihrem Sohn erhalten blieb.

»Bald hatten wir Falks ersten eigenen Song fertig«, erinnert sich Axel weiter. »Den konnte er jetzt in seiner Playlist abspielen. Jetzt hatte er richtig Blut geleckt.« Falks Traum vom eigenen Album entstand. Es sollte komplett von ihm selbst geschrieben und produziert sein. »Mit eigenem Titelbild und Coverdesign. Er hatte ganz klare Vorstellungen davon. Das war der Hammer, ihn so visionär zu erleben, da war richtig Leben drin.« Das Erfolgserlebnis in der selbst gewählten Herausforderung hatte Falk Selbstwirksamkeit erfahren lassen und seine Gestaltungslust bestärkt. Prompt wählte er sich eine größere Herausforderung, die ihn anzog. An diesem Album schrieb und programmierte er dann Tag und Nacht. »Sein Schlaf-Wach-Rhythmus begann sich krass zu verschieben. Das machte den Eltern zusätzlich Sorgen. Aber sie hörten sich immer wieder auch seine Pläne und Vorhaben an, die er geschmiedet hatte. Die verriet er vor allem seinem Vater ab und an, trotz aller Konflikte.«

Falk verbrachte sehr viel Zeit mit dem Musikmachen und dem Schreiben von Texten. Er wurde stetig besser und brachte als Dreizehnjähriger schon ganz vernünftige Songs zustande. Sein Album nahm erste Formen an. Durch Axel knüpfte er Kontakte in die Rap-Szene seiner Stadt. Er bewegte sich völlig selbstverständlich zwischen verschiedenen Treffpunkten im Stadtgebiet. Axel grinst: »Als junger Rapper wurde er von den anderen einigermaßen akzeptiert. Aber seine Beats feierten alle total ab. Sein Sound hatte was Eigenes, das kam gut an. Ich musste drauf achten, dass er auf dem Teppich blieb.«

Falk produzierte nun auch Beats für andere Rapper in seiner Stadt. »Die waren alle so zwischen sechzehn und zwanzig. So ein junges begabtes Kiddie mit so guten Beats sprach sich halt schnell herum in der Szene.« Axel schildert mir, wie froh er war, dass Falk durch Rap mit Leuten in Kontakt kam. Er wurde von älteren Crews zu Auftritten im Kulturzentrum mitgenommen und durfte Backstage dabei sein. »Die Eltern billigten das, solange ich ein Auge auf ihn hatte. Er wurde lockerer, knüpfte immer leichter Kontakte und sammelte auch erste Erfahrungen mit Mädels.«

Die Rap-Szene wurde für Falk zu einem sehr wichtigen Bildungsraum. Sie bewahrte ihn vor der Vereinsamung. Nachdem er bisher über keinerlei dauerhafte Beziehungen

3. Wahre Geschichten

zu Jugendlichen verfügte, konnte er diese hier einüben. Durch seine Beats fand er beständige Kontakte und lernte sie zu pflegen. Eine Fähigkeit, die ihm in jungen Jahren abhandengekommen war. In dieser Szene hatte Falk seine Verbundenheit zurückerlangt, was ihm, so Axel, »auch sichtlich guttat«.

Falk schwänzte immer noch die Schule. Er erklärte seinen Eltern und Lehrern inzwischen ganz offen: »Schule bringt mir nichts. Mein Weg ist die Musik.« Er hatte für sich erkannt, was ihm wirklich wichtig ist. Er war inzwischen vierzehn. Und während er das vierte Gymnasium verlassen musste und nun an einer Mittelschule angemeldet wurde, beschrieb er Axel eine klare Vision von seinem Leben: »Ich will Musikproduzent sein. Und in diese Industrie reinkommen.« Seine Eltern hatten diese Vision als Flausen abgetan. »Aber mit Schule kam eh keiner an ihn ran. Also hatten sie im Grunde keine andere Wahl, als ihn entweder komplett zu knechten und zu brechen, oder seine Flausen zuzulassen«, beschreibt Axel die schwierige Situation von Falks Eltern. Während seine offizielle Bildungskarriere bergab ging, hatte Falk ein Idealbild formuliert und begonnen, seine innere Orientierung auszuprägen. #WerdeDerDuBist

Dieser folgte er auch, arbeitete fortwährend an seinem Album und spezialisierte sich dabei mehr und mehr auf die Musikproduktion und das Sounddesign. »Ich hatte Falk das Beat Producing und er sich selbst das Abmischen beigebracht«, erzählt mir Axel. »Die Software, dieser ganze technische Kram faszinierte ihn. Gepaart mit den eigenen Harmonien, die er dabei programmieren konnte, hatte ihn diese Sache bald mehr gepackt als das Rappen selbst. Er stürzte sich fanatisch da rein. Manchmal baute er tagelang bekannte Hits nach. Einfach, um zu begreifen, wie die aufgebaut waren. Als die anderen Jugendlichen in der Schule waren, saß Falk am Rechner und studierte Arrangements, Effekte und Klangfilter. Mit vierzehn war er schon besser als ich. Seine Raps hatte er auf ein vernünftiges Level gebracht, nix Überragendes, ganz okay. Aber im Producing konnte er nichts mehr von mir lernen. Beeindruckend, wie schnell er sich das alles erobert hatte. Er war dafür echt talentiert.«

Auch theoretisch beschäftigte sich Falk mit seiner Leidenschaft. Er erforschte, angeregt durch Axel, die Hintergründe der Rap-Musik. Er schaute Dokus und las Bücher über die Disco-Ära und den Jazz. Mit großer Wissbegier verschlang er die Biografien prägender Musiker. Das Erforschen des Sprechgesangs führte ihn zu den afroamerikanischen Sklavengesängen des 19. Jahrhunderts. Solche Zusammenhänge saugte er mit regem Interesse auf und erzählte sie Axel mit großen Augen.

Im Kulturzentrum ermöglichte man ihm kleinere Gastauftritte mit seinen Songs. Die Schulsozialarbeiterin seiner neuen Schule bat ihn um einen Auftritt zum Schulprojekttag. Axel staunt noch heute: »Dass er da zusagte, hat mich echt überrascht. In der Klasse waren viele Rap-Fans, und er ging tatsächlich in der ersten Zeit zur Schule. Und als

3. Wahre Geschichten

›der Neue‹ dann beim Projekttag diesen Gig spielte, wurden die quasi auch seine Fans. Der Bursche hatte sich hier seine eigene kleine Fanbase aufgebaut. Die folgen ihm noch heute auf Instagram. Es war, als ginge er als Künstler zur Schule, nicht als Schüler.« Der Zauber hielt etwa drei Monate lang an. Dann begann Falk, wieder seltener zum Unterricht zu erscheinen. #DasAlteMuster

Axel vermittelte ihm unterdes kleinere bezahlte Auftritte. »Er wünschte sich diesen Controller für seine Beats. Next Level Sound. 250 Euro. Seine Eltern waren bereit dazuzulegen. Wir vereinbarten, dass sie sich mit der Hälfte beteiligen, wenn Falk seinen Teil selbst ranschafft. Ich hab dann viel mit ihm übers Geld-Annehmen gesprochen, über den Wert von Kunst und wie eigentlich Nutzen entsteht. Seine Beats für andere hatte er bisher immer verschenkt. Das war auch gut so. Aber jetzt brauchte er dieses Invest in seine Musik. Leute spielten Gigs mit seinen Beats. Also riet ich ihm dazu, ab jetzt schon mal 20 bis 50 Euro für einen Beat zu verlangen. Er musste sich erst dran gewöhnen, dass seine Werke echtes Geld wert sind.«

Die Anschaffung des Controllers gelang ihm. Mit größerer Erfahrung erhöhte Falk die Preise für seine Produktionen. Weiterhin verschenkte er hier und da Beats. Aber dies tat er nun ganz bewusst und gewählt. Das Verhältnis zwischen Axel und Falk entwickelte sich zu einem Mentoring, das Falks Lebensgestaltung und Persönlichkeitsbildung betraf.

Falk war bald fünfzehn. Die beiden trafen sich jetzt nur

noch vierzehntägig. Aus den Workshops wurde eher ein Fachsimpeln und Feedback-Geben bei Falks neuesten Produktionen. Der Jugendliche entwickelte sich mehr und mehr zum Musikproducer. Online baute er sein Netzwerk überregional aus, tauschte sich mit anderen Producern und kleineren Indie-Labels aus. Das Rappen wurde zur Nebensache. Falk vertraute Axel nun Themen aus seinem Leben an, die nichts mit Musik zu tun hatten. Mit ihm konnte er über alles reden. Axel: »Das Schulding, der Stress mit den Eltern oder seine Mädelsthemen, ich hab ihn halt nie verurteilt. Deshalb konnte er mit allem zu mir kommen und hat mich dabei auch nie verarscht.« Und weil er ihm am Herzen lag, setzte Axel entscheidende Impulse bei Falk: »Ich hab ihn nach Zielplänen gefragt. Damit er nicht immer bis vierzehn Uhr pennt, seine Zeit vergeudet. Er träumte ja noch immer von seinem eigenen Album, mit Coverdesign und Fotoshooting und so weiter. Also sollte er mir langsam mal erklären, wie genau er da hinkommen wolle.« Falk erstellte dann Wochenpläne mit Aufgaben und Terminen und reflektierte mit Axel, wie gut oder schlecht er sie einhielt.

In den folgenden Jahren probierte Falk alles Mögliche aus, um Geld für sein Musik-Equipment zu verdienen. Er modelte, kellnerte, telefonierte. Eine Weile betrieb er sogar gemeinsam mit einem anderen Musiker einen Instagram-Shop für Vintage-Mode. Im Sommer 2016 wurde Falk volljährig. In Sachen Schulpflicht ließ man ihn nun in Frieden. Mehrfach wöchentlich machte er Sport, als Ausgleich zur Musik. Er wohnte noch bei seinen Eltern und lebte von

3. Wahre Geschichten

der Hand in den Mund. Zu Hause steuerte er monatlich 200 Euro zum Haushalt bei. Er war bereits ziemlich geübt im Herumjobben und war sich auch zum Anpacken nicht zu schade. Mehrfach hatte er Sozialstunden leisten müssen. »Laubfegen im Jugendclub als Strafe für das Schulschwänzen und so was«, erzählt Axel. Im Alter von achtzehn Jahren hatte Falk schon mehr als zehn Berufe kennengelernt, dadurch hatte er es leicht, immer wieder neue Jobs zu bekommen. Axel betont: »Präsentieren konnte er sich ja gut. Gasgeben konnte er auch. Aber jeden Job hat er nach maximal drei Monaten gewechselt, sie alle hatten ihn schnell gelangweilt.« Axel provoziert: »Ist er nun ein Versager? Mehr als zehn Berufe geschmissen! Oder sagt man: Alle Achtung, der Typ kennt schon mehr als zehn Berufe. Wie viele Menschen kennen so früh schon so viele Berufe? Der Kerl hatte einfach noch nicht die Aufgabe gefunden, die ihm selber wichtig ist.«

Kurz nach seinem achtzehnten Geburtstag wurde tatsächlich Falks Album fertig. »Was lange währt…« Axel lächelt und erklärt, wie wichtig aus seiner Sicht dieses Ziel bislang für Falk gewesen war. Er organisierte eine eigene Release-Party zur Veröffentlichung des fertigen Albums. Dazu mietete er sich auf eigene Kosten einen Saal und lud alle Menschen ein, die ihm etwas bedeuteten. Er war zu diesem Zeitpunkt noch nicht so weit, sich Unterstützer zu holen. Und so war er letztlich überfordert mit der CD-Herstellung, dem Einproben seiner fünfzehn Songs zur Show und der Organisation der gesamten Veranstaltung, mit der Folge, dass der Kern des Vorhabens – die Pressung der CDs – nicht mehr rechtzeitig fertig wurde. Es wurde also eine Release-Party ohne echtes Release.

Dennoch erlebte Falk den Abend seines Lebens. Ein paar Rapper, Producer und DJs aus der Szene waren gekommen, seine Fans aus der letzten Schulklasse, Axel natürlich, seine Eltern und mehrere Sozialarbeiter. Etwa vierzig Leute, die ihn in den letzten Jahren begleitet hatten, waren da, um ihn zu würdigen und diesen Moment mit ihm zu feiern. Sogar der ein oder andere Klassenlehrer aus Falks früheren Schulen war unter den Gästen. Axel schwärmt sichtlich gerührt: »Als ich ihn da so auf der Bühne sah, zugleich als Künstler und als Gastgeber des Abends, wie seine Fanbase ihn da feierte und Leute vor der Bühne seine Reime mitrappten, o Mann, da war ich so was von stolz auf ihn.« Und Axel ergänzt: »Als dann in der kommenden Woche seine CDs geliefert wurden, schenkte er mir eine und gestand: ›Wäre die doch nur zur Party fertig gewesen. Tja, die großen Sachen stemmt man halt nicht im Alleingang.‹ Zu dem Satz hab ich ihm gratuliert.«

Sein großer Traum vom eigenen Album war erfüllt. Seine Vision, in die Musikindustrie reinzukommen, Produzent zu werden und davon zu leben, lag noch vor ihm.

Über Instagram fiel Falk eine freie Praktikumsstelle bei Salad Bowl Music auf, einem der führenden Indie-Labels in seiner Musikrichtung. Rasch schrieb Falk eine Bewerbung. Axel half ihm beim Formulieren. Falk wartete gespannt auf Antwort. Er war völlig fremd dort, bewarb sich ohne

3. Wahre Geschichten

Kontakte oder Empfehlungen. Einige Tage später bekam er den entscheidenden Anruf und schließlich die Zusage. Seine Worte und sein Wille hatten überzeugt.

Dieses Praktikum in einer anderen Stadt war der erste Job in seinem Leben, den Falk durchhielt. Worauf prompt ein Angebot folgte. Die Label-Chefs hatten sein Potenzial offenbar erkannt und wollten es sich sichern. Dieser Schritt verschaffte ihm ein geregeltes Einkommen, wertvolle Kontakte und ein tägliches Lernfeld, auf dessen Basis er seine eigenen Produktionen Stück für Stück verbreiten konnte.

Falk hatte durch das Schulschwänzen den meisten Schulstoff verpasst. Anzuerkennen war, dass er dennoch nicht »lebensunfähig« wurde. Angeregt durch verschiedene US-amerikanische Rapper und Musikproduzenten las er viele Bücher. Seine Lernlust blieb erhalten, während er den Unterricht verweigerte. Auf solch riskantem Weg konnte er dennoch reifen: Als Neunzehnjähriger richtete Falk sein Online-Profil zur Ausschüttung seiner Tantiemen aus Streaming-Diensten ein. Hier hatte er Anteile an verschiedene Gastmusiker, Co-Produzenten und einen Musikverlag zu vergeben. Von Prozentrechnung hatte er in der Schule jedoch nur einmal kurz gehört, dann war er nicht weiter hingegangen und hatte das somit nie erlernt. Falk saß dann, so Axel, »zwei, drei Nächte lang vor YouTube, mit Stift und Block, und ballerte sich den ganzen Sechste-Klasse-Kram rein. Der Kerl wollte das echt begreifen, wie ein Jagdhund blieb er da dran. Prozente, Brüche, Zähler, Nenner, Zuordnung. Den ganzen Kinderkram. Herrlich. Er wollte einfach

Teil II Der Anfang von Bildung fürs Leben

sicherstellen, dass die Kohle so verteilt wird, wie es sich gehört. Damit keiner zu kurz kommt. So was gibt nämlich schnell Ärger.« Falk gelang es, die Verteilung korrekt einzurichten und sogar sein Einkommen für drei Monate grob vorauszuplanen.

Das ist jetzt kein Plädoyer gegen Prozentrechnung im schulischen Lehrplan. Es zeigt jedoch, dass Kids, die andere Wege gehen, dennoch in unserer Gesellschaft bestehen können, sofern ihre Lernlust erhalten bleibt und sie etwas haben, das ihnen viel bedeutet. #Autodidaktik

Heute lebt Falk in Köln. Er hat einen Arbeitsplatz in der Musikindustrie, welcher ihm viel bedeutet und ihm große Freude bereitet, zuverlässig und einfallsreich füllt er ihn aus. Zudem unterzeichnete er jüngst einen Vertrag zur Veröffentlichung seiner Musik bei einem angesehenen Label. Er versteht die digitalen Geschäftsmodelle seiner Branche und weiß sie zu nutzen. Mit zweiundzwanzig empfängt er bereits regelmäßig passives Einkommen in Form vierstelliger Tantiemen von Streaming-Diensten. Auch seine handwerklichen Musikqualitäten werden geschätzt: Verschiedene Künstler vertrauen ihm ihre Alben zum Abmischen an und zahlen ihm Honorare für eine Sache, die ihm Spaß macht. Falk pflegt stabile Freundschaften in verschiedenen Städten weltweit. Er hat im Alltag Freunde und Kollegen, fühlt sich anerkannt und eingebunden. In Sachen Kommunikation und Umgang mit Menschen kann man ihn sogar als vorbildlich bezeichnen. Im Zwischenmenschlichen liegt heute seine ganz große Stärke. Sicher könnte er da-

3. Wahre Geschichten

mit kein Ingenieur oder Arzt werden. Seinen Platz in der Gesellschaft scheint er aber immerhin gefunden zu haben. Axel und Falk halten nach wie vor Kontakt und begegnen sich alle paar Monate.

Was uns Falks Beispiel zeigt

Als ich Axel frage, wie gut aus seiner Sicht Falks Lebensweg bisher gelungen sei oder nicht, antwortet er: »Die Frage an mich ist zwar halbwegs sinnlos, weil so was eh nur Falk selbst beantworten kann. Und der ist noch megajung. Aber wenn ich jetzt mal zurückdenke, was ich damals gesehen habe: ein schwabbeliger Junge, traurige Augen, nicht fähig zu Blickkontakt... Und wenn ich ihn heute ansehe: ein junger Mann, aufrecht und straff, seine Augen klar und lebendig. Da ist jemand, der Ziele hat, der weiß, was er im Leben will, der stabile Freundschaften pflegt, bei den Mädels gut ankommt, im Berufsleben steht, Business macht. Und, ich kann das einschätzen, seine Produktionen gehören inzwischen zur Topliga im deutschsprachigen Raum, keine Übertreibung. Wenn ich das vergleiche, dann ist für mich die Frage nach dem gelungenen Leben klar.«

Und genau das gefällt uns an dem Beispiel von Falk: Er konfrontiert uns mit der Frage, worum es beim Aufwachsen eigentlich geht. Der Junge hat den Schulbesuch und seinen »Schulerfolg« komplett verweigert. Seine Bildungskarriere im klassischen Sinne ist nicht gelungen. Sie ist sogar desaströs gescheitert. Sämtliche Bemühungen, den Jungen damals zur Erfüllung seiner Schulpflicht zu bringen, blieben wirkungslos, sämtliche Erziehungs- und Ordnungsmaßnahmen verfehlten ihren Zweck. Einen Schulabschluss hat Falk bis heute nicht. Und wie stark der ihm im Berufsleben möglicherweise einmal fehlen, wie gut ihm sein Leben künftig gelingen wird, wird sich zeigen. Falks Lebenslauf und seine berufliche Reputation ließen sich getrost beschreiben mit #HighRisk.

Was meinen Sie – würden Sie in so jemanden Ihr Vertrauen investieren, wenn er sich bei Ihnen bewerben würde? Fakt ist jedenfalls, dass Falk trotz seiner Startbedingungen gemeinschaftsfähig geworden ist und kein Jugendstraftäter, kein Süchtiger, keine verlorene Seele im Mediensumpf. Er ist Gestalter seines eigenen Lebens geworden und wird deshalb vermutlich auch weiterhin seinen Weg finden. Denn Falk hat eine innere Orientierung ausgeprägt. Er weiß, was er will und was er kann. Die Eltern haben seinem Mentor Axel vertraut und trotz aller Sorgen erkannt, dass das Musikmachen und die Rap-Szene allerhand Positives in das Leben ihres Kindes brachten. Sie haben es ausgehalten, dass der Junge die Schule verweigert – und sahen darin nicht nur ein Versagen. Sie waren sehr mutig und haben offen mit den Lehrern und dem Schulsozialarbeiter gesprochen. Sie haben die Treffen mit dem Mentor ermöglicht. Sie haben Falks Pläne und Sichtweisen ernst genommen, so schwer ihnen das auch fiel. So hielten den Draht zu ihrem Kind, auch im Streit. Sie haben ihren Sohn nicht mit aller

3. Wahre Geschichten

Gewalt zur Schule gezwungen. Sie wollten ihm keine Gewalt antun, sie wollten einfach nur, dass der Junge glücklich ist. Falks Beispiel zeigt auch die bildende Wirkung von selbst gewählten Herausforderungen: der erste Rap-Workshop, der erste Song, die Auftritte, das eigene Album, der Controller, die CD-Release-Party ohne CD, das Praktikum. Indem er ein zwar hochriskantes, doch letztlich realisierbares Idealbild erschuf, verblieb Falk nicht in der bloßen Rebellion gegen sein Umfeld. Er bezog Stellung, erklärte, dass Musik sein Weg sei und Schule ihm nichts bringen würde. So befreite er sich selbst vom Leistungsdruck und vom permanenten Aufreiben im Kampf. Aus unserer Erfahrung ist dieses Überwinden der Rebellion ein entscheidender Schlüsselmoment bei Schulverweigerern und Schulabbrechern. Erst dann können sie sich um sich selbst kümmern, eigene Ziele formulieren und anstreben.

Impulse für den Alltag

Falks Bildungserfahrungen wurden möglich, weil Erwachsene in seinem Umfeld die versteckten Ressourcen sehen wollten. Wenn wir den Widerstand eines Kindes gegen den Schulalltag als Vitalität umdeuten, können wir auf die Suche nach seinen verborgenen Potenzialen gehen. Wir können seine Gestaltungslust ansprechen, indem wir Anregungen und Anlässe für selbst gewählte Herausforderungen geben, das ermöglichen, was es zum Umsetzen dieser braucht, auch Kontakte zu partnerschaftlichen Erwachsenen herstellen. Diese können zu Mentoren werden. Wir sollten hinschauen, welche Tätigkeiten seine Gestaltungslust, Neugier und Schöpferkraft triggern und was es daran möglicherweise fürs Leben lernt – unabhängig davon, ob diese Dinge Zertifikate oder Abschlüsse hervorbringen.

Letztlich führte bei Falk das Hobby zum Beruf. Das Musikmachen war bereits früh das Einzige, das ihm innere Orientierung gab. Weil er kaum zur Schule ging, konnte es viel Raum in seinem Leben einnehmen, und so wurde es mehr als ein Hobby. Es wurde Bestandteil seines Idealbilds von sich selbst.

Sollen sich Eltern von Schulverweigerern nun entspannt zurücklehnen? Nein. Aber sie können ihre Sorgen verkleinern. Denn ähnlich wie bei Falk ist heute kaum noch eine Leidenschaft »brotlose Kunst«. Musikmachen, an Mopeds schrauben, Stricken oder Nähen können heutzutage genauso gut den Kühlschrank füllen wie Tätigkeiten in vermeintlich solideren Berufen. Dabei helfen digitale Verbreitungswege und Geschäftsmodelle. Falk veröffentlicht heute seine Songs auf mehreren Streaming-Plattformen und generiert daraus ein relevantes Einkommen. Und Ähnliches ist mit nahezu jeder Leidenschaft möglich, das Internet und die neuen Medienformate bieten zahlreiche Möglichkeiten. Die Perspektive, im 21. Jahrhundert von Beruf Künstler zu sein, ist etwa vergleichbar mit der Perspektive vor der Jahrtausendwende, Geisteswissenschaften zu studieren. Auch hier wusste man nie ganz konkret, welche Einkommens-

3. Wahre Geschichten

wege sich daraus ergeben werden. Die meisten jedoch, die geisteswissenschaftliche Studiengänge gewählt hatten, kamen damit später finanziell zurecht. Niemand hätte sie damals als machbare Berufseinstiegswege in Frage gestellt.

Schlägt Ihr Kind also den Weg des YouTubers, Rappers, Tänzers, Sängers, Musikproduzenten, Schauspielers, Malers, Zeichners oder Strickmustererfinders ein, ist das in etwa so, als hätten Sie damals Ihren Eltern gesagt, Sie wollten Germanistik, Philosophie oder Soziologie studieren. Kein Grund, die Hände über dem Kopf zusammenzuschlagen. Dinge zu erschaffen, die Menschen unterhalten, amüsieren, erfreuen, wird im 21. Jahrhundert lukrativer denn je werden. #ArtisticEntrepreneurship

Falks Beispiel ist kein Plädoyer gegen Abschlüsse. Doch es ist eines für die Gestaltungslust. Und bei scheinbar hoffnungslosen Schulverweigerern ist das eine Sichtweise, die Ihre Befürchtungen lindern kann, wenn es um die Zukunft Ihres Kindes geht. Es gibt allen Grund zur Zuversicht. Jedenfalls dann, wenn ein junger Mensch eine Sache hat, die ihm viel bedeutet, die ihm Mut, selbstständiges Lernen und Vertrauen in sich selbst abfordert. Problematischer wäre es doch, wenn man versuchte, einen Schulabschluss mit aller Gewalt hinzukriegen – und dann jemand am Anfang seines Berufslebens über nichts verfügte, das ihm wirklich viel bedeutet.

Axel war für Falk eine wichtige und verlässliche Bezugsperson, ein hilfreicher Sparringspartner, um herauszufinden, was er mit seinem Leben anstellen will. Angesichts des Wandels von Gesellschaft und Arbeitswelt gehört die Rolle, die Axel eingenommen hat, zu den wichtigsten zivilgesellschaftlichen Aufgaben des 21. Jahrhunderts. Ähnlich wie die Alltagsbegleitung in der Seniorenhilfe verdient sie strukturelle und finanzielle Absicherung, sodass sie sich gesellschaftlich etabliert und solche außerfamiliären Bezugspersonen für alle Heranwachsenden verfügbar werden können. Statt ehrenamtliches Engagement könnten Mentoren wie Axel künftig vielen Eltern auf professionelle Weise einen dauerhaften und fundierten Beistand im Aufwachsen ihrer Kinder bieten. Hauptamtliche Fachkräfte würden dann die notwendige pädagogische Grundausbildung, die Evaluation und Sicherheitsvorsorge gewährleisten. Diese Mentoren wären keine Sozialarbeiter, die von Jugendämtern in Krisenfällen beordert werden. Sondern sie wären ganz geläufig allerorts präsent, lange bevor Jugendämter Gründe bekämen zu handeln.

An Falks Geschichte können wir uns ein Beispiel für solch ein Mentorship nehmen. Vor dem Hintergrund seines Weges dürfen wir uns die Frage stellen, worum es eigentlich geht beim Aufwachsen im 21. Jahrhundert. Und dabei können wir erkennen: Schulerfolg und gelingendes Leben sind heute zwei ganz verschiedene Paar Schuhe.

4. Unsere Verantwortung: Der Aufruf zum Bilden

Menschen können im Leben allerhand lernen, wofür sie keine Zeugnisse oder Zertifikate erhalten. Trotzdem hat eine Menge davon großen Einfluss auf ihre Biografien – wie man anhand von Konstantin, Sophia und Falk sehen konnte. Diese Lernerfahrungen, die in keinem Lehrplan stehen, wirken sich mitunter stärker auf die Persönlichkeit und den Lebensweg von Menschen aus als Klausurnoten. Und dennoch wertschätzen wir sie nicht als »richtiges« Lernen. Noch immer sehen wir Bildung vorwiegend als das an, was in den Schulen passiert.

Mit diesem Missverständnis wollen wir aufräumen. Bevor wir »gute Bildung« fordern, haben wir erst einmal zu verstehen, was Bildung überhaupt ist. Denn hier verwechseln wir bisher noch etwas ganz Grundlegendes, nämlich Lernen mit Unterricht. Wir verwechseln Bildungseffekte mit Abschlüssen. Lernerfahrungen, die Kinder in sogenannten informellen Lernumgebungen – also außerhalb von Stundenplänen und Kursen – sammeln, bedeuten für uns »nichts Richtiges«. Klar, denn einzig das formale Lernen mit formalen Zeugnissen berechtigt in unserer Gesell-

Teil II   Der Anfang von Bildung fürs Leben

schaft zum Aufstieg. Treppauf in die nächste formale Lernumgebung, wo es dann wieder Zertifikate und Abschlüsse zu erwerben gilt, um damit dann noch weiter aufzusteigen in die nächste formale Lernumgebung. Alles, was während dieses Aufstiegs links und rechts neben dem Treppengeländer passiert, hat vielfach keinen besonders hohen Stellenwert. Das liegt zum einen daran, dass wir uns irgendwann haben einreden lassen, diese formale Bildung sei das Fundament, auf dem unser Glück im Leben beruht. Zum anderen daran, dass wir die Zuständigkeit für das Bilden nahezu abgegeben haben. An den Staat, an seine Behörden und deren Institutionen.

Seither praktizieren wir eine Art Gewaltenteilung. Zuständig für die Bildung sind bisher die Bildungseinrichtungen: Kitas, Unis und Co., allen voran die Schulen. Ob sie wollen oder nicht, müssen Eltern ihre Kinder in den Schulen abgeben, wo diese dann gebildet werden. Sie sollen ja den Lehrplanstoff beherrschen, damit sie gute Noten und am Ende ein gutes Abschlusszeugnis bekommen. Und ein bisschen werden sie dort auch erzogen. Aber nur begrenzt. Hauptsächlich werden sie zu Hause erzogen. Die Familie ist dafür zuständig, dass sie anständige Personen werden, Umgangsformen kennen, ihre Dinge in Ordnung halten, sich im Restaurant benehmen können. Und ein bisschen werden sie zu Hause auch gebildet. Zum Beispiel, wenn Eltern bei den Hausaufgaben helfen oder mit ihnen für anstehende Tests üben. Diese Aufteilung von Zuständigkeiten hat sich bewährt und mag sinnvoll sein. Das alles aber, wo-

4. Unsere Verantwortung

rum es bei dieser Bildung geht, hilft unseren Kindern und Jugendlichen kaum zum gelingenden Leben. Da kommt es nämlich auf etwas ganz anderes an.

Ein gelingendes Leben zeigt sich unter anderem daran, wie sehr ein Mensch es schafft, tiefe persönliche Beziehungen einzugehen und zu pflegen, wie er mit anderen umgeht, wie er mit seinen Mitmenschen zusammenwirken kann. Dafür braucht er Zugang zur natürlichen Fähigkeit der Verbundenheit. Für ein gelingendes Leben kommt es auch darauf an, wie sehr es einem Menschen möglich ist, seine Schöpferkraft in seinen Tätigkeiten zu verwirklichen – egal, ob er dabei einer Lohnarbeit nachgeht oder nicht. Dafür braucht er Zugang zu seiner natürlichen Lust am Lernen und Gestalten. Nicht zuletzt zählt für ein gelingendes Leben, wie sehr ein Mensch innere Orientierung ausprägt, die ihm hilft, das persönlich Richtige zu wählen und sich nicht allerorts verführen zu lassen.

Diese drei Aspekte stehen nicht im Widerspruch zur finanziellen Absicherung. Sie sind wahre Bildungserfolge, die zu einem gelingenden Leben beitragen, ja, sogar Voraussetzung dafür sind. Sie passen nicht in Lehrpläne und Schulfächer. Deshalb ist Bildung für ein gelingendes Leben etwas ganz anderes als das, was wir mit Kultus, Lehrplan und Pisa bisher gemeinhin unter Bildung verstehen. Wer viel weiß, der ist gelehrt. Aber noch lange nicht gebildet.

Teil II   Der Anfang von Bildung fürs Leben

Der Mensch als Autor seiner selbst: Was Bildung wirklich ist

Bildung ist nicht das, was in Büchern steht, was man von der ersten bis zur siebten Stunde aufnehmen, sich einprägen und dann wiederkäuen kann. Im Zeitalter künstlicher Intelligenz ist es entscheidend, dass wir uns vergewissern, was die Bildung des Menschen tatsächlich ist und was ihn somit von der Maschine unterscheidet. Bildung ist alles, was Menschen je erleben und unternehmen. Sie findet immer statt. Von früh bis spät. Lebenslang. Sie ist nicht begrenzt auf Kindheit und Jugend oder auf Schule und Co. Sie ist allumfassend und betrifft den gesamten Menschen in seinem Wesen und Tun. Sie ist jedes Tätigsein und Interagieren von uns Menschen, in dem wir lebendig wirksam werden. Immer wenn wir nicht Dienst nach Vorschrift ableisten, sondern selbst gestalten und uns mit Inhalt erfüllen, bilden wir uns. Jeder Mensch, dem wir begegnen, ist unser Lehrer und Mitschüler.

Gebildet zu sein dient dem Zurechtkommen in der Welt und ist etwas anderes, als »gelehrt zu sein«. Wer gelehrt ist oder, moderner gesagt, wer Bestnoten in allen Schulfächern hat, kann dennoch im Umgang mit der Welt und den Mitmenschen kläglich scheitern. Und andersherum kann jemand, der nie auch nur ein einziges Buch gelesen hat, in seinem Tun und Sein in der Welt und im Umgang mit

4. Unsere Verantwortung

seinen Mitmenschen sehr gebildet sein. Bildung lässt sich nicht von außen eintrichtern. Sie findet im Einzelnen statt, in Wechselwirkung mit der Welt und mit den Gegenständen, die diese Welt verkörpern.

Damit ist sie eine weder zeitlich noch inhaltlich, weder kognitiv noch emotional eingegrenzte Aufgabe. Sie meint den gesamten Menschen. In der Welt. In Verbindung mit anderen. Gelungen ist sie, wenn uns der Umgang mit der Welt und den Menschen in zivilisierter Weise gelingt.

Bildung ist auch nicht von Erziehung trennbar. Deswegen gibt es im Englischen dafür auch nur ein einziges Wort: education. Es kommt vom lateinischen educare und bedeutet so viel wie »herausführen in die Welt«. Und wenn wir unsere Kinder in eine Welt herausführen, die sich in einer Scharnierphase befindet, in der sich unsere Lebenswelt, unsere Arbeitswelt und sogar unsere Vorstellungswelt stark ändern, können wir dieses wichtige Führen nicht an Institutionen delegieren, die aufgrund ihrer Beschaffenheit diesen massiven Änderungen am allerlangsamsten begegnen können. Im Grunde wäre das eine blanke Zumutung für die Fachkräfte, die in den heutigen Bildungseinrichtungen tätig sind.

Teil II   Der Anfang von Bildung fürs Leben

Nicht Bildung, sondern Ausbildung: Was in Schule und Co. wirklich stattfindet

Würden Sie vom Standesamt verlangen, dafür zu sorgen, dass Ihre Ehe gelingt? Wohl kaum. Genauso ist es mit dem Leben unserer Kinder und den Bildungseinrichtungen. Letztere haben einen klaren Auftrag. Sie sollen das Fortbestehen des Staates sichern und bestimmte gesellschaftliche Zustände bewahren. Dafür haben sie eine staatlich geregelte Ausbildung initiiert, mit bestimmten Inhalten und Standards. Alle speziellen Kenntnisse, die zur Bewältigung spezifischer Herausforderungen in bestimmten Kontexten taugen, sind Ausbildung. Mit ihr beschäftigen sich Schule, Uni und Co. und perfektionieren diese so gut, wie sie können. Qualität und Zukunftsgewandtheit der Ausbildung kann man dann loben oder kritisieren, darum geht es hier aber nicht. Junge Menschen erlangen dabei jedenfalls allerhand Wissen und Können, und einiges davon ist so nützlich, dass sie es für ihr Zurechtkommen in der Welt auch gut gebrauchen können.

Die Bildungseinrichtungen sind aber noch nicht darauf ausgelegt, dem Kind ein gelingendes Leben zu ermöglichen. Zumindest nicht, solange sie so beschaffen sind, wie sie es aktuell sind. Wir können das auch nicht erwarten, wenn das Denken und Handeln in ihnen lediglich von der Idee der Ausbildung bestimmt wird. Von Selektion und einer

4. Unsere Verantwortung

Zuteilung von Zukunftschancen. Bis dahin, dass Kinder diese Zuteilungen in ihr Selbstbild übernehmen. Ausbildung kann, wenn adäquat eingebettet, ein wichtiger Bestandteil der Bildung sein. Aber sie darf von uns nicht mit ihr verwechselt werden.

Teil II   Der Anfang von Bildung fürs Leben

Vom Kultus zum Volk: Warum wir alle Lehrer sind

Wenn wir Bildung von Ausbildung unterscheiden, können wir Schulen und Co. als das sehen, was sie in Wahrheit sind: Ausbildungseinrichtungen. Dann wissen wir auch, was wir von ihnen zu erwarten haben: Ausbildung. Nicht mehr und nicht weniger. Und wenn wir verstanden haben, dass es zum gelingenden Leben auf ganz andere Dinge ankommt, als man zum Bestehen der Ausbildung braucht, dann wird deutlich, dass man diese anderen Dinge nicht gerade den Schulen etc. überlassen sollte. Und wem dann?

In erster Linie sind wir Eltern gefragt. Überlassen wir die Bildung unserer Kinder nicht mehr den Ausbildungseinrichtungen. Übernehmen wir das Zepter! Da wir das aber nicht allein schaffen, brauchen wir auch die anderen Familienmitglieder, die Großeltern und die Nachbarn, die Mentoren und die Menschen in der Jugendarbeit. Kurz gesagt: Es braucht dafür uns alle. Die gesamte Zivilgesellschaft. Nur sie kann die Aufgabe der Bildung übernehmen. Wenn das bei uns angekommen ist, ändert sich zwangsläufig einiges. Die Federführung in der Bildung liegt dann nicht mehr beim Kultus, sondern beim Volk.

Wir alle sind Lehrer für unseren Nachwuchs in Sachen gelingenden Lebens im 21. Jahrhundert. Und nicht nur für unseren eigenen, sondern auch für den in unserem Umfeld.

4. Unsere Verantwortung

Während Kultus die Ausbildung betreibt und »intelligente Tafeln« an Klassenzimmerwände schraubt, kümmern wir alle uns darum, dass diese Ausbildung im Leben unserer Kinder nicht mehr Raum und Einfluss als nötig bekommt. Damit in ihrem Leben Platz für Bildung ist, damit sie möglichst viele günstige Erfahrungen sammeln können. Damit ihnen dabei möglichst wenig Versagensangst und Leistungsdruck in die Quere geraten.

Okay. Aber wie geht das? Wir haben zahlreiche Anregungen gegeben, wie uns das gelingen kann. Herausgestellt haben wir vier begünstigende Erfahrungen, die zu diesem Gelingen beitragen: die Begegnung als Subjekt, die Begegnung mit Mentoren, die selbst gewählten Herausforderungen und die Momente der Selbstgewissheit. Wenn wir die Lehrer sind, dann sind diese günstigen Erfahrungen quasi der Unterricht zum gelingenden Leben. Weil aber viele Strukturen noch so sind, wie sie sind, haben wir die vier Erfahrungen um eine fünfte ergänzt, die den anderen erst die Luft zum Atmen gibt: die Befreiung vom Leistungsdruck.

Wer begreift, was Bildung tatsächlich ist, dem wird bewusst, dass wir nicht einfach mit Kindern zusammenleben können, ohne sie zu bilden. Wir bilden sie, ob wir wollen oder nicht. Akzeptieren wir das, fangen wir an, alles, was wir tun und aussenden, daran zu messen, was unsere Kinder davon mitnehmen oder auszubaden haben. Dann wird die Zukunft unserer Kinder zur moralischen Instanz für unser eigenes Handeln. Dann müssen wir die, die wir über alles lieben, innerlich befragen, bevor wir den Kaufvertrag für den neuen SUV unterschreiben. Da war es schon einfacher, dies an Schule und Co. abzuschieben, oder?

Sorry, aber wir können nicht anders: Wer einmal durchschaut hat, was Bildung wirklich ist, übernimmt zwangsläufig Verantwortung gegenüber seinen Nachkommen. Das heißt nicht, alles richtig machen zu müssen, als wären wir übermenschliche Wesen. Nein. Es heißt, uns darüber klar zu sein, dass unsere Kinder und Nachbarskinder ihre Zukunft daran ausrichten werden, wie wir heute leben, wie wir handeln, wie wir einander behandeln. In der Familie, in den Schulen, in der Nachbarschaft, in der Kommune, im Straßenverkehr, in den Medien, in den politischen Debatten. Wenn unsere Kinder dann miterleben, wie wir Fehler machen, dürfen wir auch in ihrem Beisein aus diesen Fehlern lernen. Wir sind ihre Lehrer zum gelingenden Leben.

Und was ist nun mit all den Ausbildern, den Lehrern und Direktoren in den Schulen, den Fachkräften in den Kitas und in der Tagespflege, den Professoren und Dozenten an den Unis und Hochschulen? Sie sind doch auch Teil des Volkes. Sind sie wegen ihrer Berufe etwa nicht zuständig für die Bildung zum gelingenden Leben? Das kommt auf diese Personen selbst an. Wenn sie das wollen, können sie sich persönlich dazu entscheiden, es zu sein. Durch Menschen wie sie werden dann selbst Schulen und Co. zu echten Bildungsorten. Das ist sehr wohl machbar, und wir erleben es auch vielerorts. Solche Menschen hat es zu allen Zeiten in den Institutionen gegeben. Sie haben sich selbst –

4. Unsere Verantwortung

Achtung: nicht der Arbeitgeber, nicht der Staat – einen zweiten Auftrag gegeben: neben der Ausbildung mit ihren meist starren Erfordernissen und Mustern eine Bildung zu ermöglichen, mit allen flexiblen Umgangsformen, Erfahrungen und Signalen, die ihre Schützlinge in bewegten Zeiten brauchen.

Das eine und das andere geraten im Alltag sehr leicht miteinander in Konflikt. Immer dann haben Sie sich zu entscheiden. Dafür brauchen Sie Mut und ein paar Verbündete, die Sie stützen. Und Sie brauchen ein Umfeld, also eine Arbeitsstelle, die zu Ihrem doppelten Auftrag passt und die es Ihnen ermöglicht, beides zu vereinen, ohne dabei krank oder frustriert zu werden. Je klarer Sie sich Ihres Auftrags sind, je genauer Sie wissen, worauf es Ihnen ankommt, desto leichter fällt es Ihnen, im Alltag auftauchende Konflikte zu handhaben. Sie handeln dann gewissenhaft. Sie halten sich an Ihr Gewissen. Damit sind Sie auch weitgehend geschützt vor Anzweiflungen.

Wenn Sie innerhalb einer Ausbildungseinrichtung der Bildung zum gelingenden Leben nachgehen wollen und dabei Entschiedenheit an den Tag legen, haben Sie im Grunde nicht viel zu befürchten. Das Schlimmste, was Ihnen nach mehreren Versuchen widerfahren kann, ist, zu erkennen, dass dieses Unterfangen mit Ihrer Institution nicht gut zu vereinbaren ist. In diesem Fall sind Sie enttäuscht, können sich aber nach einer anderen Einrichtung umschauen. Überall werden ja neue Mitarbeiter gesucht.

Uns ist bewusst, dass dies im konkreten Fall nicht ganz

so leichtfällt, wie wir es hier formuliert haben. Wir halten es dennoch für sinnvoll, Ihnen deutlich zu machen, dass auch Sie – und erst recht Sie – an der Bildung zum gelingenden Leben mitwirken können und sollten. Denn gerade Sie sind dafür besonders wertvoll. Und wenn Sie ein Kollegium gefunden haben, das sich vorgenommen hat, die Bildung für ein gelingendes Leben trotz aller Kultusvorgaben zu versuchen, findet Ihr Anliegen ein Zuhause, eine Kultur, in der es sich entwickeln kann. Dann fühlen Sie sich nicht länger als Einzelkämpfer. Dann werden Sie Wegbereiter. Dann kann mit Ihrer Hilfe ein solch wahrhaftiger Bildungsort entstehen, der Kindern, Jugendlichen und auch den dort tätigen Erwachsenen ermöglicht, dass ihr Leben gelingen kann.

4. Unsere Verantwortung

Sorgen wir für Bildung: Es liegt in unseren Händen

Wie sollten wir diese Bildung nun gesamtgesellschaftlich umsetzen? Wie kann sie organisiert werden? Diese zivilgesellschaftliche Aufgabe lässt sich nicht an irgendwelche zentralen Institutionen abschieben. Dafür gibt es bisher auch noch keine übergreifenden Strukturen. Die heutigen Kultusministerien und -behörden können das jedenfalls nicht leisten. Sie sind wegen ihrer Grundbeschaffenheit nicht dazu in der Lage. Es gibt aber viele selbstbestimmte, emanzipierte Initiativen – zahlreiche lokale, einige überregionale, eine Handvoll landesweite sowie einzelne, die sogar staatenübergreifend agieren. Solche Initiativen – einige von ihnen haben wir erwähnt – sollten Schule machen, bis sie bestenfalls überall und für alle Kinder und Jugendlichen verfügbar sind. Für solche Initiativen braucht es natürlich die notwendigen finanziellen Mittel. Viel mehr als bisher. Denn wir brauchen Entfaltungsräume und Treffpunkte in unseren Kommunen. Dafür ist ein Engagement von Förderern und Unterstützern weit über die Kommunalverwaltungen hinaus notwendig.

Der allerwichtigste Schritt aber ist, dass die Familie in ihrem Alltag die Bildung für ein gelingendes Leben möglich macht. Draußen herumstromern, Klingelputzen, Buden bauen. Jugendszenen, Bandproben, Cliquentreffs. Jugendclubs, Sozialprojekte, Festivals. Ob mit oder ohne Workshops und Initiativen in Ihrer Nähe – unsere Kinder sind auf solche Erfahrungswelten angewiesen, in denen sie die wertvollen Bildungserfahrungen für ein gelingendes Leben sammeln können. Sie verschwinden zusehends, und nur wir können sie für unsere Kinder bewahren. Drosseln wir unsere elterliche Vorsicht. Halten wir unsere Besorgnis aus, damit wir uns später weniger Sorgen machen müssen.

Warum wir da so sicher sind?

Zwei Jahrzehnte Arbeit. Zwei Jahrzehnte Leidenschaft und Berufung. Wir haben zwei Sozialunternehmen aufgebaut und dabei gemeinsam mit unserem Team so viele Lebenswege begleitet, dass wir sie nicht mehr zählen können. Erschütternde und herzergreifende Wege. Und oft waren es die Erfahrungen in unseren Workshops, die den jungen Menschen Halt und Hoffnung zurückgegeben haben, an denen sie wachsen und sich selbst ab und an sogar neu erfinden konnten. Nicht zuletzt sind wir selbst mit Hip-Hop aufgewachsen. Für uns beide gab es keine Workshops. Für uns war es diese Jugendszene, in der wir die Erfahrungen machten, die wir heute in den Workshops ermöglichen. Wir wissen also, dass sie es sind, die jungen Menschen zu ihrem »Umhang« verhelfen: zu ihrer Lern- und Gestaltungslust, zu ihrer Verbundenheit mit anderen und zu ihrer inneren Orientierung. Diese drei entscheidenden Bildungseffekte sind es, mit denen junge Menschen zu Helden ihres Lebens und ihrer Gemeinschaft werden können.

Es liegt uns so sehr am Herzen, dass wir das mit Ihnen

4. Unsere Verantwortung

hier teilen konnten, weil wir zwei Jahrzehnte lang nichts anderes erlebt haben.

Und die Welt hat sich verändert in dieser Zeit. Wir haben die Markteinführung des Smartphones erlebt, den Siegeszug der Streaming-Dienste. Wir haben miterlebt, wie die Social-Media-Plattformen die Aufmerksamkeit der Kinder gekapert haben, wie Datenhändler hinter den Glasscheiben lugten und begonnen haben, ihren Willen zu steuern. Während all dieser Veränderungen wirkten unsere Workshops immer mehr wie Inseln im Alltag. Kids und Jugendliche meckerten schon immer über Schule. Das tun sie heute wie vor hundert Jahren. Doch heute ist das, was sie nach der Schule erleben, kein Ausgleich mehr. Wenn der Ranzen in die Ecke fliegt, bleibt die Tannenzapfenschlacht im Wald aus. Damit unsere Kinder nicht in ihren Kinderzimmern von digitalen Verführern an Glasscheiben gekettet werden, brauchen sie all diese Erfahrungen jetzt dringlicher als je zuvor. Weil sie inzwischen nicht mehr selbstverständlich sind. Ausbildung in der Schule, Glasscheiben in der Freizeit. Schlafen. Aufstehen. Das Ganze von vorn. Da ist kein Platz mehr, um einen Umhang zu erwerben. Lassen wir das nicht zu! Sorgen wir dafür, dass unsere Kinder diese entscheidenden Erfahrungen machen können. Beschützen wir sie! Sorgen wir für Bildung! Nelson Mandela sagte einmal, Bildung habe die Kraft, unsere Welt zu verändern. Wenn wir jetzt verändern, was für uns Bildung ist, wenn wir nun selbst dafür zuständig sind, haben wir die Kraft, die Welt zu verändern. Und diese Veränderung ist zum Glück schon längst im Gange.

Teil II   Der Anfang von Bildung fürs Leben

Die Chance

Wir sind den fundamentalen Veränderungen, die das 21. Jahrhundert mit sich bringt, mit dem, was bisher Bildung ausgemacht hat, nicht gewachsen. Wenn wir uns aber einig sind, dass es ein gelingendes Leben ist, worum es beim Aufwachsen geht, können wir es besser machen als zuvor – unseren Kindern zuliebe. In allen schlummern Superkräfte. Helfen wir ihnen, sie bei sich selbst und in ihrer Gemeinschaft zu wecken.

Stellen wir uns vor, wo uns das Ganze langfristig hinführt. Stellen wir uns eine Gesellschaft vor, in der es immer mehr jungen Menschen gelingt, ihr Leben und Zusammenleben zu meistern. Stellen wir uns vor, dass diese dann später Kinder bekommen. Denen wiederum ihr Leben gelingt und die schließlich Kinder bekommen, denen dann... Stellen wir uns also vor, wie mehr und mehr Menschen ihr Leben gestalten, permanent lernen und miteinander verbunden sind. Weil sie wissen, welchen Weg sie gehen wollen und welchen nicht, wo sie hingehören und wo nicht.

Es sind selbstbestimmte Menschen, die befreit vom Leistungsdruck ihre Lust am Lernen und Gestalten in Verbundenheit ausleben, dabei ihrer inneren Orientierung folgen und sich nicht verführen lassen. Diese Menschen verharren weniger in ungeliebten Jobs, erleiden weniger Depressionen, vereinsamen seltener oder geraten aufs Abstellgleis. Selbst

4. Unsere Verantwortung

wenn sie sich vergnügen, sich hingeben, erliegen sie seltener dem ungesunden Exzess. Menschen brauchen so insgesamt weniger Rettung, Therapie und Behandlung. Sie leben erfüllter, gehen achtsamer mit sich selbst und miteinander um. Dann weichen auch die Status- und Selbstwertunterschiede zwischen unterschiedlichen akademischen Graden oder Einkommensklassen auf. Das heißt, weniger Menschen fühlen sich zweitklassig, wertlos oder ausgeschlossen.

Das alles ist keine Utopie, sondern eine Frage der Zeit und unserer Entscheidungen – auch Ihrer ganz persönlichen. Ein ganz greifbares, realistisches Bild, jedenfalls dann, wenn der äußerliche Fortschritt von uns Menschen mit einem inneren einhergeht: der Bewusstwerdung über unsere menschlichen Potenziale, als Einzelne und als Spezies. Darin liegt die Chance.

Und wenn Sie uns bis hierher gefolgt sind, freuen wir uns. Denn dann sind Sie vermutlich jemand, der diese Bewusstwerdung für möglich und notwendig hält. Und solche Menschen sind es, die unsere Kinder und Jugendlichen in Zeiten globaler Umbrüche brauchen. Beteiligen Sie sich daran, so eine Gesellschaft entstehen zu lassen. In Ihrem Familienalltag, im Kindergarten, in der Schule, in Ihrer Nachbarschaft und Kommune. Denn wenn wir später einmal unseren erwachsenen Kindern in die Augen schauen, dann wünschen wir uns, erfüllte Menschen zu sehen, die ein gelingendes Leben führen. Den Grundstein dafür legen wir selbst. Heute. Jetzt.

Teil II   Der Anfang von Bildung fürs Leben

Literatur

Zárate, Alma de, Jamila Tressel und Lara-Luna Ehrenschneider: *Wie wir Schule machen*. München 2014

Heinrich, Marcell: *Pimp My Mind. HipHop als Methode kulturorientierter Jugendarbeit*. Merseburg 2007

Hüther, Gerald, und Uli Hauser: *Jedes Kind ist hoch begabt. Die angeborenen Talente unserer Kinder und was wir aus ihnen machen*. München 2012

Weitere Informationen und Mitstreiter können Sie hier finden:

Akademie für Potentialentfaltung:
www.akademiefuerpotentialentfaltung.org

Hero Society:
www.hero-society.org

Um die ganze Welt des
GOLDMANN-*Sachbuch*-Programms
kennenzulernen, besuchen Sie uns doch
im Internet unter:

www.goldmann-verlag.de

Dort können Sie
nach weiteren interessanten Büchern *stöbern*,
Näheres über unsere *Autoren* erfahren,
in *Leseproben* blättern, alle *Termine* zu Lesungen und
Events finden und den *Newsletter* mit interessanten
Neuigkeiten, Gewinnspielen etc. abonnieren.

Ein *Gesamtverzeichnis* aller Goldmann Bücher finden
Sie dort ebenfalls.

Sehen Sie sich auch unsere *Videos* auf YouTube an und
werden Sie ein *Facebook*-Fan des Goldmann Verlags!